CW00539331

Аллан і Барбара Пізи

Чому чоловіки такі нетямущі, а жінкам завжди замало взуття

КМБУКС
видавнича група

УДК 159.9
П 32

Переклад з англійської Н. Лавської

Allan & Barbara Pease

**Why Men Don't Have a Clue & Women Always
Need More Shoes**

Піз А., Піз Б.

П 32   Чому чоловіки такі нетямущі, а жінкам завжди замало взуття /
Пер. з англ. Н. Лавської. — К. : Видавнича група КМ-БУКС,
2021. — 384 с. : іл.

ISBN 978-966-948-233-4

Чому чоловіки брешуть? Чому вони вважають, що повинні мати рацію в усьому? Чому вони уникають зобов'язань? З іншого боку, чому жінки плачуть, щоб досягти свого? Чому вони наполягають на необхідності поговорити про смерть? Чому вони не ініціюють секс частіше?

Книжка «Чому чоловіки такі нетямущі, а жінкам завжди замало взуття» є результатом тридцятирічних досліджень Аллана і Барбари Пізів відмінностей між чоловіками та жінками, під час яких вони проводили експерименти, аналізували кілометри кінокадрів, робили купу заміток, виступали по телебаченню та обмінювались інформацією на конференціях. У ній зібрано 40 найпоширеніших запитань від читачів та слухачів з усього світу та зроблена спроба відповісти на них з урахуванням досвіду авторів, різних досліджень, опитувань, новітніх відкриттів, наукових даних та, нарешті, здорового глузду. Автори також розробили дієві рішення, щоб вивести вас на правильний шлях у спілкуванні з протилежною статтю.

УДК 159.9

All rights reserved. No part of this publication may be reproduced or stored in a retrieval system or transmitted in any form or by any means, whether electronic, mechanical, photocopying, recording or other kind, without the prior permission in writing of the owners.

Усі права застережено. Жодну частину цієї публікації не можна відтворювати, зберігати в системі пошуку інформації чи передавати в будь-якій формі будь-яким способом — електронним, механічним, ксерокопіюванням або іншим способом — без попереднього письмового дозволу власника.

© Allan Pease, 2002, 2006
ISBN 978-966-948-233-4   © ТОВ «Видавнича група КМ-БУКС», 2021

ПОДЯКИ

Ми хочемо подякувати людям, які безпосередньо, опосередковано, а іноді й несвідомо зробили внесок у написання цієї книги.

Наша команда, яка пройшла з нами весь шлях у цій подорожі: Рут і Рей Піз, Дорі Сіммондс, Сью Вільямс і Тревор Долбі, Білл і Біт Сутер, Адам Селларс, Меліса, Камерон і Жасмін Піз, Майк і Керол Піз, Лен і Сью Сміт, Фіона та Майкл Хеджер, Діана Річі, д-р Десмонд Морріс, професор Аллан Гарнер, Ґері Скіннер, д-р Денніс Уейтлі, Марк Віктор Хансен, д-р Темі Гарагунас, Берт Ньютон, Джефф і Саллі Берч, Тоні та Патріка Ерл, Деббі Мертенс, Деб Хінкессман, Доррін Керролл, Енді і Джастін Кларк, Керрі-Енн Кеннерлі, Френк і Кейвіл Боґгс, Грем і Трейсі Дафті, Джон Аллансон, Сандра та Лорен Воттс, Джон Хепворт, Естер Рантцен, Рей Мартін, Каз Лайонс, Вікторія Сінгер, Грем та Джозефін Рот, Емма Ноубл, Івон та Баррі Хітчон, Річард Креніум, Айвор Ешфілд та Хелен Річардсон.

ВСТУП

**Ми народжуємось голими, мокрими та голодними.
А потім усе лише погіршується.**

Китайське прислів'я

Чому чоловіки брешуть? Чому вони вважають, що повинні мати рацію в усьому? Чому вони уникають зобов'язань? З іншого боку, чому жінки плачуть, щоб досягти свого? Чому вони наполягають на необхідності поговорити про смерть? Чому вони не ініціюють секс частіше?

Безодня між статями, непорозуміння та конфлікти навіть у XXI столітті все ще присутні в нашому житті, як це було за часів, коли Адам уперше посварився з Євою. За три десятиліття досліджень відмінностей між чоловіками та жінками, під час яких ми проводили експерименти, аналізували кілометри кінокадрів, писали книги, виступали по телебаченню та обмінювались інформацією на конференціях, було отримано десятки тисяч запитань про те, чому чоловіки та жінки поводяться так чи інакше. Листи, телефонні дзвінки та імейли надходять від людей, збентежених вчинками представників протилежної статі. Ці люди відчувають розчарування та безпорадність, тому що точно не знають, що з цим робити. В результаті ми написали книгу «Чому чоловіки такі нетямущі, а жінкам завжди замало взуття». У ній ми опублікували 40 найпоширеніших запитань від читачів та слухачів з усього світу та спробували відповісти на них, використовуючи наш досвід, дослідження, опитування, останні відкриття, науку і, нарешті, здоровий глузд. Потім ми розробили дієві рішення, щоб вивести вас на правильний шлях у спілкуванні з протилежною статтю.

Книга «Чому чоловіки такі нетямущі, а жінкам завжди замало взуття» вирішує ті важливі нагальні питання, які жінки ставлять собі о першій ночі в неділю. Це запитання на кшталт «Чому чоловіки поїдають очима інших жінок?» та «Чому вони постійно говорять мені, що робити і як думати?», і після яких починаються ті складнощі, з якими чоловік стикається о десятій ранку в неділю, коли прокидається на самоті або поруч зі своєю коханою, але вона чомусь більше з ним не розмовляє. Ми також розглядаємо всі питання чоловіків, наприклад: «Чому жінки ніколи не переходять до суті справи?», «Чому вони прискіпуються?» та «Чому я повинен збирати свої шкарпетки о 10 ранку в неділю?»

> **Жінка турбується про майбутнє, поки в неї не з'явиться чоловік.**
> **Чоловік ніколи не турбується про майбутнє, поки в нього не з'явиться дружина.**

Нині наука може пояснити, чому жінки так багато говорять, часто спілкуються натяками, хочуть знати найдрібніші деталі про всіх навколо і рідко ініціюють секс. Тепер ми знаємо про існування еволюційних та біологічних причин, з яких чоловіки можуть займатися лише однією справою за раз, ненавидять ходити за покупками, не запитують дорогу, хочуть, щоб туалетний рулон висів краєм від стіни, а не до стіни, і майже нічого не знають про особисте життя своїх друзів, незважаючи на те, що провели з ними на риболовлі цілі вихідні.

Багато в чому книга «Чому чоловіки такі нетямущі, а жінкам завжди замало взуття» вказує на очевидні речі, які більшість людей випускають з уваги. Ви, напевно, помічали, що чимало жінок, здається, мають біологічне бажання розглядати й купувати декоративні подушки чи переставляти меблі, аби чоловікам було об що спотикатися, коли вони прокрадаються в кімнату пізно вночі. Або як мало жінок розуміють бажання чоловіків переглядати повтори тих самих спортивних матчів знову й знову, в той час як мало коли чоловік вважає знахідку дизайнерської сукні на полиці з уціненим одягом однією з найважливіших подій життя.

Чому це так важко для чоловіків і жінок

Бути чоловіком у наш час стало важким випробуванням. Із 1960-х років, коли феміністки стали більш активними та успішними, рівень самогубств серед жінок зменшився на 34%, але серед чоловіків зріс на 16%. Проте основна увага все ще зосереджена на тому, наскільки важкою є жіноча доля.

У другій половині XX століття, коли жінки дізнавалися про свої права і часто ставилися до чоловіків, як до ворогів, у стосунках та сім'ях регулярно почало виникати величезне напруження. Жінки ставали злими, чоловіки — ошелешеними й розгубленими. Протягом минулих поколінь їхні ролі були чітко визначеними. Чоловік вважався головою будинку. Він був головним годувальником, його слово було законом, а сфери прийняття рішень були чітко окресленими. Він був захисником і годувальником. Його дружина була матір'ю, домогосподаркою, особистим секретарем та піклувальницею. Він знав свої обов'язки, а його дружина — знала свої. Життя було простим.

Та раптом усе почало змінюватися. У телевізійних комедійних шоу й рекламних роликах чоловіків стали зображувати дурними або некомпетентними порівняно з більш розумними, кращими жінками. Все більше й більше жінок закликали до рівності. Біда полягала в тому, що жінки, здавалося, знали, чого вони хочуть і куди йдуть, тоді як багатьом чоловікам здавалося, що вони плентаються десь у хвості.

> **Якщо жінка дає чоловікові ляпаса на публіці, всі одразу розуміють, що це він у всьому винен.**

Здавалося, що чоловіки часто не розуміли правил. Наприклад, жінка, яка говорила про нерівність, викликала симпатію; чоловіка ж, який говорив про нерівність, часто критикували як ненависника жінок. Зневажливих жартів про чоловіків існує в десять разів більше, ніж жартів про жінок. Ось типовий приклад того, що ви можете отримувати щодня на свою електронну пошту:

> «Вічна жіноча проблема: як під час знайомства з чоловіком відрізнити хорошого чоловіка від поганого, якщо обидва хочуть від тебе того самого?»

І найсвіжіший анекдот, який курсує серед жінок, — жарт, який більшість чоловіків вважають надзвичайно деморалізаційним та загрозливим:

> **Хто такий чоловік?**
> **Система життєзабезпечення пеніса.**

Перед лицем того, що більшість чоловіків вважають відкритою ворожнечею, важко заперечувати, що це один із факторів стану депресії, яка, здається, накрила ціле покоління чоловіків. Зараз спостерігається найвищий рівень самогубств серед чоловіків (як старих, так і молодих), а очолюють список японські чоловіки. Чоловіки більше не знають, у чому полягає їхнє завдання, і не мають важливих зразків для наслідування.

Жінкам також важко. Фемінізм, який починався як спосіб подолання нерівності між чоловіками та жінками, обіцяв жінкам свободу від кайданів, якими вони були прикуті до кухонної мийки. На сьогодні близько 50% жінок західного світу працюють — хочуть вони того чи ні. У Британії кожну п'яту сім'ю очолює жінка-одиначка, порівняно з кожною п'ятдесятою на чолі з чоловіком-одинаком. Тепер від таких жінок очікують, що вони стануть матір'ю, батьком та годувальницею. Сучасні жінки хворіють на виразку, переживають інфаркти та страждають через пов'язані зі стресом захворювання — усе це завжди було прерогативою чоловіків.

> **За оцінками, булімія вражає від 4 до 5% студенток коледжу, але лише одного із 300 чоловіків.**

За підрахунками, до 2020 року 25% усіх жінок у західному світі будуть постійно самотніми. Це неприродна ситуація, яка повністю суперечить нашим основним людським прагненням та біології. Жінки перевтомлюються, часто сердяться і стають усе більш самотніми. Чоловікам здається, що жінки хочуть, аби вони думали і поводилися, як жінки. Ми всі заплуталися. Ця книга пропонує карту, за допомогою якої ви зможете пройти крізь лабіринт

стосунків та ідентифікувати невдалі старти, хитрі пово-
роти та глухі кути.

Чому чоловіки та жінки мають так багато проблем

Жінки еволюціонували як доглядальниці дітей та за-
хисниці родинного вогнища і, як наслідок, їхні мізки
стали запрограмованими на виховання, догляд, любов
та піклування про інших людей у своєму житті. Чолові-
ки еволюціонували із зовсім іншим колом обов'язків —
вони полювали, переслідували, захищали, постачали та
розв'язували проблеми. Цілком логічно, що чоловічі та
жіночі мізки запрограмовані на різні функції та пріори-
тети. Наукові дослідження, особливо нові високотехно-
логічні сканування мозку, це підтверджують.

Жінки є авторами більшості книг про людські стосун-
ки, і 80% покупців цих книг — також жінки. Більшість та-
ких книжок зазвичай зосереджені на чоловіках, на тому,
що вони роблять не так і як це можна покращити. Біль-
шість сімейних консультантів і терапевтів — також жінки.
У нейтрального спостерігача може виникнути враження,
що жінки більше дбають про стосунки, ніж чоловіки.

Багато в чому так і є. Концепція зосередження уваги
на стосунках не є природною частиною чоловічої пси-
хіки, мислення або шкали пріоритетів. Отже, чоловіки
або взагалі не докладають зусиль в стосунках, або майже
відразу здаються, оскільки вважають спосіб мислення та
поведінку жінок занадто складними. Іноді їм здається,
що все це занадто важко, тому простіше вийти зі сто-
сунків раніше, ніж вважатись невдахою. Однак правда
полягає в тому, що чоловіки хочуть хороших, здорових,
повноцінних стосунків так само, як і жінки. Вони просто

припускають, що одного дня ідеальні стосунки складуться сами собою, без попереднього вивчення чи підготовки. Жінки регулярно припускаються помилки, вважаючи, що тільки тому, що чоловіки їх люблять, вони також повинні їх розуміти. Зазвичай це не так. Ми називаємо одне одного «протилежною» статтю з поважної причини — ми протилежні.

> Жінці достатньо знати одного чоловіка, щоб добре розуміти всіх чоловіків, тоді як чоловік може знати всіх жінок і не розуміти жодної з них.
>
> *Елен Роуленд*

Ми — єдиний вид, у якого постійно виникають проблеми зі шлюбними іграми, залицяннями та стосунками. Інші види уже давно залагодили це питання та добре ладнають. Навіть самки павуків каракуртів та богомолів, які вбивають своїх самців одразу після спаровування, знають правила шлюбних ігор і неухильно їх дотримуються. Візьміть, наприклад, восьминога. Це проста тварина з крихітним мозком. Але восьминоги ніколи не сперечаються щодо відмінностей між самцями й самками, сексу чи тому, що йому передує. В певний час у самки починається період охоти, тож усі самці восьминоги оточують її, розмахуючи щупальцями. Самка вибирає того восьминога, щупальця якого їй найбільше сподобалися, і дає йому зелене світло. Вона ніколи не звинувачує його в тому, що він не приділяв їй належної уваги, а він ніколи не замислюється, чи було їй так само добре, як і йому. Ніякі родичі не втручаються в їхні стосунки зі своїми порадами, а самка восьминога не переживає, що вона виглядає гладкою, і ніколи не зітхає по партнеру з «повільним» щупальцем.

Але люди набагато складніші. Жінки кажуть, що хочуть чутливих чоловіків, але ніколи не хочуть, щоб вони були *занадто* чутливими. Чоловіки мають слабке уявлення про ці незначні відмінності. Вони не усвідомлюють, що повинні бути чуйними до жіночих почуттів, але мають бути жорсткими та мужніми в усьому іншому. Прокладання шляху через цей лабіринт — це одна із тих навичок, які чоловіки опанують завдяки цій книзі. Усвідомлення, чого хочуть чоловіки і як їм це дати, — це одна з навичок, якій ми навчимо жінок.

Введіть слова «стосунки» та «секс» у пошуковий рядок у своєму браузері, і ви одразу ж отримаєте 36 714 посилань лише англійською мовою, які допоможуть вам покращити справи. Для всіх інших тварин стосунки є доволі простою формою поведінки, яка визначається потребами виживання кожного виду. Вони не думають про це, вони просто це роблять. Однак ми вже еволюціонували до того етапу, коли маємо знати, як краще поладнати з протилежною статтю, щоб отримати хоч якусь надію на щасливе життя, що супроводжується радістю, схвильованістю та благополуччям, які можуть принести хороші стосунки.

Подорож світом

Книга «Чому чоловіки такі нетямущі, а жінкам завжди замало взуття» — це наступний крок на сходах стосунків після «Чому чоловіки не слухають, а жінки не вміють читати мапи»*. Вона охоплює багато сфер життя, про які більшість із нас рідко замислюється, або яких просто не помічає. Щоб написати цю книгу, ми об'їхали понад

---

* Ця книга вийшла в українському перекладі у видавництві «КМ-Букс» у 2020 році. — *Прим. ред.*

30 країн і скрізь збирали та порівнювали інформацію і дослідження про стосунки. У своїй роботі ми намагалися встановити універсальні теми та визначити загальні проблеми, а потім запропонувати практичні, на нашу думку, рішення. Описані нами в цій книзі поведінкові схеми та сценарії не поширюються на всіх людей у всіх ситуаціях. Усе це правдиві історії, і ці принципи стосуються більшості людей в їхніх стосунках з протилежною статтю.

Якщо ви робитимете все правильно більшу частину часу з більшістю людей протилежної статі, з якими ви живете, працюєте, якими керуєте та яких кохаєте, ваше життя стане набагато щасливішим. На жаль, ми виявили, що найчастіше більшість людей все-таки розуміють усе неправильно.

Наприклад, у Британії протягом чотирьох років після одруження люди розлучаються більше ніж у 50% випадків, а якщо додати пари, які не укладали шлюб, розумно припустити, що реальний показник розлучень усіх пар, імовірно, становить 60–80%.

> **100% розлучень починаються зі шлюбу.**

Книга «Чому чоловіки такі нетямущі, а жінкам завжди замало взуття» пропонує реальну можливість позбутися певної частини страждань, туги та розгубленості у вашому житті. З нею все стане набагато простіше. Вона сповнена здорового глузду та наукових фактів, надзвичайно корисних, але завжди представлених у гумористичному, легко засвоюваному вигляді. Ця книга пояснює поведінку «іншої сторони» — будь то ваш партнер, син, дочка, мати, батько, родичі з боку партнера, друзі чи сусіди.

Вчимо іншу мову

Щоб досягти успіху з протилежною статтю, вам потрібно вміти розмовляти двома мовами — чоловічою та жіночою. Якщо ви розмовляєте лише англійською та їдете у Францію, немає сенсу говорити там англійською та замовляти рибу з картоплею фрі. Французи вас не зрозуміють. Якщо ви француз і вирушаєте в англомовну країну, безглуздо розмовляти там французькою і просити принести вам равликів на грилі. Місцеві жителі будуть від цього не в захваті. Але якщо ви придбаєте розмовник і навчитеся говорити основні слова та фрази іншою мовою, це допоможе вам порозумітися, місцеві жителі вас за це полюблять і захочуть вам допомогти, навіть якщо ви й не дуже добре володієте їхньою мовою. Інші почуваються враженими, коли дізнаються, що ви намагаєтесь порозумітися та налагодити з ними контакт.

«Мені що, змінити стать?»

Люди часто запитують нас: «Ви хочете сказати, що я маю думати, говорити і діяти як протилежна стать?» Зовсім ні. Коли ви купуєте мобільний телефон, до нього додається інструкція. Коли ви дізнаєтесь, як працює ваш телефон і запрограмуєте його, щоб він робив те, що вам потрібно, він принесе вам купу задоволення, прибутку та розваг. Ви ніколи не звинувачуватимете телефонну компанію в тому, що вона намагалася перетворити вас на телефонного техніка, оскільки дала вам інструкцію. «Чому чоловіки такі нетямущі, а жінкам завжди замало взуття» — це інструкція для кращого розуміння протилежної статі, в якій зазначено, на які кнопки слід натискати, щоб отримати найкращі результати.

Коли жінка усвідомлює, як еволюціонували чоловіки, їй раптом стає простіше робити поправку на те, що вони думають та поводяться по-іншому. Коли чоловік розуміє, що жінка прилетіла з іншої планети, він теж може використати собі на користь її досвід та погляди на життя.

Досвід із перших рук

Ми, автори, є щасливою одруженою парою, вірними коханцями та найкращими друзями. У нас також четверо прекрасних дітей. У книзі «Чому чоловіки такі нетямущі, а жінкам завжди замало взуття» ми, спираючись і на свій особистий досвід, вважаємо, що дали вам збалансований та, сподіваємось, неупереджений погляд на чоловічі та жіночі стосунки з багатьох різних поглядів. Поки ми писали цю книгу та проводили для неї дослідження, то стали краще розуміти одне одного, наших батьків, братів, сестер, двоюрідних братів та сестер, колег та сусідів. Ми не завжди все робимо правильно, але принаймні в більшості ситуацій з більшістю людей проблем не виникає. Як наслідок, рідко сперечаємося з близькими нам людьми, і всі вони нас за це люблять.

Як вручити цю книгу в подарунок

Після світового успіху нашої книги «Чому чоловіки не слухають, а жінки не вміють читати мапи» (понад 6 млн примірників, проданих і перекладених 33 мовами на сьогоднішній день) деякі чоловіки звинуватили нас у тому, що ми ускладнили їхнє життя. Їм здавалося, що їхні жінки використовують нашу книгу, щоб дошкуляти їм, кажучи: «Аллан сказав це» або «Барбара сказала, що…» Книга «Чому чоловіки не слухають, а жінки не вміють читати мапи» стала фаворитом серед жінок усього світу, і ми в курсі, що деякі з них дарували її своїм чоловікам зі словами: «Тобі це потрібно! Прочитай її від початку до кінця — узагалі-то, я підкреслила частини, які тобі потрібно прочитати».

Коли жінка дарує книгу з особистісного розвитку іншій жінці, та, яка її отримує, сприймає це за честь та вдячна за подарунок, який може допомогти їй покращити себе. Однак чоловік може відчути себе ображеним і вирішити, що жінка вважає його недостатньо хорошим таким, яким він є. «Мені це не потрібно!» — скаже він зневажливо, повертаючи книгу назад і залишаючи жінку з відчуттям образи та смутку.

Отже, якщо ви чоловік, який це читає, значить, ви є частиною меншини, яка хоче зрозуміти, як думають і поводяться жінки. Вітаємо! Якщо ви жінка, можливо, буде безпечніше запитати у чоловіка його думку щодо порад у цій книзі, оскільки чоловіки люблять висловлювати свою думку. Виділіть сторінки, які ви хочете, щоб він прочитав, і залиште книгу на журнальному столику або в туалеті. Або придбайте йому квиток на один із наших семінарів, присвячених стосункам.

Наостанок...

Кажуть, що бути чоловіком круто, тому що автомеханіки говорять вам правду, зморшки додають шарму, білизна коштує всього лише 4,95 фунта за шість паковань, а шоколад — це всього лише ще один перекус. Люди ніколи не витріщаються на ваші груди, коли ви з ними розмовляєте, і ви можете не виходити з кімнати, щоб поправити свої причандали.

Кажуть, що бути жінкою круто, бо можна говорити з представниками протилежної статі, не уявляючи їх голими, легше спіймати таксі та можна налякати начальників-чоловіків таємничими гінекологічними хворобами. Ви не схожі на жабу в блендері, коли танцюєте, а якщо виходите заміж за когось на 20 років молодше, то усвідомлюєте, що схожі на спокусницю малолітніх.

Можливо, одного дня чоловіки й жінки *стануть* схожими. Ймовірно, жінкам почне подобатись спостерігати за перегоновими автомобілями, що мчать по колу, шопінг вважатиметься аеробним навантаженням, а чоловікам доведеться проводити один місяць на рік у симуляторі ПМС. Можливо, усі сидіння на унітазах приб'ють гвіздками, жінки розмовлятимуть лише під час рекламних роликів, а чоловіки читатимуть *Playboy* тільки за його літературну цінність.

Ми сумніваємось, що так буде, — принаймні в найближчі кілька тисяч років. Тим часом ми продовжимо вивчати наші відмінності, намагатися з ними впоратись та вчитися їх любити. Як наслідок, нас будуть взаємно любити і плекати.

Насолоджуйтесь книжкою!

Барбара та Аллан Пізи

РОЗДІЛ 1

ПРИСКІПУВАННЯ

Коли хтось ніяк не може замовкнути

Прискіпуватись (*дієслово*), синоніми: дратувати, чіплятися, набридати нудними розмовами, лаяти, стояти над душею, докучати, викликати роздратування, клювати, домагатися, сидіти в печінках, провокувати, лаяти, мучити

Прискіпування — це термін, який чоловіки майже виключно застосовують для опису жінок.

Більшість жінок заперечують, що вони прискіпуються. Вони вважають, що лише нагадують чоловікам, які присутні в їхньому житті, робити те, що має бути зроблено: домашні справи, прийом ліків, ремонт зламаних речей та прибирання їхнього безладу. Певне прискіпування вважається конструктивним. Де були б зараз більшість чоловіків, якби в їхньому житті не було жінки, яка не дає їм пити занадто багато пива та їсти занадто багато фастфуду, а якщо вони не можуть зупинитися, пересвідчується, що вони займаються фізичними вправами і регулярно здають аналізи на холестерин? У певні періоди прискіпування може навіть зберегти їм життя.

Однак до чоловічого прискіпування суспільство ставиться зовсім інакше. Чоловіки — не причепи. Вони наполегливі, вони лідери, вони свідомо передають свою мудрість — і обережно нагадують жінкам про шлях, якого ті мають триматись, якщо випадково про це забудуть по дорозі. Звичайно, вони критикують, бурчать, стогнуть і скаржаться, але це завжди заради жіночої користі. Коли вони по кілька разів повторюють свої поради, як-от: «Прочитай карту *до того,* як вирушати! Скільки разів я повинен повторювати?» і «Ти не могла краще причепуритись перед приходом моїх друзів?», вони просто демонструють гідну захоплення наполегливість і, передусім, показують, що вони про вас дбають.

Так само жінкам здається, що їхнє прискіпування — це свідчення їхньої турботи, але чоловіки мають з цього приводу іншу думку. Жінка буде дорікати чоловікові за те, що він кидає на ліжко мокрий рушник, знімає шкарпетки і розкидає їх по всьому будинку, забуває винести сміття. Жінка знає, що вона його дратує, але вважає, що для того, щоб достукатись до чоловіка, потрібно багаторазово повторювати ті самі інструкції, поки одного дня до нього не дійде. Вона відчуває, що речі, на які вона скаржиться, ґрунтуються на правді, тому, хоча вона й знає, що дратує чоловіка, але вважає, що має право продовжувати. Подруги жінки також не вважатимуть, що вона прискіпується, — вони бачать, що цей чоловік ледачий і з ним важко мати справу, та не відчувають нічого, крім співчуття до його багатостраждальної партнерки.

«Пісня чоловіків» — комедійна пісня, яку написав Шон Морлі та яка була тисячі разів відтворена в інтернеті — стала миттєвим хітом одразу після її появи на світ. Жінкам вона подобається, тому що в ній стверджується, що іноді прискіпування може дати хороші результати; інакше кажучи, чоловіки розуміють, хто тут бос. Чоловікам вона подобається, бо в ній ідеться про те, що вони, можливо, завжди таємно знали. Один із куплетів починається так:

*«Що раніше ти зрозумієш, хто тут бос,
то швидше зможеш віддавати мені накази, люба...
Тому що я тут за головного...
але тільки в своїй уяві...»*

Але зазвичай, коли жінка починає повторювати свої накази, чоловічий мозок чує лише одне: прискіпування. Подібно до води, що капає з крана, прискіпування точить його душу і може поступово викликати киплячe обурення. Чоловіки всього світу ставлять прискіпування на перше місце у списку речей, які вони ненавидять найбільше. Тільки в США відомо понад 2000 випадків, коли чоловіки, які вбили своїх дружин, стверджували, що причиною стало їхнє прискіпування. У Гонконзі чоловікові, який ударив свою дружину по голові молотком, завдавши їй пошкоджень мозку, суддя призначив скорочений термін ув'язнення, заявивши, що жорстока поведінка цього чоловіка була спровокована прискіпуванням.

Жіноче прискіпування проти чоловічого ниття

Жінки прискіпуються; чоловіки повчають.

Прочитавши книгу «Чому чоловіки не слухають, а жінки не вміють читати мапи», чоловік, який назвався «Джеремі-підкаблучником», надіслав нам цього електронного листа:

«Мені потрібна ваша допомога. Я одружений з Королевою прискіпування і не можу витримати більше ні хвилини її прискіпувань, скарг та цькування. З моменту приходу додому до моменту, коли я лягаю спати, вона прискіпується без зупину.

Дійшло до того, що єдине спілкування між нами двома — це коли вона розповідає мені все, чого я не зробив упродовж дня, тижня, місяця чи з того, часу, як ми одружились.

Ситуація стала настільки негативною, що я навіть прошу в начальника дозволу попрацювати понаднормово. Ви можете це уявити? Мені краще затриматись на роботі, ніж піти додому. Стрес від вислуховування її скарг настільки сильний, що коли я їду додому з роботи, в мене починає боліти голова. Це неправильно — я повинен радіти тому, що залишаю роботу та повертаюся додому, щоб її побачити.

Батько казав мені, що всі жінки скаржаться і прискіпуються, але я йому не вірив, поки сам не одружився. Навіть мої приятелі говорять мені, що їхні дружини постійно до них прискіпуються. Чи правда, що жінки від природи такі причепи? Будь ласка, допоможіть мені».

Група жінок, які вечеряли в ресторані, обговорювали своїх чоловіків.

Білявка: Взагалі-то, він ніколи не буває задоволеним. Він завжди скаржиться. Якщо я не хочу займатися сексом тоді, коли йому хочеться, він так ниє, що іноді я просто поступаюся, аби тільки він замовкнув, і через це не отримую звичайного задоволення. Можливо, я просто не в настрої. Але він ниє, і ниє, і ниє, тож мені простіше погодитись, ніж слухати його стогони.

Брюнетка: Стівен такий самий. Він завжди прискіпується до того, що я роблю. Якщо я вдягаюся, щоб піти на вечерю з його друзями, він скаржиться, що я причепурююсь для них більше, ніж для нього. Потім він продовжує нити, що, можливо, його друзі здаються мені більш привабливими, ніж він. Якщо я одягаюсь простіше, він скиглить, що я до нього настільки байдужа, що не хочу навіть причепуритись. Іноді мені здається, що я ніколи не переможу в цій суперечці.

Третя жінка: То чому чоловіки завжди кажуть, що жінки прискіпуються?

Усі сміються.

Прискіпування через століття

Історично прискіпування було прерогативою жінок.

До XIX століття англійські, американські та європейські закони дозволяли чоловікові скаржитися в магістрат на те, що його дружина прискіпується чи «бурчить». Якщо слова чоловіка були доведені, його дружину засуджували до ганебного стільця. Такий стілець широко використовувався у США та Британії для покарання відьом, повій, дрібних злочинців та лайливих жінок. Винну в порушенні жінку прив'язували до сидіння, підвішеного до кінця вільно рухомого журавля, і занурювали у найближчу річку чи озеро на заздалегідь визначений проміжок часу. Кількість занурень залежала від тяжкості правопорушення та/або кількості попередніх проступків.

Ось цитата з британського судового протоколу від 1592 року:

> *«...дружина Вальтера Хайкокса та дружина Пітера Філліпса – звичайні лайливі жінки. Тому суд наказує церковникам вжити заходів, щоб вони припинили лаятись. Але якщо їхні чоловіки чи сусіди поскаржаться вдруге, жінки будуть покарані ганебним стільцем».*

Поема Бенджаміна Веста, опублікована в 1780 році, свідчить про те, як серйозно чоловіки сприймали прискіпування у минулі століття:

Ганебний стілець

Глянь но, друже, наготові над ставком стоїть стілець.
Запорука це любові та за спокій наш борець.
От якщо жінки завзяті раптом чвари розпочнуть,
Повчепляються у патли, сорочки на грудях рвуть,

Крики, лайка до нестями, і подряпини й синці.
Ну тоді поважні дами хай зганьбляться на стільці.
Хай порушниця спокою в урочистій тишині
Прикрасить стілець собою й охолоне в глибині.
Перша спроба все ж невдала – лає всіх і верещить,
Значить, мало ще скупали, треба більше намочить.
У вогонь води хлюпнути – ще ясніше спалахне,
Ось і тут цей спалах люті так одразу не мине.
І, читаючи молебен, робим спробу ще одну,
Знову наш стілець ганебний поринає в глибину.
В третій раз скупати можем в хвилях нашого ставка.
Це, напевне, допоможе прикусити язика.
Засіб цей допомагає, гасне полум'я завжди,
І жіноча лють зникає від холодної води.

Якщо ганебний стілець визнавали недостатнім покаранням, у запасі було дещо гірше. Так, деяких жінок возили містом як попередження іншим жінкам, надягнувши їм на голову «вуздечку для лайливих» — металеву маску з металевою планкою, яка вставлялась у рот та утримувала язик. Останньою жінкою, яка постраждала від ганебного стільця після того, як її засудили за «звичайну лайку» у 1809 році, була Дженні Пайпс з англійського міста Леомінстер.

Як почувається причепа

Причепи завжди сподіваються, що, викликавши у своєї жертви почуття провини, вони умотивують її на якісь позитивні дії. Вони думають, що жертва буде змушена діяти якщо не тому, що зрозуміє свою неправоту, то хоча б заради того, щоб просто припинити цю тираду. Жінки знають, що вони прискіпуються, але це не означає, що їм це подобається. Зазвичай вони роблять це лише заради досягнення мети.

Деякі жінки перетворили прискіпування на форму мистецтва. Ми визначили п'ять основних типів прискіпування:

Прискіпування через щось одне: «Курте, як щодо того, щоб викинути сміття?» Пауза. «Курте, ти сказав, що викинеш сміття». Ще через п'ять хвилин: «Що зі сміттям, Курте? Воно й досі тут».

Мультиприскіпування: «Трава перед будинком виглядає жахливо, Найджеле, дверна ручка випадає з дверей спальні, а заднє вікно все ще заїдає. Коли ти збираєшся налаштовувати телевізійну антену та...» і т. ін.

Турботливе прискіпування: «Ти сьогодні приймав таблетки, Рею? І перестань їсти цю піцу, це погано для твого холестерину та ваги...».

Прискіпування зі згадуванням третіх осіб: «Знаєш, Мойра каже, що Шейн вже почистив їхнє барбекю і завтра до них прийдуть гості. А поки ти будеш телитись, то вже й літо скінчиться».

Просунуте прискіпування: «Ну, я сподіваюся, сьогодні ти стежитимеш за тим, скільки п'єш, Дейле. Ми ж не хочемо повторення минулорічного фіаско».

Зазвичай найбільше над цією класифікацією сміються самі жінки. Вони впізнають себе та свої слова, але все ж не бачать реальної альтернативи.

Коли прискіпування виходить з-під контролю, стосунки причепи з іншими можуть постраждати. Чоловіки можуть ігнорувати жінку-причепу ще більше, що лише посилить її роздратування, а іноді може навіть викликати лють. Зрештою, вона може відчути себе самотньою і почне почуватись ображеною і нещасною. Коли прискіпування виходить з-під контролю, стосунки руйнуються повністю.

Як почувається жертва

Із чоловічого погляду прискіпування — це постійне, непряме, негативне нагадування про те, чого він не зробив, або про його провини. Здебільшого воно починається наприкінці дня, коли чоловікові потрібен час, щоб помилуватися вогнем.

Що більше причепа прискіпується, то більше жертва відступає за оборонні бар'єри, а це зводить причепу з розуму. Ці бар'єри включають газети, комп'ютери, домашнє завдання, похмуре обличчя, амнезію, явну глухоту та пульти дистанційного керування телевізором. Нікому не подобається бути об'єктом приглушеної люті, двозначних заяв, самокатування і звинувачень, так само мало хто любить, коли в нього постійно викликають почуття провини. Всі уникають причепу, через що вона опиняється в ізоляції зі своїм почуттям озлобленості. Коли причепа починає відчувати, що її загнали в пастку, що її ізолюють і не визнають, жертва може постраждати ще більше.

> **Що більше причепа прискіпується, то в більшій ізоляції вона опиняється.**

Єдиний реальний результат прискіпування — це руйнування стосунків між причепою та жертвою, оскільки жертва відчуває, що мусить постійно захищатися.

Чому жінки кращі причепи?

У більшості жінок мозок організований так, що вони дадуть фору під час розмов та в прискіпуванні будь-якому чоловікові на планеті. На основі сканувань мозку 50 чоловіків та 50 жінок була створена наведена ілюстрація, яка показує активні ділянки мозку (чорним кольором), задіяні під час мови та мовлення. Це графічне зображення чоловіків і жінок, які розмовляють і спілкуються одне з одним.

Затінені області використовуються для мовної та мовленнєвої функції. Ви чітко бачите, що жінки мають набагато більшу здатність до розмови, ніж чоловіки. Це пояснює, чому, з жіночого погляду, чоловіки мало говорять, і, з погляду чоловіка, жінки ніколи не замовкають.

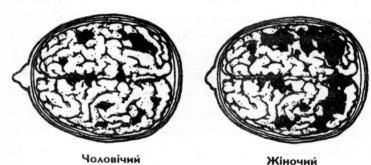

Чоловічий   Жіночий

Ділянки мозку, що використовуються для мови та мовлення
(Інститут психіатрії, Лондон, 2001)

Жіночий мозок організований для багатозадачності — жінка може жонглювати чотирма або п'ятьма кульками одночасно. Вона може запускати комп'ютерну програму під час розмови по телефону, при цьому слухаючи ще одну розмову в неї за спиною, увесь цей час попиваючи каву. Вона може говорити про кілька непов'язаних тем в одній розмові та використовує п'ять голосових тонів, щоб змінити тему або наголосити на чомусь важливому. Чоловіки можуть розрізнити лише три з цих тонів. Як результат, чоловіки часто втрачають нитку розмови, слухаючи розповіді жінок.

Багатозадачність може виявлятися навіть в одному реченні:

Білл: Сью приїде на Різдво?

Деббі: Сью сказала, що це залежатиме від того, як просуватимуться справи із замовленнями на килими, бо їх поменшало через економічну ситуацію, а Фіона може не прийти, тому що Ендрю слід звернутися до фахівця, а Натан втратив роботу, тож йому доведеться знайти нову, а Джоді не може взяти відпустку — її начальник такий жорсткий! — тож Сью сказала, що зможе приїхати раніше, і ми зможемо поїхати на шопінг, щоб купити сукню для весілля Емми, і я подумала, що якщо ми поселимо її та Лен у гостьову спальню, то зможемо попросити Рея приїхати заздалегідь, так що...

Білл: Це означає «так» чи «ні»?

Деббі: Ну, це також залежить від того, чи дасть Діанин бос Адріан їй відпустку, бо його машина в ремонті, і вона повинна... і т. ін.

Білл подумав, що він поставив просте запитання, і тому його цілком задовольнила б проста відповідь на кшталт «так» чи «ні». Натомість він отримав багатосторонню відповідь, яка охоплювала дев'ять різних тем та одинадцять осіб. Він відчуває розчарування і виходить надвір, щоб полити сад.

У чоловіків вибірковий слух

Чоловічий мозок однозадачний. Чоловіки можуть зосередитись лише на одній речі. Коли чоловік відкриває карту, він вимикає радіо. Якщо жінка розмовляє з ним, коли він їде по кільцевій розв'язці, він пропустить свій виїзд, а потім звинуватить у цьому її, бо вона розмовляла. Коли дзвонить телефон, він просить усіх замовкнути, щоб він міг відповісти. Деяким чоловікам — часто вони займають найвпливовіші посади — буває важко навіть одночасно ходити та жувати гумку.

> **Чоловічий мозок однозадачний.**
> **Вони не можуть одночасно займатися коханням**
> **і відповідати на питання, чому не викинули сміття.**

Одна з найбільших проблем для чоловіків — це вияви мультизадачності під час прискіпування. Для них це вже занадто, тому вони просто відключаються. Починається замкнене коло: причепа підвищує свою гучність та силу обвинувачень або відстоює свої права, тоді як жертва відступає усе далі за свій бар'єр і часто доходить до того, що вона встановлює реальну дистанцію між собою і причепою. Оскільки залишити місце події не завжди можливо, тиск зростатиме, поки жертва не завдасть удару у відповідь, що призведе до великої сварки. Іноді вона навіть може перерости у фізичне насильство.

Чому прискіпування ніколи не спрацьовує

Головна причина того, що прискіпування не працює, полягає в тому, що причепа заздалегідь очікує відмови. Хоча причепи й сподіваються, що їхні слова підштовхнуть їхніх жертв до дії, вони часто усвідомлюють, що зазнають невдачі або отримають негативну відповідь.

Основна помилка причеп — їхній підхід до проблеми. Замість сказати: «Я по праву очікую», вони кажуть: «...ти ніколи не викидаєш сміття, відмовляєшся позбирати свій одяг...» Вони розв'язують свою проблему маленькими, тривіальними, дріб'язковими кроками. Вони роблять слабкі непрямі запити, які мають викликати велике відчуття провини. Ці «запити» зазвичай надходять випадковими групами, обрамленими непрямою мовою, яку чоловічий мозок просто не в змозі розшифрувати. Чоловік сприймає їх як хмару набридливих комарів, які постійно його кусають. Він весь вкривається маленькими, сверблячими укусами і, здається, не може їх пристукнути. «Хіба я багато в тебе прошу... винести сміття — це не велика справа, ти ж знаєш... і ти знаєш, лікар сказав, що мені неможна підіймати важкі речі... я за вихідні пальці до кісток стерла, щоб це місце виглядало приємно, поки ти просто сидиш там цілий день і дивишся телевізор... якби у тебе була хоч крапля порядності, ти б полагодив опалення, тому що на цьому тижні будуть морози, і...»

Цей вид прискіпування непродуктивний, приречений на провал і створює ситуацію, в якій немає переможців. При такому підході прискіпування стає згубною звичкою, яка викликає великий стрес, дисгармонію, обурення, гнів і може легко призвести до жорсткої фізичної реакції.

Де відбувається найгірше прискіпування?

Прискіпування рідко трапляється в робочому середовищі, за винятком тих випадків, коли між причепою та жертвою існує тісний зв'язок. Якщо секретарка прискіпується до свого чоловіка-боса через те, що він чогось не зробив, можете не сумніватися, що між ними існує близькість.

Суть прискіпування — у співвідношенні сил між двома людьми. Коли секретарка помічає, що її бос не зробив певних речей, вона може ввічливо нагадати йому про це або просто зробити їх за нього. Зрештою, це її робота. Проте якщо вона почувається більш упевненою у своєму становищі, якщо відчуває свою владу та свою незамінність, то цілком може почати прискіпуватись до боса, вимагаючи в нього краще виконувати його роботу. Можливо, навіть настане мить, коли вона вирішить, що може виконати цю роботу набагато ефективніше, ніж її бос. На цьому етапі прискіпування може досягати крещендо. Насправді, навряд чи вона зможе взяти на себе його роботу, але, можливо, навіть того не усвідомлюючи, вона використовує прискіпування як спосіб натиснути на нього, «спустити його на свій рівень» і змусити його усвідомити, що без неї він ніщо.

Успішні ділові жінки, які почуваються щасливими та задоволеними своєю роботою, рідко прискіпуються вдома. У такої жінки немає на це ані часу, ані сил. Зазвичай вона занадто зосереджена на «більшій картині» свого робочого життя, де може отримувати компліменти, похвали та пропозиції. Якщо її партнер-чоловік не хоче виконувати свою частину домашніх справ, вона або платить комусь іншому, або ігнорує це, або знаходить іншого партнера, який захоче це виконати. Вона діє з позиції влади.

Сексуальні спокусниці, здебільшого, також не прискіпуються. Вони також мають свою силу, хоча й іншого характеру. Щоб досягати своїх цілей з чоловіками, вони застосовують свою сексуальну силу. Ці жінки ніколи не опустяться до того, щоб прискіпуватись через розкиданий на підлозі одяг — вони самі скинуть свій одяг на підлогу, до того ж дуже чуттєво. Однак коли стосунки набувають постійного характеру, сексуальні спокусниці можуть стати найбільшими причепами з усіх.

> **Сексуальні спокусниці не переймаються через одяг на підлозі — вони теж скидають туди свій одяг.**

Шалено закохані жінки не мають схильності прискіпуватись. Вони бачать свого партнера в такому романтичному світлі, а їхня голова настільки зайнята думками про заняття несамовитим, пристрасним коханням у кожній частині будинку, що вони ніколи не помічають одягу на підлозі чи брудних тарілок, які залишилися на столі після сніданку. Їхні партнери на першій хвилі стосунків також прагнуть зробити все можливе, щоб їм догодити. Ні в кого не виникає потреби прискіпуватись.

Прискіпування відбувається між тими людьми, між якими існують близькі стосунки — дружинами, чоловіками, матерями, синами, дочками та співмешканцями. Ось чому стереотипний причепа — той причепа із гумористичних сцен — це завжди дружина або мати, тобто люди, які мають відношення до домашніх обов'язків і зазвичай почуваються безправними у житті та не можуть змінити своє життя прямо та відкрито.

Успішна ділова жінка випромінює фізичну та духовну силу. Сексуальна спокусниця сочиться сексуальною силою. Вона сильна, незалежна і вільна. А жінка, яка регулярно вдається до прискіпування, — це жінка, що почувається безсилою та розчарованою біля розбитого корита. Зрештою, вона починає тупотіти ногами все частіше й частіше в незрозумілій, придушеній люті. Оскільки знає, що в житті є дещо більше, ніж має вона, при цьому вона почувається занадто винною, щоб визнати, що їй не подобається її роль. Вона розгублена, бо насправді не знає, що й думати.

Сторіччя стереотипів, сімейні стосунки, жіночі журнали, фільми та телевізійні реклами переконували її, що роль, якій віддає перевагу насправді жіночна жінка, — це роль ідеальної дружини та матері. В глибині душі вона знає, що заслуговує на краще, але їй промили мізки, тож вона змушена намагатися жити «істинами», які, як відомо, вже втратили свою актуальність. Вона не хоче, щоб на її могилі було написано: «Вона завжди тримала кухню в чистоті», але не знає, як звільнитися та почати жити кращим життям. Часто вона навіть не усвідомлює, що її почуття, які носять повсюдний характер, нормальні та здорові.

Згідно з даними наших досліджень ті жінки, які націлені на досягнення мети, працюють більше 30 годин на тиждень або із задоволенням приймають монотонний та повторюваний ритуал домашніх справ і материнства, рідко прискіпуються.

Прискіпування може бути благанням про визнання

Прискіпування — це ознака того, що жінка хоче більшого: більше визнання від своєї родини за те, що вона вже дала, і більше можливостей перейти до чогось кращого.

«Кожного разу, коли моя мама щось робить, їй просто *необхідно* висловлювати свої міркування з цього приводу, — зітхає підліток Адам, до якого постійно прискіпуються. — Щоразу, як вона миє посуд або пилососе килим, вона робить невеликий коментар з підтекстом, щоб привернути до себе увагу. Я волів би, щоб вона цього не робила. Навіщо просторікувати про кожну дрібницю?»

Вона просторікує про «кожну дрібницю», тому що її життя перетворилося на сукупність дрібниць. Важко почуватись упевненою та сильною, якщо все, чим ви займалися з ранку до ночі, — це робили щось тривіальне, передбачуване і звичне. Прибрати килим може кожен. На відміну від солдата, який заслужив визнання тим, що віддав своє життя за добробут своєї країни, ніхто не викарбує ваше ім'я на гранітному меморіалі за те, що ви присвятили своє життя добробуту вашої родини. За збереження миру в домі не дають Нобелівську премію. Саме тому, що її праця настільки недооцінена, мати Адама прискіпується до нього заради визнання.

> За складання блискучих списків покупок не дають Пулітцерівську премію.

Ідеальна дружина та матір не зазнавала тортур (принаймні в тому сенсі, яким зазвичай наділяють це слово), не підривалась на мінах і жодним чином грандіозно не страждала. Її щоденні завдання здаються занадто приземленими, щоб виправдати потужні протести чи претензії на високу державну винагороду. Її страждання невидимі. Це туга принижених і ображених, мовчазної та страдденної більшості.

Якби Адам дав їй хоча б частину того визнання, якого вона прагне — і на яке заслуговує, — якість його життя кардинально покращилася б.

Жінки, для яких прискіпування увійшло у звичку, — це здебільшого дружини або матері, розчаровані, самотні та незадоволені, які почуваються нелюбими і недооціненими. І в цьому криється одна з розгадок. Забезпечте причепі визнання за виконання невеликих рутинних завдань, і ви позбудетесь більшої частини прискіпувань.

Комплекс матері

Багатьом жінкам час від часу здається, що вони є єдиними розсудливими дорослими у сім'ї. Їм здається, що їхні чоловіки чи наречені діють, як діти. Звичайно, у своєму робочому середовищі чоловік може спілкуватися, розв'язувати проблеми та давати позитивні результати і, відповідно, отримувати значно вищу платню, ніж жінки, які виконують ту саму роботу. Його партнерка знає, що він має ці навички, і тому вона сильно засмучується через те, що він не використовує їх вдома.

> За даними досліджень, одружені чоловіки живуть довше, ніж неодружені. Деякі чоловіки кажуть, що у шлюбі просто час тягнеться довше.

Біда в тому, що згодом у жінки виникає спокуса ставитися до свого партнера радше як до неслухняного хлопчика, ніж як до розумного чоловіка. В результаті він у відповідь починає так і поводитись. Така зміна у ставленні — це початок небезпечного шляху знецінення стосунків. Що більше чоловік бунтує, то більше жінка прискіпується. Що більше він опирається, то більше вона починає діяти як його мати. Зрештою вони обоє досягають точки, коли більше не бачать одне в одному партнерів, коханих та найкращих друзів. А для чоловіка ніщо так не вбиває пристрасть у стосунках, як ототожнення своєї партнерки зі своєю матір'ю, а для жінки — як ототожнення свого партнера з незрілим, егоїстичним і ледачим хлопчиком.

Як позбутися прискіпування: говоріть те, що маєте на увазі

У піцерії між однією парою розгорілась неабияка суперечка. Весь ресторан затих, зате їхні голоси звучали дедалі голосніше.

Причиною суперечки стало те, що вони ніяк не могли вирішити, яку гігантську піцу їм замовити. Він хотів із пепероні та каперсами; вона — гавайську. Вона почала звинувачувати його в тому, що він ніколи не слухає, що вона хоче, і що вона **ненавидить** каперси. Було безглуздо припускати, що ананас може зіпсувати ідеально смачну піцу. Крім того, якби він коли-небудь взяв на себе обов'язок зайнятися покупками або приготуванням їжі, їм не довелося б так часто ходити в піцерію. У будь-якому разі, вона не хотіла постійно їсти піцу, тому що завжди віддавала перевагу здоровому харчуванню. А через усю цю піцу в неї були проблеми з вагою. Вона просто хоче, щоб цього разу їй дозволили вибрати піцу. Хіба вона так багато просить?

Після цього останнього речення запанувала тиша. Весь ресторан нашорошив вуха, щоб почути відповідь чоловіка. Він помовчав, відпив вина, подивився на підлогу, на меню, а потім, нарешті, знову на свою дружину.

— Мова ж не про піцу, так? — сказав він. — Йдеться про останні 15 років.

Прискіпування часто буває очевидною ознакою того, що між двома людьми існує проблема зв'язку. Однак замість розв'язати цю проблему, набагато простіше вибирати маленькі дрібниці й підловлювати одне одного на них. Особливо це притаманно жінкам. Багатьох маленьких дівчат досі виховують з переконанням, що вони повинні бути приємними та милими і ставити власні потреби та почуття на останнє місце. Дівчата виростають у жінок, які вважають, що їхня роль полягає в тому, щоб зберігати спокій, згладжувати проблеми, бути милими та коханими. Багатьом жінкам надзвичайно важко просто вийти і сказати: «Те, як я живу, не робить мене щасливою. Я відчуваю, що задихаюсь. Я хочу взяти перерву від усього на два тижні, щоб побути на самоті та відпочити. Як ти дивишся на те, щоб я залишила дітей у матері на один тиждень, а на другий тиждень ти взяв на роботі відпустку, щоб подивитись за ними, а я б отримала час на себе? Я думаю, що повернусь набагато щасливішою і приємнішою людиною». Виявляється, це набагато складніше сказати і зробити, ніж публічно розкритикувати його за вибір піци.

Жінки часто очікують, що чоловіки інтуїтивно второпають, про що вони думають, але про що не говорять. Жінки припускають, що якщо вони позіхнуть і скажуть: «Я так втомилась, думаю, я зараз ляжу спати» та підуть у спальню, то чоловіки почистять зуби, прополощуть рота освіжувачем дихання, напахаються дезодорантом і вдягнуть щось зручніше, щоб приєднатися до них для сеансу кохання. Натомість більшість чоловіків щось бурчать, повертаються до холодильника за ще одним пивом і сідають на диван, щоб подивитися по телевізору спорт. Їм ніколи в житті не приходило в голову, що жінка, з якою вони живуть, говорить натяками. Жінка, прочекавши одна в ліжку, врешті-решт засинає сама, відчуваючи себе нелюбимою і небажаною.

Постійне прискіпування просто маскує глибшу проблему спілкування. Коли жінки навчаються прямо говорити те, що вони мають на увазі, чоловіки реагують більш охоче. Жінки мають зрозуміти, що функція чоловічого мозку порівняно проста, і вони рідко можуть здогадуватися, що *насправді* мають на увазі їхні дружини та партнерки окрім фактично сказаних реальних слів. Після того як обидві статі це зрозуміють, спілкування стане набагато простішим і необхідність у прискіпуванні відпаде сама собою.

Як позбутися прискіпування: говоріть про свої почуття

Чоловік не скаже вам, що він почувається вихолощеним, коли ви виправляєте його поведінку. Він не скаже, що коли ви на нього гніваєтеся чи прискіпуєтесь, він відчуває таке саме роздратування, яке відчував у підлітковому віці, коли до нього прискіпувалась його мати. І він не скаже вам, коли ви почнете здаватись йому такою ж сексуально непривабливою, як і його мати. Коли ви повідомите йому, що, на вашу думку, він не здатен на прийняття правильних рішень, він починає відчувати себе невдахою, нездатним ніколи відповідати вашим стандартам. Тобто він вимикається.

Ви обоє можете багато спілкуватися, але це не означає, що ви розумієте одне одного. Практично всі проблеми у стосунках — невірність, фізичне або словесне насильство, нудьга, депресія та прискіпування — це результат поганого спілкування. Жінки рідко ставлять собі питання: «Цікаво, чому він більше не розмовляє зі мною?» Тоді як чоловік може думати: «Моя дружина мене більше не приваблює», але ніколи це не обговорює з нею.

Якщо жінка у вашому житті до вас прискіпується, це означає, що їй є що вам сказати, але ви не слухаєте, тож вона продовжуватиме повторювати, доки ви цього не почуєте. Причина, з якої ви не слухаєте, полягає в тому, що вона обрала неправильний підхід до вас. Жінки часто підходять до чоловіків неправильно, вдаючись до опосередкованої мови.

Одного вечора Даніель прийшов пізно з роботи додому, де на нього чекала його дружина Сью з обличчям, похмурішим за хмару. Перш ніж він встиг вимовити слово, вона його атакувала.

Сью: Ти взагалі зі мною не рахуєшся! Чому ти знову запізнився додому? Я ніколи не знаю, де ти! Вечеря холодна — тобі взагалі наплювати на всіх, крім себе!

Даніель: Не підвищуй на мене голос. Ти як завжди знову скаржишся і перебільшуєш! Я працюю допізна, щоб заробити достатньо грошей, аби нам було комфортно... а тобі, як завжди, мало!

Сью: Он як! Ти такий егоїстичний! Як щодо того, щоб один раз поставити на перше місце свою сім'ю! Ти ніколи нічого вдома не робиш, ти очікуєш, що я все зроблю!

Даніель *(ідучи геть)*: Я втомився і хочу трохи відпочити. А все, що робиш ти, — це прискіпуєшся до мене.

Сью *(лютуючи)*: Звичайно, добре! Просто вийди з кімнати! Ти знову поводишся, як дитина. Знаєш, у чому твоя проблема? Ти завжди втікаєш від розмови!

Замість повідомити про те, що вона насправді відчуває, використовуючи пряму мову, Сью висловила свою неприязнь опосередковано, що змусило Даніеля захищатись.

Після того як Даніель займає оборонну позицію, спілкування переривається, заважаючи їм вирішити ситуацію. Однак Сью, не слухаючи і не звертаючи на це уваги, продовжує повторювати те саме, а Даніель іде геть, думаючи, що вона просто велика причепа.

Вони не говорять, як насправді почуваються. І їхні проблеми лише поглиблюються.

Як позбутись прискіпування: техніка «Я, мені»

Щоб привернути увагу Даніеля, Сью насамперед повинна була не чіплятися йому в горлянку і не змушувати його займати оборонну позицію. Вона могла це зробити, використовуючи техніку «Я, мені», замість весь час використовувати слово «ти».

Ось деякі «ти»-вирази, які використовувала Сью і які завжди дратували Даніеля:

- Ти такий неуважний!
- Ти такий егоїстичний!
- Ти знову поводишся, як дитина.
- Ти знаєш, у чому твоя проблема?
- Ти завжди тікаєш!

Використання «ти»-мови викликає бажання захищатись. Використовуючи «ти»-твердження, Сью займає позицію судді та присяжних — позицію, яку Даніель не приймає. Завдяки техніці «Я, мені» Сью має можливість висловлювати свої почуття щодо поведінки Даніеля, не засуджуючи його. Такий прийом дозволить вам вести звичайну розмову зі своїм партнером, не викликаючи в нього бажання захищатись. І він припиняє суперечки — назавжди.

Техніка «Я, мені» складається з чотирьох частин. Вона описує поведінку вашого партнера, вашу інтерпретацію його поведінки, ваші почуття та наслідки, які має для вас його поведінка.

Ось як Сью могла б розібратися з Даніелем:

Сью: Даніелю, ти вже цілий тиждень приходиш додому пізно, жодного разу мені не зателефонувавши [поведінка]. Ти намагаєшся уникати мене чи ти зустрічаєшся з кимось? [інтерпретація] *Я* починаю почуватись недооціненою та непривабливою. *Мені* боляче через це [почуття]. Якщо так триватиме й надалі, *я* збожеволію, турбуючись про тебе [наслідок].

Даніель: О, Сью, *мені* так шкода, я ніколи не думав, що моя поведінка викликає в тебе такі почуття. *Я* не уникаю тебе. *Я* ціную тебе. І ні, я ні з ким не зустрічаюсь, люба. Останнім часом у мене так багато справ на роботі, що мені доводиться затримуватись там довше, і це для мене великий стрес. Коли я приходжу додому, *я* такий втомлений, що *мені* потрібно трохи часу на себе. Я не хочу, щоб ти так почувалась, і *я* обіцяю, що відтепер *я* телефонуватиму тобі щоразу, як мені доведеться затриматись на роботі.

Техніка «Я, мені» є доволі ефективною, оскільки зменшує бажання захищатись, підвищує щирість і прояснює почуття кожного. Використовуючи цю техніку, практично неможливо нікому нашкодити.

У наведеному прикладі і Даніель, і Сью чітко повідомили своє послання, і це розв'язало проблему. Хороші висловлювання «Я, мені» працюють краще, коли вони сказані правильно, правильним тоном та в правильний час, тому перш ніж починати говорити, зачекайте кілька хвилин, щоб переконатися, що інша людина вас слухає.

Як позбутися прискіпування: дайте чоловікові 30 хвилин, щоб подивитися на вогонь

Після закінчення тривалого робочого дня чоловікові потрібно близько 30 хвилин, щоб подивитися на вогонь та відновити енергію, перш ніж він буде готовий поговорити. Однак більшість жінок прагнуть поговорити просто зараз і хочуть зробити це негайно. Ось як застосувати цю техніку:

Даніель: Люба, у мене був насправді довгий важкий день. Ти можеш дати *мені* десь півгодини, щоб розслабитись і відпочити? Я обіцяю, що згодом поговорю з тобою.

Сью: Любий, *мені* потрібно поговорити з тобою про речі, які відбулися сьогодні. Коли ми можемо це зробити?

Якщо Даніель погоджується на якийсь конкретний час (і дотримується обіцянки), а Сью дає йому можливість подивитись на вогонь, то не виникає жодних суперечок, ніякої напруги, і нікому не здається, що його намагаються залякати.

Як позбутися прискіпування: змусьте дітей робити те, що ви хочете

Частина відповідального батьківства — це нагадувати, переконувати і навіть вимагати, щоб діти поводилися певним чином заради власної безпеки, благополуччя та успіху в житті. Але на якому етапі наша турбота перетворюється на прискіпування? І кого звинувачувати в тому, що батьки вдома постійно прискіпуються — неслухняну дитину чи причепливих батьків? Відповідь — батьків.

Батьки вжили усіх заходів, щоб дитина автоматично реагувала так, як вона це робить. Дитину навчили, що не обов'язково реагувати після першого запиту, і що, за вашими стандартами, ви очікуєте, що вона відреагує лише після кількаразових нагадувань, умовлянь або вимагань. Дитина навчила вас постійно повторювати свої вимоги, тому думає, що насправді ви не очікуєте від неї ніяких дій.

Для батьків це безвихідна ситуація. Що більше ви повторюєте і скаржитесь, то довше дитина опиратиметься. Що більше ви засмучуєтесь через непослух дитини, то більше гніваєтесь і голосніше репетуєте. Тепер дитина починає ображатися через ваш гнів, оскільки, на її думку, вона не зробила нічого поганого. Дитина почувається розгубленою і розчарованою. Те, що починалось як просте прохання на кшталт «Піди поїж!», перетворилося на війну.

Ситуацію з прискіпуванням батьків до непокірної дитини можна легко виправити, і все, що вам потрібно, — це дисципліна та жорсткість, але застосовані до вас, а не до дитини.

> **Будьте жорсткими до себе, а не до своїх дітей.**

Ви повинні бути готові непохитно витримувати будь-яку конкретну проблему протягом 30 днів, не коливаючись. Поясніть своїй дитині, що ви прекрасно усвідомлюєте, що для того, щоб про щось її попросити, вам достатньо сказати лише один раз, і якщо вона не реагує, то це її вибір. Потім розкажіть, якими будуть наслідки непослуху.

Наприклад: «Джейде, я хочу, щоб ти позбирав брудний одяг з підлоги у спальні й поклав його в кошик для прання. Якщо ти цього не зробиш, я не буду його прати».

Тут у гру вступають самодисципліна та сила волі. Хто перший здасться? Якщо ви піддастеся та позбираєте одяг самі, ви повернетесь туди, звідки почали. Якщо ви маєте самодисципліну, залиште брудний одяг накопичуватись і пропускайте повз вуха будь-які скарги на те, що дитині нічого носити. Це може бути непросто, але ви навчите дитину відповідальності, не кажучи вже про те, що ваш дім стане щасливішим. І майбутні партнери ваших дітей не будуть звинувачувати вас у тому, що ваші діти мають шкідливі звички.

Поведінка дитини є прямим результатом навчання батьків, хорошого чи поганого.

Не прискіпуйтесь до них — навчайте їх

Якщо ви виявите, що постійно до когось прискіпуєтесь, це свідчить про те, що та людина навчила *вас* робити те, що вона хоче, щоб *ви* робили. Інакше кажучи, вона встановлює правила, а ви їх дотримуєтесь. Наприклад, ви постійно просите цю людину припинити кидати свої мокрі рушники на підлогу у ванній кімнаті. Здається, скільки б ви не протестували, ця людина просто продовжує це робити. Отже, ви підбираєте використані рушники, тому що вам не подобається неохайна ванна кімната, і ви думаєте, що якщо ви цього не зробите, то ніхто не зробить, і сухих рушників просто не залишиться. Реальність у даному випадку полягає в тому, що та інша людина знає, що ви, зрештою, позбираєте рушники. Все, що вона має зробити, це трохи потерпіти ваше прискіпування — не надто висока ціна, яку їй потрібно заплатити. Отже, ця людина вас вимуштрувала.

Ось як змінити ситуацію. Виділіть чистий рушник кожній дитині та/або дорослому в будинку і скажіть їм, що це їхній особистий рушник і вони повинні повністю відповідати за нього та за його стан. Скажіть їм, що якщо вони залишать мокрий чи брудний рушник на підлозі, ви приберете його, тому що вам не подобається неохайний санвузол, і це порушує ваше право жити в охайному будинку. Скажіть їм, що ви покладете цей рушник, що ображає ваші почуття, на задньому дворі або повісите на бічний паркан, кинете в собачу будку чи навіть покладете їм під подушку. Вам все одно, куди ви його покладете — вибір за ними. Коли ви вперше реалізуєте цю стратегію, вона викличе у правопорушників багато сміху, розгубленості та протестів, але ви маєте довести цю справу до кінця, інакше так і залишитесь дресированою людиною.

Скажімо, наступного разу, коли це станеться, ви приберете мокрий рушник зі своїх очей у шафу для швабр. Коли порушник знову піде в душ, він запитає вас, де його рушник, і ви дасте йому координати. Потім він виявить, як незручно витиратись вологим, смердючим рушником. За два-три рази він навчиться підбирати та вішати свій рушник. Ця ж техніка добре спрацьовує з брудними шкарпетками, нижньою білизною або будь-якими предметами, які ви не хочете бачити розкиданими навколо. Завдяки таким діям ви самі станете дресирувальником, а не стажером, і в прискіпуванні відпаде необхідність. Однак якщо ви вирішите продовжувати підбирати усе після всіх, значить, ви самі вирішили продовжувати залишитися дресированою людиною, а отже, втрачаєте право прискіпуватись до будь-кого через безлад на підлозі.

Як позбутися прискіпування: розгляд конкретного випадку з дітьми

Камерону віком 13 років доручили щосереди увечері викидати сміття. Зазвичай він говорив, що зробить це після вечері, або коли додивиться фільм, або після душу, але постійно забував це зробити. Тиждень за тижнем сміття накопичувалось і будинком витав запах гнилої їжі. Його мати перетнула точку неповернення з проханнями і перейшла в режим прискіпування. Усім домочадцям набридло слухати про сміття та пахнути ним. Хоча Камерону було все одно — він просто забував про це і був готовий миритися з прискіпуванням.

Врешті-решт мама Камерона зрозуміла, що він привчив її прискіпуватись, тому вона вирішила взяти ситуацію під контроль. Вона сказала йому, що він відповідальний за викидання сміття, але оскільки він цього не робить, сім'я страждає через запахи гнилої їжі. Потім мама повідомила, якими будуть наслідки його непослуху. Якщо сміття не буде викинуте, воно опиниться в його спальні. Якщо він не заперечує проти запаху гнилої їжі, тоді його не повинно переймати, що йому доведеться з нею спати. Усе це було сказано весело, невимушено, неагресивно, але прямо.

Уся сім'я не могла дочекатись, коли настане вечір середи, і, як завжди, Камерон забув викинути сміття. Наступної ночі, коли він лягав спати, він відкинув ковдру і побачив під нею купу гнилого сміття. Його спальня смерділа! Ціною цього уроку були кілька брудних, смердючих простирадл (які Камерона попросили самому випрати — він знав наслідки). Після цього він ніколи більше не забував про сміття.

Як зрозуміти причепу

Якщо жертва буде чесною до себе і визнає елементи істини в прискіпуванні, а також усвідомить, що прискіпування — це зазвичай прохання про визнання, вона зможе швидко перетворити ситуацію на вигідну для обох сторін. Найбільше прагнення людини від природи — відчувати себе важливою. Дослідження раз за разом доводять, що люди, які працюють повний робочий день, прискіпуються менше, ніж ті, які тривалий час проводять удома в ізоляції від інших дорослих. Вони, вважаючи важливим свій внесок у великий кругообіг подій, відчувають, що їхні зусилля визнають. Так само домогосподарки, яким насправді дуже подобається перебувати вдома і які пишаються тим, що вони створюють чистоту та затишок у будинку, готують смачні, здорові страви та піклуються про свою сім'ю і зазвичай не прискіпуються — за умови, що вони отримують таке саме визнання та подяку.

Тому здебільшого причепами є люди, які займаються нудною, одноманітною роботою, або яким не подобається сидіти вдома. Деякі жінки, безсумнівно, відчувають, що їхнє життя нічим непримітне. Прання одягу, чищення килимів пилососом, прибирання на кухні, застеляння ліжок та походи за продуктами — усе це через пару років отупляє мозок. Коли ви додасте до цього коктейлю дітей, які погано поводяться та за десять хвилин зводять нанівець усю роботу, яка була зроблена протягом дня, ви перетворитесь на людину, яка вдасться до прискіпування, щоб привернути до себе увагу та змусити всіх інших почуватись такими ж жалюгідними, як і вона.

Оскільки в основі прискіпування лежить істина, жертва повинна брати на себе за нього рівну відповідальність. Прискіпування — це результат поганого спілкування.

Завдання для жертви

Для досягнення взаємовигідної ситуації обидві сторони повинні прагнути змінитись і розділити відповідальність. Жертві потрібно визнати і прийняти її внесок у проблему.

Зазвичай жертви прискіпування розробляють схеми уникнення, що ускладнює проблему. Вони можуть ігнорувати причеп, намагатися перекричати їх, виходити з кімнати чи будинку або виправдовуватися за те, що вони не виконують прохання причепи. Жертвам це легко вдається, тому що вони завжди можуть звинувачувати в цьому причепу. При цьому єдиним правильним рішенням для жертви буде зупинитися, підбити підсумки й усвідомити свій внесок. Вона має сприймати прискіпування як крик про допомогу.

Як жертва, ви повинні запитати себе:

- Чи слухаєте ви іншу людину?
- Чи розумієте ви розчарування іншої людини?
- Чи виявляєте ви зверхність, змушуючи її почуватися нікчемною?
- Чи визнаєте ви досягнення іншої людини?
- Чи відмовляєтесь ви розділити домашні обов'язки, тому що вважаєте себе годувальником і, отже, заслуговуєте на те, щоб вдома нічого не робити?
- Ви просто ледачі та нетурботливі?
- Можливо, ваше небажання розуміти проблеми іншої людини викликане якоюсь глибокою образою?
- Чи хочете ви бути щасливими?
- Якщо ви хочете бути щасливим, чи готові ви сісти й поговорити з іншою людиною?

Завдання для причепи

Якщо ви — причепа, чи думали ви, що інша людина може бути не в змозі задовольнити ваше прохання? Можливо, ви ставитесь до неї по-батьківськи? Можливо, ви наполягаєте на миттєвих діях, незалежно від потреб іншої людини на той час? Ви постійно повторюєте свої вимоги?

Якщо ваша відповідь на будь-яке із цих питань ствердна, сядьте з цією іншою людиною і будьте готові спілкуватися з нею за допомогою мови «Я, мені»:

- Скажіть їй, що вас засмучує.
- Встановіть часові рамки для ваших запитів.
- Перестаньте повторюватись.

- Заявіть про свої потреби, а потім зупиніться і вислухайте відповідь вашого партнера.
- Поцікавтеся думкою вашого партнера. Можливо, він має кращу ідею.
- Уникайте «ти»-тверджень, які викликають опертя з боку іншої людини.
- Яким буде рішення чи наслідок, якщо вона не перегляне свої легковажні вчинки?
- Що ви робите для покращання вашого власного іміджу?
- Чи винагороджуєте ви себе щодня за досягнення власних цілей?
- Чи хочете ви бути щасливими?

Прискіпування може бути способом життя для багатьох людей — способом, яким вони зазвичай закінчують будь-яке спілкування, який робить їх гнівними, обуреними та поганими стосовно тієї людини в їхньому житті, яка насправді має бути повсякденним джерелом їхньої великої радості, тепла й підтримки. Але так не повинно бути. Дотримуйтесь наших простих стратегій, щоб створити набагато щасливіше, сповнене коханням майбутнє для вас обох.

РОЗДІЛ 2

СІМ РЕЧЕЙ, ЯКІ РОБЛЯТЬ ЧОЛОВІКИ ТА ЯКІ ЗВОДЯТЬ ЖІНОК З РОЗУМУ

Троє мудреців пішли за зіркою на Схід до Віфлеєму, щоб побачити немовля Ісуса. Вони принесли в подарунок золото, ладан та мирру. Але що якби вони були жінками?

Історія про трьох мудреців і народження Христа — одна з найпопулярніших історій у світі. А для жінок це також історія, що якнайкраще ілюструє усі риси чоловічого виду, які викликають у них розчарування. По-перше, вони просто припустили, що світ обертається навколо них — зірка, що сяє на Сході, явно з'явилась там для того, щоб вони пішли за нею. По-друге, вони добиралися до стайні, в якій народився Ісус, більше двох місяців після пологів. Швидше за все, шлях тривав так довго, тому що вони відмовлялися зупинитися і спитати дорогу. По-третє, навіщо новонародженій дитині та виснаженій матері можуть знадобитись золото, ладан та мирра? І нарешті, *три* мудреці? Комусь коли-небудь доводилося бачити таке неймовірне видовище?

Уявіть, що дієвими особами в цій історії були три мудрі жінки. Вони запитали б дорогу, приїхали вчасно, щоб допомогти з пологами, і принесли б практичні подарунки, такі як підгузки, пляшечки, іграшки та букет квітів. Потім вони вивели б назовні тварин, почистили стайню, зробили запіканку, обмінялися адресами електронної пошти, і на Землі був би мир.

> **Мойсей бродив пустелею 40 років.**
> **Він також не питав дорогу.**

Кількість чоловічих рис, які дратують жінок, важко звести до прийнятної цифри, але з листів, які ми отримали від понад 5000 наших читачок, ми виокремили сім питань, які жінки найчастіше ставлять про чоловіків.

1. Чому чоловіки постійно пропонують рішення та дають поради?

2. Чому чоловіки постійно перемикають канали за допомогою пульта?

3. Чому чоловіки не зупиняться і не питають дорогу?

4. Чому чоловіки наполягають на тому, щоб залишити сидіння в туалеті піднятим?

5. Чому чоловіки роблять таку трагедію з шопінгу?

6. Чому чоловіки мають такі огидні особисті звички?

7. Чому чоловіки люблять непристойні жарти?

Те, що жінки сприймають як «шкідливі звички» чоловіків, можна розділити на дві категорії: звички, які здобуті в процесі виховання, і ті, що пов'язані з налаштуванням чоловічого мозку. Але жодна із цих проблем не є нерозв'язною. Будь-кого можна перевчити, якщо ви знаєте як.

1. ЧОМУ ЧОЛОВІКИ ПОСТІЙНО ПРОПОНУЮТЬ РІШЕННЯ ТА ДАЮТЬ ПОРАДИ?

«У моєму житті є чоловік, але він дотримується спрямованого на розв'язання проблем підходу, який він застосовує до всього, і це для мене вже занадто. Він дає мені поради, як впоратися з усім у моєму житті, хочу я цього чи ні! Щоразу, як я просто хочу поговорити про свій день чи про свої почуття, він перебиває мене, розповідаючи, що я повинна робити, думати чи говорити. Він чудово розв'язує проблеми, пов'язані з «речами» — кранами, що протікають, несправними люстрами, проблемами з машиною та комп'ютером тощо, але коли йдеться про те, щоб просто вислухати, він цього не робить. І якщо я не приймаю його «поради», він засмучується.

«На-межі-божевілля» Карен».

Щоб розібратися, чому чоловік наполягає на тому, щоб вирішити кожну дрібницю, потрібно зрозуміти, як працює чоловічий мозок.

Чоловіки еволюціонували як мисливці, й головним їхнім внеском у виживання людського роду була здатність вражати рухому ціль, щоб здобути для кожного їжу. Їм потрібно було вміти точно цілитися як в їстівні цілі, так і у ворогів, які або хотіли вкрасти цю їжу, або загрожували їхнім родинам. Тож у їхньому мозку розвинулась ділянка, яка відповідає за враження цілі і називається «зорово-просторовою» зоною. Завдяки їй чоловіки можуть успішно справлятися з сенсом свого існування: влучати в цілі та розв'язувати проблеми. Вони перетворилися на людей, орієнтованих на результати, які вимірюють свій власний успіх результатами, досягненнями та здатністю розв'язувати проблеми. Як наслідок, чоловік усе ще визначає, хто він такий і в чому його цінність, за своїми досягненнями та своїм умінням розв'язувати проблеми.

> **Самооцінка чоловіка визначається результатами, яких він може досягти, або тим, наскільки точно він може влучити в зебру, що біжить.**

Ось чому чоловіки люблять носити уніформу і шапки зі значками та знаками, які демонструють їхню компетентність або відображають їхні здібності до розв'язання проблем. Чоловік відчуває, що він — єдина людина, яка здатна розв'язати свої власні проблеми, тож немає потреби обговорювати їх із кимось іншим. Він запитає думку іншої людини стосовно проблеми, лише якщо відчує, що йому потрібна експертна думка, і якщо вважатиме це розумним стратегічним кроком. Натомість, якщо у чоловіка запитають про його думку, він матиме це запитання за честь.

Якщо один чоловік просить в іншого чоловіка поради, той вважає це звернення за комплімент.

Відповідно, якщо жінка пропонує чоловікові пораду, коли він її про це не просив, чоловік сприймає ситуацію як підтвердження того, що вона вважає його некомпетентним, тому що він не в змозі розв'язати свої власні проблеми. Чоловік вважає, що прохання про пораду — це вияв слабкості, оскільки він відчував, що має розв'язувати свої проблеми сам, і саме тому він рідко говоритиме про те, що його турбує. Чоловік любить пропонувати поради та рішення іншим, але непрохані поради, особливо від жінки, не вітаються.

Чому коли чоловіки пропонують рішення, це засмучує жінок

Мозок жінки організований для спілкування через розмову, і головна мета розмови — це розмова. Здебільшого жінка не шукає відповідей, і їй не потрібні рішення. У цьому полягає проблема більшості пар — наприкінці дня вона зазвичай хоче поговорити про події, якими був насичений її день, поділитися своїми почуттями, але він вважає, що вона ділиться з ним своїми проблемами, які необхідно вирішити, тому починає пропонувати рішення. Жінка засмучується, вважаючи, що чоловік не слухає про те, що вона розповідає, а він сердиться, тому що вона не приймає запропоновані ним рішення. «Чому ти не можеш просто помовчати та послухати?» — кричить вона, прямуючи до дверей. «Якщо тобі не потрібна моя думка, — кричить він навздогін, коли вона хряскає дверима, — не цікався нею!» Кожному при цьому здається, що інший не цінує те, що він говорить.

> **Коли жінка хоче, щоб чоловік виявив емпатію, він думає, що вона просить його розв'язати її проблему.**

Він думає, що коли вирішує її проблеми, то демонструє свою турботу та кохання, а вона вважає, що він байдужий чи знецінює її почуття, не слухаючи її.

Розгляд конкретного випадку: Сара та Енді

У Сари на роботі видався важкий день: начальник не давав їй життя, її звинуватили в поганій адміністративній роботі, вона загубила гаманець і зламала ніготь. Їй здається, що її світ розвалюється на шматки, і вона хоче поговорити про це з Енді, коли той повернеться додому.

Сара зателефонувала Енді, щоб дізнатися, о котрій годині він повернеться. Вона приготувала смачну їжу, сподіваючись, що за вечерею у них буде довга сердечна розмова. Він буде люблячим і співчутливим. Вона зможе вилити усе, що в неї лежало на серці, тому, хто про неї піклується, і вона знає, що після цього почуватиметься набагато краще. Вона хоче, щоб він вислухав її, дав їй відчути, що кохає її і розуміє, а також запевнив, що вона зможе розв'язати свої проблеми.

Проте в Енді теж був важкий день. Коли він вийшов з роботи, кілька великих проблем все ще залишались нерозв'язаними, і з ними потрібно розібратися, перш ніж він повернеться на роботу наступного дня. По дорозі додому його розум працює понаднормово над тим, щоб знайти рішення. З телефонного дзвінка Сари він дізнається, що у неї був поганий день, але йому насправді потрібен час для розв'язання власних проблем. Він приїжджає додому, каже Сарі швидке «Привіт», а потім сідає у вітальні, щоб подивитись новини по телевізору. Вона перевіряє страву і каже йому, що вечеря буде готова через п'ятнадцять хвилин. Він думає: «Добре! П'ятнадцять хвилин спокійного часу до вечері». Сара думає: «Чудово! П'ятнадцять хвилин, щоб поспілкуватись, перш ніж взятись до їжі».

Сара: Як минув твій день, любий?

Енді: Чудово.

Сара: У мене був найгірший день у моєму житті, і я так більше не витримаю!

Енді (*все ще дивлячись новини*): Що ти не витримаєш?

Сара: Мій начальник ускладнює мені життя. Коли я сьогодні прийшла в офіс, він влаштував мені прочухана через якість моєї роботи і вимагав сказати йому, чому я досі не закінчила нову рекламну кампанію. Потім він заявив, що хоче, щоб вона була готова до кінця тижня, оскільки запланував у понеділок показати клієнту, що ми зробили. Коли я спробувала пояснити, що вона не готова, бо я все ще працюю над проектом «Сайнфелд», який він сам назвав терміновим, і не встигну так швидко закінчити обидва проекти, він просто обірвав мене і сказав, що не хоче більше чути виправдання і план кампанії має бути в нього на столі до кінця робочого дня в п'ятницю. Ти можеш у це повірити? Він просто не слухав мене... (*почувається засмученою*)... потім він змінив тему і сказав, що ми зустрінемось о шостій годині вечора в п'ятницю, щоб востаннє переглянути будь-які зміни. Мені просто хочеться все покинути. Я так більше не витримаю...

Енді: Послухай, Саро, тут все просто... що ти повинна зробити, то це виступити на свій захист і повідомити йому, що ти не можеш закінчити обидва проекти, а також запитати, який проект ти маєш завершити першим. Зайди до нього завтра і скажи, оскільки встановлено нереальні строки, він має скоригувати їх або змусити когось допомогти тобі в обох проектах.

Сара (*заводиться*): Я не можу повірити! Я розповідаю тобі про цього начальника, який просто роздає мені накази і ніколи не слухає, а потім ти починаєш говорити, що я маю робити. Чому ти просто не можеш мене вислухати? Я по саме горло сита чоловіками, які завжди знають, як краще.

Енді: Ну ж бо, Саро. Якщо тобі не цікава моя думка, припини розповідати мені про свої проблеми. Сама з ними розбирайся, і досить мені на них скаржитись! Мені вистачає моїх проблем, які я, до речі, завжди розв'язую сам!

Сара (*зараз розплачеться*): Йди до біса! Я знайду когось іншого, хто слухатиме мене і не говоритиме, що я зробила не так! Вечеряй сам! Я йду і не знаю, коли повернусь!

Для чоловіків і жінок у всьому світі це доволі типовий сценарій. Зрештою, Сара почувається розчарованою, ображеною і нелюбимою. Енді почувається недооціненим і розгубленим, тому що Сара щойно розкритикувала його навичку номер один: розв'язання проблем.

Як слід було вчинити Енді?

Давайте повернемося до цієї сцени й подивимось, як Енді міг уникнути такого поганого вечора.

Сара: Як минув твій день, любий?

Енді: Все добре. У мене залишилось кілька робочих проблем, з якими мені доведеться розібратися до ранку, але я подумаю про них завтра.

Сара: У мене був найгірший день у моєму житті, і я так більше не витримаю!

Енді: О, ні! Моя бідненька! Я хочу, щоб ти мені про все розповіла. Дай мені п'ятнадцять хвилин, щоб я розібрався зі своїми проблемами по роботі. Тоді я зможу присвятити тобі всю свою увагу за вечерею.

Сара: Добре... я покличу тебе, коли вечеря буде готова. Хочеш зараз келих вина?

Енді: Дякую, люба... Я тебе кохаю.

Енді просить тайм-аут, а Сара його дає; тепер у нього є час і можливість посидіти на своїй скелі та подумати про власні проблеми. Сара почувається заспокоєною і радіє, що він вислухає її за вечерею, коли вона зможе розповісти про свої проблеми і відчути, що життя налагоджується.

Ось як пройшла вечеря:

Сара: Мій начальник ускладнює мені життя. Коли я сьогодні вранці прийшла на роботу, він влаштував мені прочухана через якість моєї роботи і вимагав сказати йому, чому я досі не закінчила нову рекламну кампанію. Потім він заявив мені, що хоче, щоб вона була готова до кінця тижня, оскільки запланував у понеділок показати клієнту, що ми зробили. Коли я спробувала пояснити, що вона не готова, бо я все ще працюю над проектом «Сайнфелд», який він сам назвав терміновим...

Енді (*роблячи зацікавлене обличчя*): Люба... це жахливо. Хіба він не знає, як важко ти працюєш? Ти виглядаєш такою напруженою...

Сара: Ти не можеш уявити, наскільки я напружена! В будь-якому разі, я почала пояснювати, що вона не готова, оскільки проект «Сайнфелд» забирає багато часу. Але посеред мого пояснення він просто обриває мене і каже, що не хоче чути виправдань, і що план кампанії має бути в нього на столі до кінця робочого дня в п'ятницю! Ти можеш у це повірити?

Енді (*виглядає занепокоєним, але стримується, щоб не лізти з порадами*): Здається, він і справді ускладнює тобі життя...

Сара: Він просто не слухав мене... змінивши тему, він заявив, що ми зустрінемось о шостій годині вечора в п'ятницю, щоб востаннє переглянути будь-які зміни. Мені просто хочеться все покинути...

Енді (*обіймаючи її рукою*): У тебе був справді важкий день, люба. Що б ти хотіла зробити?

Сара: Я маю переспати з цією думкою, а завтра вранці встану, і якщо мені не стане краще, я дуже хотіла б, щоб ти допоміг мені розібратися, як з цим впоратися. Я просто занадто втомлена і напружена, щоб говорити про це сьогодні ввечері. Дякую, що вислухав мене, любий. Я почуваюсь набагато краще...

Не пропонуючи негайних рішень, Енді уникнув суперечки, випив келих вина, і йому не довелося спати самому на дивані. Давши Енді час на себе, Сара уникла звичних суперечок і почувалась задоволеною собою та своїм життям.

Якщо ви хочете вести бізнес з представниками протилежної статі

Чоловіки та жінки ведуть бізнес дуже по-різному, і якщо одна зі сторін не повністю розуміє наслідки цього, то їхні ділові стосунки можуть виявитися фінансовою катастрофою. Жінки хочуть спершу встановити особисті стосунки з чоловіком, перш ніж узятися до справи. Для цього вони спілкуються з ним на різноманітні теми, часто на цілком особистісному рівні. Для них це можливість зрозуміти, що перед ними за людина і чи можна їй довіряти. Чоловіки часто абсолютно не розуміють такий підхід. У гіршому випадку деякі думають, що вона хоче від нього сексу, в кращому — майже всі припускають, що вона просить поради щодо розв'язання своїх проблем. Тому їм здається, що вони мають право запропонувати рішення, і говорять їй, що вона має робити, думати чи говорити.

Жінку це дуже обурює. Найімовірніше, вона вирішить, що цей чоловік із тих, які ніколи не слухають, і який навряд чи приділятиме їй багато уваги, якщо вони спільно вестимуть бізнес. Вона починає сумніватись, чи варто взагалі мати з ним справу, а розгублений та збентежений чоловік не може зрозуміти, чому їхні ділові стосунки не складаються. Чоловікові потрібно усвідомити, що навіть у бізнесі з жінкою легше мати справу, якщо вона спочатку налагодить з ним особистий зв'язок. Жінка має зрозуміти, що чоловікові непросто обговорювати особисту інформацію і що він вважає за краще відразу взятися до діла. Коли кожна сторона це розуміє, обоє виявлять більшу готовність піти на компроміс і це приведе до міцніших ділових стосунків у довгостроковій перспективі.

Як уникнути суперечок з протилежною статтю

Якщо жінка засмучена або пригнічена і хоче поговорити, найпростіший вихід — сказати чоловікові: «Я хочу поговорити з тобою про кілька речей. Мені не потрібні твої поради, я просто хочу, щоб ти послухав». Чоловікові сподобається такий підхід, оскільки він точно знатиме, що має робити.

Рішення

Якщо жінка розмовляє, а чоловік не знає, просить вона підказати рішення чи просто хоче виговоритись, він може про це дізнатися, запитавши: «Ти хочеш, щоб я слухав, як чоловік чи як жінка?» Якщо вона хоче, щоб він слухав, як жінка, то повинен лише слухати. Якщо вона хоче, щоб він слухав, як чоловік, він може запропонувати рішення. У будь-якому випадку обоє будуть щасливими, тому що кожний розуміє, чого від нього очікують.

> **Зазвичай жінка хоче, щоб її вислухали, а не розв'язали її проблеми.**

Підсумуємо: порада сприймається чоловіками та жінками по-різному. З погляду чоловіка, порада — це вияв турботи й кохання, але жінка може трактувати її як демонстрацію того, що він не бажає слухати. Урок тут простий, але важливий. Для чоловіків: слухайте зі співпереживанням, особливо якщо жінка засмучена, а якщо ви не впевнені, чого вона від вас хоче, то запитайте. Для жінок: дайте зрозуміти, чого ви очікуєте від чоловіка, якому ви виливаєте душу.

2. ЧОМУ ЧОЛОВІКИ ПОСТІЙНО ПЕРЕМИКАЮТЬ КАНАЛИ ЗА ДОПОМОГОЮ ПУЛЬТА?

Пульт дистанційного керування (*іменник, чоловічий рід*): пристрій для перемикання з одного телеканалу на інший; (*іменник, чоловічий словник*): пристрій для перемикання усіх 55 каналів кожні 2,5 хвилини.

Тисячі років чоловіки повертаються з полювання наприкінці дня і проводять вечір, просто дивлячись на вогонь. Чоловік сидів у такому трансовому стані серед своїх друзів тривалий час, не спілкуючись, а інші чоловіки не вимагали від нього говорити чи виявляти активність. Для чоловіків це було важливою формою зняття стресу та способом підзарядити свої акумулятори для роботи наступного дня.

Сучасні чоловіки все ще дивляться на вогонь наприкінці дня, але зараз він має вигляд газет, книжок та пультів дистанційного керування. Колись ми були у віддаленій дельті річки Окаванго, на північ від ботсванської пустелі Калахарі в Південній Африці. Помітивши на щоглі над сільською хатиною супутникову антену, що живиться від сонячної батареї, ми зайшли всередину і побачили групу калахарських бушменів у пов'язках на стегнах перед телевізором з пультом у руках, і всі по черзі перемикали канали з одного на інший.

> У раю кожний чоловік має три пульти дистанційного керування, а всі сидіння на унітазах там підняті.

Перемикання каналів — це те, що найбільше не подобається жінкам у чоловіках. Існує поширений жарт, що чимало жінок хотіли б поховати свого чоловіка з пультом дистанційного керування, міцно затиснутим у руці.

Наприкінці тривалого дня жінки люблять розслаблятися, дивлячись телевізійні передачі, особливо якісь серіали, що стосуються людської взаємодії та сповнені емоційних сцен. Мозок жінки налаштований на зчитування слів і мови тіла акторів, і вона любить прогнозувати результати серіальних стосунків. Вона також полюбляє дивитися рекламні ролики. Однак для чоловіків перегляд телепрограм — це абсолютно інший процес, спрямований на задоволення двох основних імпульсів. По-перше, оскільки чоловічий мозок запрограмований на розв'язання проблем, чоловік прагне якнайшвидше дістатись до суті. Перемикаючи канали, він може проаналізувати проблеми в кожній програмі та обдумати необхідні рішення. По-друге, чоловіки люблять забувати про свої власні проблеми, дивлячись на чужі, що пояснює, чому вечірні інформаційні бюлетені дивиться в шість разів більше чоловіків, ніж жінок. Оскільки розум чоловіка може робити лише одну справу за раз, дивлячись на проблеми інших людей і не відчуваючи за них відповідальності, він може забути про свої власні турботи. Тому це стає формою зняття стресу, як і сидіння в інтернеті, лагодження його машини, поливання саду, тренування у тренажерній залі або — найчастіше, його улюблене — заняття сексом. Поки чоловік концентрується на чомусь одному, він завжди може забути про власні неприємності та відчувати себе краще.

> Чоловікам не цікаво знати, що показують по телевізору, їм цікаво знати, що ще показують по телевізору.

Якщо жінка хвилюється через якусь проблему, вона може робити при цьому будь-що, однак проблема все одно займатиме її багатозадачний розум, і тому вона має поговорити про це, щоб відчути полегшення.

Ця основна різниця між статями нерідко призводить до неприємностей. Жінка часто намагається поговорити з чоловіком, коли той читає газети чи перемикає канали, а оскільки він не реагує на те, що вона говорить, вона часто намагається його підловити. «Що я щойно сказала?» — допитуватиметься вона. На її розчарування, він, зазвичай, не може відповісти. Це тому, що він чув її слова, але, оскільки його мозок здебільшого був зайнятим одним завданням — читанням газети — він насправді не слухав чи не аналізував те, що вона говорила; він лише фіксував її слова.

Жінки часто звинувачують чоловіків у тому, що вони перебувають десь далеко, коли вони намагаються з ними поговорити. Це бентежить чоловіків; їм здається, що їхньої фізичної присутності більше ніж достатньо. Однак жінкам цього замало, вони хочуть, щоб чоловіки були також емоційно присутніми. Жінки будуть обурюватися очевидною неуважністю чоловіка і тлумачитимуть її як ігнорування. Чоловіки будуть обурюватися через те, що вони не мають можливості відпочити навіть після того, як спробували запропонувати розв'язання проблеми і це було відхилено. Що більше жінка тисне, то більше чоловік буде опиратися. Що більше він буде опиратися, то більше вона буде обурюватись.

Жінці потрібно зрозуміти, що для чоловіка можливість подивитись на вогонь — це спосіб зняття стресу, тому вона не повинна сприймати це на свій особистий рахунок. Коли він розмовляє, він говорить про одну річ за раз. Її багатозадачний мозок дозволяє їй говорити про цілий ряд речей минулого, сьогодення та майбутнього, і все одночасно.

> **Коли чоловік мовчить, це не означає, що він її не любить. Це означає, що він хоче помовчати.**

Чоловік має зрозуміти, що жінці потрібно поговорити, щоб зняти стрес, який вона відчуває, і їй не потрібне розв'язання проблем.

Рішення

Щоб розв'язати проблему з пультом дистанційного керування, жінці потрібно спокійно поговорити з чоловіком про те, як сильно це зводить її з розуму, і попросити не робити цього, коли вона дивиться свою телепрограму. Крім того, вона може спробувати сховати пульт в якомусь місці, де він ніколи не здогадається пошукати. І якщо жодне з цих рішень не спрацює, вона має розглянути можливість придбати свій власний телевізор — або інший пульт дистанційного керування.

3. ЧОМУ ЧОЛОВІКИ НЕ ЗУПИНЯЮТЬСЯ, ЩОБ ЗАПИТАТИ ДОРОГУ?

Понад сто тисяч років чоловіки використовували просторову частину свого мозку для відстеження здобичі й ураження цілей. За цей час чоловіки навчилися добре визначати напрямок та інтуїтивно повертатися по своїх слідах. Завдяки цьому вони могли вирушати на полювання на великі відстані, а потім знову знаходити дорогу додому. Ось чому, вперше увійшовши в приміщення без вікон, більше однієї третини чоловіків можуть визначити, де північ, в діапазоні 90 градусів і вказати напрямок, на що здатна лише кожна п'ята жінка. Прикрий факт полягає в тому, що ви ніколи не зможете навчитися відчувати північ; ви або вмієте це робити, або ні. Найбільш імовірне пояснення цієї здатності відчувати напрямок полягає в тому, що в правій півкулі чоловіків підвищена концентрація заліза, що дозволяє їм відчувати магнітний напрям північного меридіану. Це та сама навичка, яку чоловік використовує, щоб повернутися на своє місце на спортивному матчі, переставити свою машину на багатоповерховій автостоянці та повернутися в місце, в якому він був до цього лише один раз.

Жінки доглядали за родинним гніздом, не ходили поодинці за горизонт, тому вони навчилися орієнтуватися за вказівниками — відчуття напрямку ніколи не було для них необхідністю і не входило в їхні обов'язки. Якщо жінка бачила дерево, або озеро, або пагорб, вона могла використати їх як орієнтир і знайти за ним шлях додому. Це також може стати підказкою для чоловіка стосовно того, як давати жінці вказівки. Якщо він скаже їй піти на дорогу з велетенським дубом, а потім вирушити до рожевої будівлі біля Національного банку навпроти озера, то, найімовірніше, вона дістанеться місця призначення. Якщо він скаже їй звернути на третьому повороті на західному з'їзді на шосе 23 та проїхати п'ять кілометрів на північ, вони, найімовірніше, більше ніколи не побачаться.

> **Чоловіки не губляться, вони просто знаходять альтернативні напрямки.**

Для чоловіка визнати, що він загубився, — це визнати, що він зазнав невдачі у своїй навичці номер один — знаходженні шляху. І він радше погодиться згоріти в багатті, ніж зізнатися про це жінці. Якщо ви — жінка на пасажирському сидінні, і ви вже втретє проїхали повз той самий гараж, важливо не критикувати його і не пропонувати поради, особливо якщо не хочете продовжити ваш шлях пішки.

Рішення

Купіть карту чи довідник і залиште в машині. Якщо йому подобаються комп'ютери, то зараз у більшості великих міст доступні компакт-диски, що прокладають ідеальний маршрут, який ви можете роздрукувати та взяти в подорож. Відмінним рішенням за порівняно невелику суму грошей стане придбання GPS-навігатора на день народження/Різдво. Це чудова іграшка з розвитку просторових навичок для хлопчика, завдяки якій він ніколи не загубиться і завжди вас любитиме.

> Чому для пошуку та запліднення яйцеклітини потрібно
> 4 млн сперматозоїдів?
> Бо жоден із них не хоче спитати дорогу.

Швидка безпечна стратегія на крайній випадок — сказати йому, що вам потрібно терміново сходити в туалет, що змусить його зупинитися, і краще на СТО. Поки ви будете в туалеті, у нього буде час зробити вигляд, що він щось купує, а, насправді, запитати дорогу.

4. ЧОМУ ЧОЛОВІКИ НАПОЛЯГАЮТЬ НА ТОМУ, ЩОБ ЗАЛИШАТИ СИДІННЯ В ТУАЛЕТІ ПІДНЯТИМ?

До кінця 1800-х років туалети мали вигляд невеликих ящиків позаду будинку. Щоразу, коли жінка збиралася в туалет, вона брала із собою інших жінок для безпеки. Чоловіки ж були змушені ходити поодинці та захищати себе самі, якщо виникала така потреба. Чоловіки ніколи не пудили в туалеті, вони робили це в кущах або стоячи навпроти чогось — звичка, яку сучасні чоловіки успадкували від своїх предків. Ось чому ви рідко побачите чоловіка, який мочиться у відкритому полі; вони завжди стоять біля стіни чи дерева і, як і інші тварини, позначають свою територію. Коли наприкінці XIX століття був винайдений зливний унітаз (нібито Томасом Краппером), скромний туалет переїхав до власної кімнати всередині будинків та громадських установ. І все ж практика ходити в туалет групами зберігається серед жінок. Ви ніколи не почуєте, як чоловік каже: «Гей, Фреде, я йду в туалет... не хочеш зі мною?»

> **Коли чоловіки йдуть у туалет, вони ніколи не беруть із собою групу підтримки.**

У наш час громадські туалети повсюди мають окремі приміщення для різних статей з унітазами для жінок та прикріпленими до стіни пісуарами для чоловіків. Жінки завжди сідають, але чоловіки сідають лише в 10–20%. Сучасні будинки нібито спроектовані та побудовані так, щоб у них було однаково зручно як чоловікам, так і жінкам, але в цих домашніх туалетах, які відповідають лише потребам жінок, чоловіки опиняються у невигідному становищі. Удома чоловік підніме сидіння, щоб не обмочити його, — усе заради жінки, яка потім буде на ньому сидіти. Але коли після того він знову його не опустить, його піддають різкій критиці. Багатьох чоловіків це дуже обурює. Жінки могли б і самі піднімати сидіння для чоловіків! У деяких частинах світу, таких як Швеція, закон приписує чоловікам відправляти малу нужду в громадському туалеті сидячи, тому що це гендерно коректно.

Коли Бог закінчив створювати Всесвіт, він зрозумів, що у нього залишилося дві речі, які слід розділити між Адамом і Євою. Одна, пояснив він, – це можливість мочитися стоячи. Адам був у захваті, він благав і просив, щоб цю здатність віддали йому.

Єва мило посміхнулась і сказала Богові, що якщо Адам справді так сильно цього хоче, він повинен це мати. Тож Бог наділив такою здатністю Адама, і той одразу побіг і в збудженні обпудив дерево та намалював візерунок на піску. І Бог побачив, що це добре.

Тоді Бог звернувся до Єви. «Що ж, є ще одна річ, – сказав він, – я думаю, вона має належати тобі».

«Дякую, – відповіла Єва. – І що ж це таке?» Бог усміхнувся у відповідь: «Множинні оргазми».

Кілька років тому в Швеції феміністична група закликала заборонити чоловічі пісуари на тій підставі, що чоловіки, які відправляють малу нужду стоячи, «тріумфують у своїй маскулінності», а отже, принижують жінок. Вони не мали надто великої підтримки. У деяких місцях — зазвичай у модних рекламних офісах у США — все частіше віддають перевагу туалетам-унісекс з їх окремими кабінками, хоча, здається, більше з метою економії грошей та оптимізації простору, ніж через будь-які аргументи про рівність статей. У 2000 році одна голландська компанія оголосила про випуск на ринок першого в світі «жіночого пісуара». Однак поки що їм не вдалося справити значний вплив на глобальні туалетні звички.

Один із наших читачів-чоловіків написав нам про те, як він і його дружина вирішили суперечку щодо сидіння в туалеті:

«Жінки повинні розуміти, що іноді пеніс чоловіка має «свій розум». Чоловік може зайти в туалетну кабінку (тому що всі пісуари зайняті), ідеально прицілитись в унітаз, але його пеніс все одно встигне обпісяти рулон туалетного паперу, ліву штанину та його взуття. Я вам кажу, пенісу не можна довіряти.

Після 28 років шлюбу моя дружина нарешті вимуштрувала мене. Тож мені більше не дозволено мочитися як чоловік — стоячи. Вона вимагає, щоб я це робив сидячи. Вона переконала мене, що це маленька ціна, яку треба заплатити. Інакше, якщо вона ще раз зайде до туалету вночі та сяде на забризкане сидіння або провалиться в унітаз, тому що я не опустив сидіння, вона вб'є мене уві сні».

Існує також проблема ранкової ерекції, яка вдвічі ускладнює для чоловіка можливість прицілитись і пояснює, чому мокрі шпалери. Однак він повідомив, що навіть у положенні сидячи виникають великі механічні проблеми, які розуміють лише чоловіки. Тепер він удосконалив мистецтво лежати обличчям униз над унітазом у положенні «Летючий Супермен», щоб гарантувати, що нічого не вирветься назовні.

«Жінки повинні розуміти, що чоловіки в цьому не винні. Ми добре розуміємо їхнє занепокоєння гігієною та чистотою у ванній кімнаті, проте бувають випадки, коли все просто виходить з-під нашого контролю. Це не наша провина, це все Матінка-природа. Якби це був Батько-природа... жодних проблем не було б...»

Правду кажучи, чоловікам начхати, підняте сидіння вгору чи опущене, але їх дратує, коли жінка вимагає, щоб його опустили, а не ввічливо просить про це, чи не робить це сама.

Рішення

Попросіть чоловіка мочитися сидячи, і ви позбудетесь цих проблем. Якщо чоловік відмовляється, спокійно, але рішуче вкажіть йому, що багато сотень тисяч чоловіків у мусульманському світі щодня відправляють малу нужду сидячи, і при цьому їм жодним чином не здається, що це завдає шкоди їхній маскулінності. Кажуть, що Пророк мочився стоячи всього один раз, і це сталося тоді, коли він був у саду, де неможливо сісти. Якщо і це не переконає чоловіка, просто встановіть нові домашні правила. Відтепер обов'язок з прибирання туалету перекладається на нього, а це означає щоденне миття підлоги, щоб витерти всі краплі-втікачки. Дуже скоро йому почне здаватись, що пудити сидячи не так уже й погано...

Якщо ви можете собі це дозволити, ідеальним рішенням завжди є придбання будинку з двома туалетами — одного для нього та одного для неї — або після ремонту у власному будинку облаштувати додатково ванну кімнату. Тоді ви зможете насолоджуватися своїми нормами чистоти і гігієни та не зазнавати стресу через те, що вони не збігаються з його нормами.

5. ЧОМУ ЧОЛОВІКИ РОБЛЯТЬ ТАКУ ТРАГЕДІЮ З ШОПІНГУ?

Чоловіком бути вигідно хоча б тому, що ви можете придбати два костюми, три сорочки, ремінь, три краватки та дві пари взуття за вісім хвилин. І цього одягу чоловікові вистачить на дев'ять років. Він може придбати різдвяні подарунки для всієї родини менше ніж за 40 хвилин о 16:30 24 грудня, і зробити це повністю самостійно.

Одна пара взуття, один костюм і пара сорочок прослужать чоловікові багато сезонів. Та сама зачіска не змінюється роками, можливо, десятиліттями. І, що добре, його грошей, як наслідок, також вистачає надовго.

Для більшості чоловіків шопінг прирівнюється до огляду простати лікарем з холодними руками. Британський психолог доктор Девід Льюїс виявив, що стрес, який переживають чоловіки під час різдвяних покупок, можна порівняти з тим стресом, який переживає офіцер поліції, стримуючи розгніваний натовп під час бунту. З іншого боку, для більшості жінок шопінг — найулюбленіша форма зняття напруги.

Причини цього очевидні для тих, хто вивчав різні способи еволюції чоловіків і жінок і хто розуміє, як налаштований їхній мозок. Через мисливське минуле у чоловіків розвинувся тунельний зір, завдяки якому вони можуть переміщатися чітко від точки А до точки Б прямим шляхом. Кількість зигзагів у крамницях та магазинах, необхідних для успішної шопінгової експедиції, викликає у чоловіка вкрай неприємні відчуття, оскільки зміна напрямку вимагає більш свідомого рішення. Водночас жінки з їхнім широким периферійним зором з легкістю переміщаються зигзагами по переповненому торговому центру.

Порада з шопінгу для чоловіків № 62: ви можете знайти нове взуття за 4 фунти в боулінгу.

Чоловіки еволюціонували в істот, які під час полювання швидко вбивали, а потім одразу поверталися додому. Саме так діють сучасні чоловіки, зробивши покупки. Жінки здійснюють покупки так само, як їхні давні предки збирали їжу: вирушаючи на цілий день з групою інших жінок до місця, де хтось бачив якісь смачні речі. Жодної конкретної мети чи задачі, а часові обмеження не встановлені. Вони проводять день, безсистемно блукаючи з місця на місце, стискаючи, нюхаючи, мацаючи та дегустуючи все цікаве, що трапляється їм на шляху, одночасно обговорюючи одна з одною безліч різних тем. Якщо вони нічого не знайшли чи не вибрали і поверталися додому наприкінці дня з пустими руками, жінки все одно почувалися радісно схвильованими через те, що у них був чудовий день. Для чоловіків це немислиме поняття. Для них вирушити на цілий день з групою інших чоловіків без чіткого пункту призначення, чітких цілей, задач чи часових обмежень та повернутися додому з порожніми руками — повний провал. Ось чому, коли по дорозі з роботи чоловіка просять купити молоко, хліб та яйця, він може повернутися додому із сардинами та зефіром. Він забув, про що його просили, тому повернувся додому з парочкою дешевих товарів — його власною швидкою здобиччю.

> Жінка буде вдягатися старанно, відповідно до погоди, сезону, моди, власного кольоротипу, того, куди вона йде, як почувається в той день, з ким побачиться, що вона буде робити. Чоловік, одягаючись, просто визначає на нюх свіжість одягу, який він залишив лежати на бильці крісла.

За даними досліджень, чоловіки не просто так не люблять купувати їжу та одяг; шопінг шкідливий для їхнього здоров'я через стрес, який він викликає. Але є способи допомогти чоловікові змінити своє ставлення до шопінгу на позитивне.

Як купувати їжу

Завжди дозволяйте чоловікові штовхати продуктовий візок. Чоловікам подобається контролювати, вони люблять «керувати» ним — повороти, кути, швидкість тощо, — використовуючи свої просторові здібності. Чоловікам навіть подобаються візки з їх дурними коліщатками, тому що вони кидають ще більший виклик їхнім просторовим здібностям та вмінню знаходити правильний напрямок. Багато чоловіків видають при цьому до себе звук *Бррррррмммммммм*, як у дитинстві. Запитайте чоловіка, як, на його думку, найкраще розмістити їжу у візку — це дозволить йому знову використати свої просторові навички, щоб дати правильну відповідь. У супермаркеті жінки воліють пересуватися зигзагом та купувати за списком, а чоловіки, навпаки, вважають за краще їхати прямо, купувати по пам'яті та вивчати кожен предмет, який має привабливий вигляд. Як результат, вони завжди приносять додому ті самі предмети — наприклад, у кухонній шафі чоловіка-одинака є 26 банок тушкованої квасолі та 9 пляшок томатного соусу і більше нічого. Поки ви переміщаєтесь зигзагом по проходах, дайте йому чіткі цілі — бренди, смаки та розміри, — поставте перед ним задачу знайти найкращі ціни та хваліть його, коли він досягне результату. Завжди запитуйте його, що він любить їсти, ласкаво погладжуйте його і купіть йому спеціальне частування, наприклад шоколад. На цих словах жінка може застромити собі два пальці в горло та сказати: «І все це просто заради того, щоб сходити в магазин за їжею?!» Але пам'ятайте, що чоловічий мозок не запрограмований на шопінг, тому без стимулів не обійтися.

Покупка одягу

Багатьом жінкам здається, що чоловічий мозок запрограмований на придбання потворного одягу, слід визнати, вони недалекі від правди. Принаймні сто тисяч років жінки вдягалися для того, щоб приваблювати, тоді як чоловіки вдягалися для того, щоб відлякувати ворогів. Чоловіки розмальовували своє обличчя і тіло, протикали ніс кістками, носили на голові мертвого буйвола та підвішували до кінця пеніса камінь. Тож чи сильно ми здивуємось, якщо дізнаємось, що вчені виявили у чоловіків — особливо гетеросексуальних — ген поганого смаку на одяг?

> **Ми завжди тримаємось за руки.**
> **Якщо я відпущу, вона піде по магазинах.**
>
> *Аллан Піз*

До покупки одягу застосовуються ті самі мотиваційні принципи, що й до покупки їжі — дайте чоловікові розміри, кольори, тканини та ціновий діапазон і відправляйте його на полювання. Чоловічий мозок запрограмований концентруватися на одному завданні.

> **Що ви можете сказати, дивлячись на добре одягненого чоловіка? Що його дружина має хороший смак.**

Розгадку до того, як чоловіки здійснюють покупки, було виявлено під час дослідів на курках. Коли курей годували чоловічими гормонами, вони клювали свою кольорову їжу різними способами. Спочатку вони з'їдали все червоне насіння, а потім — все жовте. Інші кури (яким не давали чоловічих гормонів) їли всю різнобарвну їжу підряд.

Рішення

Доручайте чоловікові не більше одного завдання за раз і не намагайтеся переконати його, що купуючи більше, ви заощаджуєте багато грошей. Ніколи не запитуйте його: «В якій сукні мені краще — у синій чи в золотій?» Чоловік почне нервувати, бо знає, що нізащо не зможе дати правильну відповідь, і це буде цілковитий провал. Більшість чоловіків мають дві пари взуття, чоловічий мозок має обмежену здатність комбінувати візерунки і дизайн, а кожний восьмий чоловік не розрізняє червоний, синій та зелений кольори. Якщо жінка попросить чоловіка купити щось для неї або принести їй якийсь предмет одягу зі стойки, вона повинна назвати йому точний розмір одягу, який вона хоче. Якщо він приносить щось на розмір більше, вона звинувачує його в тому, що він вважає її гладкою. Якщо одяг буде малий, вона вирішить, що набрала вагу. Якщо вона демонструє чоловікові вбрання, їй потрібно просто доручити йому оцінити кожне вбрання за шкалою від одного до десяти і ніколи не змушувати його порівнювати, ставлячи запитання на кшталт: «Яке краще — зелене чи жовте?» Якщо жінка залишає чоловіка чекати поряд з примірочною в кріслі-для-знудьгованих-чоловіків, вона обов'язково повинна дати йому щось поїсти.

Навіть при застосуванні усіх цих стратегій тривалість концентрації уваги під час шопінгу в більшості чоловіків не перевершує 30 хвилин. Якщо ви все одно наполягаєте на тому, щоб він пішов із вами за покупками, робіть їх біля великого будівельного магазину, щоб, у найгіршому разі, він міг повернутися додому, випробувавши останню модель подвійної фрезерної пилки з подвійним реверсом виробництва фірми *Black & Decker*, за допомогою якої він зможе свердлити ідеально круглі крихітні отвори в гіпсовій стелі без драбини, якщо раптом виникне така потреба.

6. ЧОМУ ЧОЛОВІКИ МАЮТЬ ТАКІ ОГИДНІ ОСОБИСТІ ЗВИЧКИ?

Жінки всього світу скаржаться, що чоловіки мають набагато більше неприйнятних особистих звичок, ніж жінки, проте дослідженнями це не підтверджено. Чоловіки значно лояльніше ставляться до того, що вони вважають поганими звичками жінок, і приділяють менше уваги деталям, ніж жінки. Тому вони, найімовірніше, навіть не помітять неприємні жіночі провини.

> **Добре бути чоловіком — вам не потрібно виходити з кімнати, щоб поправити свої причандали.**

У верхній частині списку чоловічих звичок, які жінки не можуть терпіти — це длубання в носі, відрижка, неприємний запах тіла, носіння давньої білизни та чесання промежини. Але номером один у їхньому списку є пускання газів.

Метеоризм (*іменник, чоловічий рід*): побічний продукт травлення, що викликає відчуття ніяковості; (*іменник, чоловічий словник*): нескінченне джерело розваг, самовираження та чоловічої дружби.

Пускання газів є загально неприйнятним для жінок усього світу, навіть незважаючи на те, що це ознака здорового тіла та харчування. Чоловіки починають розглядати пускання газів як розвагу приблизно у віці 10 років, коли рівень досягнень хлопчика пов'язується з його здатністю видати цілий ряд пуків, імітуючи голоси, або вистрелити струменем синього полум'я через усю кімнату за допомогою газів та запальнички. Ці вчинки вважаються більшим досягненням, ніж відкриття ліків від поліомієліту. На другому місці стоїть відрижка.

Найвідомішим у світі фермером був Джозеф Поюль, який у 1892 році виступав у Парижі в «Мулен Ружі» з відомим номером під назвою «Le Petomane». Він починав свій номер з історії, яку розповідав, використовуючи широкий діапазон пуків для імітації голосів персонажів. Він міг викурити сигарету через трубочку, вставлену в його дупу, а також грати державний гімн на флейті, під'єднаній до кінця цієї трубочки. Повідомлялося, що жінки сміялися набагато більше, ніж чоловіки, а деякі з них навіть втрачали свідомість від сміху, і їх відвозили до лікарні.

Факти про пускання газів

У той час як у пусканні газів зізнаються 96,3% чоловіків, лише 2,1% жінок визнають, що вони пукають. Чоловіки випускають у середньому 1,5–2,5 літра газів у день, здійснюючи приблизно 12 пуків на день — цього достатньо, щоб заповнити маленьку кульку.

Жінки в середньому пукають сім разів на день, виділяючи 1–1,5 літра газу. Основна причина надмірного пускання газів — це занадто багато розмов, особливо під час їжі. Повітря потрапляє у травну систему, і хоча значна частина його виходить з відригом, решта проходить через тонкий кишечник, де воно змішується з іншими газами і готується вирватись назовні. У 1956 році Бернарду Клеменсу з Лондона вдалося безперервно пускати гази впродовж офіційно зафіксованих 2 хвилин 42 секунд.

> **Чому чоловіки пукають частіше, ніж жінки?**
> **Жінок неможливо змусити мовчати досить довго, щоб створився потрібний тиск.**

У кишечнику міститься 50–60% азоту і 30–40% вуглекислого газу. Інші 5–10% — це метан, який призводить до вибухів у підземних шахтах, та газоподібний водень, бомба з яким може знищити міста. Одне з найбільших джерел цих газів — це яйця, що спричиняють так зване пукання тухлими яйцями.

Продукти, що провокують пускання газів

Продукти, які викликають найбільший метеоризм, — це цвітна капуста, цибуля, часник, капуста городня, броколі, висівки, хліб, боби, пиво, біле бочкове вино, а також фрукти та овочі. Як результат, вегетаріанці пукають набагато частіше, але їхні гази пахнуть значно менше.

Кількість виробленого газу зменшують такі засоби, як активоване вугілля, ліки від метеоризму, а також продукти з м'яти та імбиру. Також у продажу є подушки на основі деревного вугілля. Ви сідаєте на неї, і вона гарантує зменшення запаху на 90%.

Велика рогата худоба та вівці виділяють близько 35% усього газу метану, який міститься в атмосфері, викликаючи посилення парникового ефекту та розширення діри в озоновому шарі. Найбільша світова загроза — це не терористи, а корови, що пукають!

Рішення

Очевидним засобом є споживання здорової їжі з меншою кількістю продуктів, що провокують вироблення газів. Після їжі чоловіку краще запропонувати чашку м'ятного чаю, а не каву. Також допомагають дієти, що включають різні продукти, але в яких вуглеводи та білки ніколи не подаються разом.

> **Чоловікам не слід дозволяти їсти продукти, що провокують метеоризм, за дві години до сну.**

Також не дозволяйте чоловікам пити воду під час їжі. Можна попити перед їжею, але питво під час їжі розбавляє шлунковий сік, тому збільшує імовірність подальшого пускання газів. Подавайте приклад. Дуже добре пережовуйте їжу, їжте повільно і не дивіться в цей час телевізор. Якщо він все ще наполягає на тому, щоб швидко їсти та часто пукати, можливо, вам знадобляться інші дієвіші тактики. Візьміть до уваги приклад однієї з наших читачок.

Найджел завжди ловив кайф, пускаючи гази в громадських місцях, як-от універмаг, коли він був із Шерон. Зробивши це, він зберігав незворушний вираз обличчя, щоб ніхто не здогадався, хто в цьому винен. Коли сторонні люди оберталися, щоб подивитися на пару, Шерон поводилася як очевидний винуватець, мала збентежений вигляд, тому що зазвичай червоніла, як буряк. Найджел вважав такі витівки неймовірно смішними — доки не сталась величезна сварка. Вдома він пускав гази в ліжку, називаючи це «випробуванням на справжнє кохання».

Шерон вирішила встановити «вільні від пускання газів зони» у спальні та на кухні. Коли вони були на публіці, вона наказала йому попереджати її принаймні за дві хвилини, якщо він вирішить пустити гази. Якщо він не виконував цього прохання, вона діставала із сумочки рулон туалетного паперу і голосно казала: «Можливо, це зможе допомогти?»

У таких ситуаціях також можуть стати в нагоді домашні тварини. При відповідному звуці чи запаху часто можна обернутись до собаки чи кота і голосно його вичитати.

Часто найбільш дієвим засобом переконати чоловіка є обіцянка сексу, якщо він буде добре поводитись. Жінка може чітко дати зрозуміти, наскільки сильно її відвертає

від сексу пускання газів у спальні. Якщо чоловік візьметь-
ся за своє харчування, щоб зменшити газоутворення, він
натомість зможе насолодитись набагато активнішим сек-
суальним життям.

7. ЧОМУ ЧОЛОВІКИ ЛЮБЛЯТЬ НЕПРИСТОЙНІ ЖАРТИ?

Чоловіки жартують з потрійною метою: по-перше, щоб
здобути популярність серед інших чоловіків завдяки хоро-
шому репертуару; по-друге, щоб справлятися з трагічни-
ми подіями чи наслідками; по-третє, щоб визнати правду
стосовно нагального питання. Ось чому кульмінаційною
кінцівкою усіх жартів зазвичай є якась катастрофічна
подія. Сміх сягає корінням у наше давнє минуле, де він
використовувався як попереджувальний сигнал, щоб по-
відомити іншим людям про неминучу небезпеку, подібно
до того, як він використовується мавпами. Якщо, напри-
клад, шимпанзе в останню мить вдається уникнути нападу
лева, вона заскочить на дерево, відкине голову назад і ви-
дасть серію звуків ХУУ-ХУУ-ХУУ-ХА-ХА-ХА, що нагадують
людський сміх. Це є попередженням для інших шимпанзе
про небезпеку. Сміх — це продовження плачу, а плач — це
реакція страху, яка виявляється у немовлят з народження.
Якщо ви навмисно злякаєте дитину, граючись з нею у «хто
там?», її першою реакцією буде крик страху. Коли дитина
зрозуміє, що ситуація не є небезпечною для життя, вона
почне сміятися, це означатиме, що хоча вона й відчула
страх, але тепер знає, що це була лише хитрість.

Сканування мозку показує, що чоловіки, на відміну від
жінок, більше сміються з речей, які стимулюють праву
півкулю мозку. В Рочестерському університеті в Амери-
ці стверджують, що виявили, звідки походить чоловіче

почуття гумору — воно міститься у правій лобовій частці мозку над правим оком. Чоловіки люблять гумор або будь-який жарт, що має логічне поетапне наближення до висновку, який важко передбачити. Ось кілька відносно банальних жартів, що збуджують чоловічий мозок:

1. У чому різниця між проституткою і стервом? — Проститутка спатиме з будь-ким. Стерво буде спати з будь-ким, окрім вас.

2. Яка різниця між жінкою з ПМС і терористом? — З терористом можна домовитись.

3. Чому чоловіки дають ім'я своєму пенісу? — Тому що вони не хочуть, щоб абсолютний незнайомець ухвалював за них основні рішення.

Головна відмінність між статями полягає в тому, що чоловіки люблять жарти про трагедії, жахливі події та чоловічі статеві органи. Жіночі статеві органи здійснюють приголомшливі подвиги людської репродукції, надійно заховані всередині організму. Але жінки ніколи не жартують про них, не дають їм зменшувальних імен і не вважають їх джерелом жартів.

Чоловічі статеві органи висять спереду в уразливому і нестабільному положенні (черговий доказ того, що Бог — це жінка) і є постійним джерелом розваг і веселощів чоловіків. Жінки ж розповідають жарти про людей, стосунки та чоловіків. Наприклад:

1. Що ви можете сказати чоловікові, який щойно займався сексом? — Будь-що, адже він усе одно вже спить.

2. Який ідеальний коханець? — Він займається коханням до другої ночі, а потім перетворюється на шоколад.

3. Чому чоловіки не імітують оргазм? — Тому що жоден чоловік не здатен скорчити таку пику навмисно.

Чоловічі мізки мають дивовижну здатність запам'ятовувати та зберігати жарти. Приміром, деякі з них можуть розповісти жарти, почуті в четвертому класі, але не знають, як звати дітей їхніх кращих друзів.

Чоловіки думають, що це дуже смішно — показувати голу дупу, проїжджаючи в автомобілі повз групу літніх дам, особливо монахинь, змащувати щось суперклеєм або натягати целофан на сидіння унітазу, проводити змагання із пускання газів чи прив'язувати ланцюгом п'яного голого нареченого до ліхтаря. Для більшості жінок жодна із цих речей аж ніяк не є смішною.

Анекдоти настільки важливі для чоловіків як комунікаційний засіб, що кожного разу, коли стається глобальна трагедія, світові мережі буквально переповнюються чоловіками, що розсилають електронною поштою або факсом сарказми, пов'язані з цією трагедією. Чи то смерть принцеси Діани, чи вбивство Осами бен Ладена, чоловічий мозок миттєво включається в роботу.

> **Осама бен Ладен мав 53 братів і сестер, 13 дружин, 28 дітей і суму понад 300 млн доларів. Але він ненавидів американців через їхній марнотратний спосіб життя.**

У цьому і полягає різниця між чоловіками та жінками у вирішенні серйозних емоційних питань. Жінки справляються з лихом або трагедією, відкрито висловлюючи іншим свої емоції, при цьому чоловіки тримають свої емоції всередині. Вони використовують анекдоти як спосіб «поговорити» про подію, не виявляючи жодних сильних емоцій, які можна сприйняти за вияв слабкості.

Як жарти та гумор полегшують біль

Сміх і плач наказують мозку вивільнити в кров ендорфіни. Ендорфін — це хімічна речовина, яка має схожий склад з морфіном та героїном і справляє заспокійливу дію на організм, одночасно посилюючи імунну систему. Це пояснює, чому щасливі люди рідко хворіють, а нещасні, які багато скаржаться, хворіють часто.

Сміх і плач тісно пов'язані з психологічного та фізіологічного погляду. Згадайте, коли востаннє хтось розповів вам жарт, який змусив вас вибухнути нестримним сміхом. Як ви після цього почувались? Це відчуття поколювання зароджується у вашому мозку, вивільняючи ендорфіни у вашу кровоносну систему та викликаючи природний «прихід». По суті, вас «накриває». Люди, які не можуть сміятися над життям, часто звертаються до наркотиків, алкоголю чи сексу як засобу досягнення цього самого почуття. Алкоголь послаблює стриманість і стимулює сміх, вивільняючи ендорфіни. Саме тому більшість позитивних людей, вживаючи алкоголь, починають сміятися ще більше, а нещасні люди стають ще більш нещасними або навіть жорстокими.

Нерідко у людей вибух сміху закінчується плачем: «Я сміявся аж до сліз!» Сльози містять енцефалін — ще один природний транквілізатор організму для полегшення болю. Ми плачемо, коли переживаємо болісну подію, а ендорфіни та енцефалін діють як самоанестезія.

> **Краще плакати у психолога, ніж сміятись у психіатра.**

В основі багатьох жартів лежить якась катастрофічна чи болісна подія, що трапилася з людиною. Але оскільки ми знаємо, що це не *справжня* подія, то сміємося і вивільняємо ендорфіни для самоанестезії. Якби це була реальна подія, ми б негайно перейшли в режим плачу, а організм також вивільнив би енцефалін. Ось чому плач часто є продовженням сміху, і, стикаючись із серйозною емоційною кризою, такою як смерть, багато людей плачуть, але людина, яка не може розумом прийняти смерть, може почати сміятися. Коли реальність б'є по голові, сміх обертається на сльози.

Сміх знеболює організм, зміцнює імунну систему, захищає від хвороб і недугів, покращує пам'ять, допомагає ефективніше засвоїти урок і подовжує тривалість життя. Гумор лікує. Дослідження, проведені по всьому світу, демонструють, як позитивні наслідки сміху, а саме вивільнення організмом власних знеболювальних, зміцнюють імунну систему. Після сміху стабілізується пульс, поглиблюється дихання, артерії розширюються і розслабляються м'язи.

Це переважно чоловічий спосіб боротьби з емоційним болем. Що важче чоловікові говорити про емоційну подію, то сильніше він буде сміятися, коли жартуватиме про неї, яким би безсердечним і нечутливим він при цьому не здався жінкам. Чоловіки рідко розповідають про своє статеве життя іншим чоловікам, тому вони розповідають про нього жарти як спосіб обговорити це. Тоді як жінки обговорюють своє статеве життя зі своїми подругами в мальовничих деталях без допомоги жартів.

Не ображайтесь

Поки існують ірландці, існуватимуть й ірландські жарти. Або азіатські, або австралійські, або феміністичні. І кожного разу, коли трапляється трагедія, вона незмінно породжує свій власний набір жартів.

Ображатися — це вибір. Ніхто не може вас образити — це ви можете *вирішити* образитись. І вибираючи це, ви повідомляє світові, що ви не в змозі впоратися з проблемою, яку можна перевести в жарт. Ми — австралійські автори, живемо в Англії, і англійці завжди розповідають нам жарти про австралійців: «Яка різниця між Австралією та йогуртом? — У йогурті принаймні є хоч якась культура!» «Яка різниця між весіллям і похоронами австралійця? — У другому випадку він менш п'яний». І «Чим відрізняється свиня від австралійця? — Свиня не перетворюється на австралійця, коли нап'ється».

Ми вибрали не ображатися на усі ці жарти. Якщо це гарний жарт, ми будемо сміятися так само сильно, як англійці. А пізніше ми можемо навіть адаптувати його, щоб він був про новозеландців чи американців. Вибір ображатись — це негативний вибір, так само, як і тоді, коли ви вибираєте сором, збентеження чи злість. Цей вибір може стати для інших сигналом про те, що у вас низька самооцінка, ви не контролюєте свої власні емоції або не готові до якоїсь ситуації.

Ви можете вирішити почуватися *ображеними*, тому що хтось розповів жарт, у якому йдеться, що жителі вашої країни дурні. Це не означає, що вони *насправді* дурні, і навіть якщо ви самі так вважаєте, образивши людину, яка розповіла цей жарт, ви не доведете їй протилежне. Ви можете вибрати *розгніватись*, тому що дорожній рух ускладнено, але від цього затор не зникне. Якщо ви спокійно проаналізуєте, чому сформувався затор, то зможете вирішити цю проблему. Немає сенсу гніватись.

Якщо чоловік наполягає на тому, щоб розповідати непристойні жарти в недоречний час чи в недоречному місці, скажіть йому, що вам це не подобається і ви хочете, щоб він припинив. Якщо він буде продовжувати це робити, просто підіть геть і займіться чимось іншим.

Звичайно, якщо це якась звана вечеря, це буде не так просто, особливо, якщо так сталося, що вона відбувається у вас вдома. Чоловік, якого ви просите припинити розповідати непристойні жарти, може відчути себе приниженим, що, своєю чергою, спонукатиме його розповідати ще більш брудні жарти. При цьому краще скористатися такою тактикою: заведіть розмову про його жарти, сказавши: «Можливо, ти знаєш якісь *інші* жарти, крім непристойних, чи всі жарти приперчені?» У такий спосіб ви зможете перевести розмову за обіднім столом на загальне обговорення природи гумору. І тоді ви завжди можете зачарувати своїх гостей своїми глибокими знаннями про те, чому жарти, що викликають сміх у чоловіків та жінок, різні!

Засвоєна поведінка — звинувачуйте його матір

Деякі жінки ставляться до чоловіків як до неслухняних хлопчиків, які ніколи не подорослішають. Вони стверджують, що чоловіки розкидають свій одяг по підлозі, не допомагають у господарстві, не можуть знайти свої речі, ніколи не запитують дорогу, очікують, що їм постійно прислужуватимуть, і ніколи не визнають, що припустились помилки. Жіночий мозок запрограмований на те, щоб доглядати та плекати інших, особливо їхніх синів. Вони збирають те, що порозкидав їхній син, готують йому його улюблені страви, прасують одяг, дають йому гроші і захищають від життєвих випробувань. Як наслідок, багато хлопців досягають зрілості, майже не здобувши жодних побутових навичок та здібностей та мало розуміючи, як налагоджувати стосунки з жінками. Їхніх синів приваблюють жінки, які, як і їхні матері, будуть їх доглядати та плекати. На початку нових стосунків більшість жінок по-материнськи турбуються про нового чоловіка, але коли вони усвідомлюють, що ця роль може виявитись постійною, усе може закінчитись погано. Жінці важливо зрозуміти, що якщо вона постійно по-материнськи піклуватиметься про чоловіка, він бачитиме в ній фігуру матері й відповідатиме криками, істериками та втечами. І жоден чоловік не вважає свою матір сексуально привабл10ою.

Перевиховання чоловіка

Щоб навчити когось (дітей чи дорослих) робити те, що вам потрібно, скористайтеся таким методом. Ви винагороджуєте за поведінку, яка вам подобається, та ігноруєте небажану поведінку. Наприклад, якщо чоловік залишає одяг або мокрі рушники на підлозі, а не в кошику для білизни, спокійно поясніть, що ви хочете, щоб ці предмети клали в кошик, щоб їх можна було випрати. Якщо він і надалі продовжує так чинити, не збирайте ці предмети. Якщо вони порушують ваше право на чистоту в будинку, спокійно поясніть, що ви покладете їх у поліетиленовий пакет і засунете в шафу, або під ліжко, або в його майстерню. Отже, якщо ці речі йому знадобляться, він принаймні знатиме, де їх шукати. Головне — заздалегідь повідомити про свої наміри й уникати сарказму, засудження або агресії, оскільки це зазвичай справляє на чоловіків протилежний вплив.

Коли йому, зрештою, знадобиться чиста білизна, сорочки чи рушники, це стане його проблемою, а не вашою. Так само, якщо він залишить навколо будинку інструменти або незавершені справи, скажіть йому, що ви також покладете їх у шафу або в ящик. Не несіть їх у його майстерню чи в будь-яке зручне для нього місце, оскільки це просто підкріпить поведінку, яка є для вас небажаною. Якщо ви хочете перевиховати свого чоловіка, ви маєте протистояти потягу підбирати за ним розкидані речі. Якщо він прибере за собою, нагородіть його за вчинок посмішкою чи словами подяки. Деяким жінкам навіть на думку не спадає дякувати чоловікові за те, що він зробив щось таке елементарне, як позбирав свій власний одяг, але важливо пам'ятати, що чоловіки не еволюціонували як захисники домашнього вогнища, і вони не мають від природи схильності до загальної охайності. Якщо мати чоловіка не навчила його це робити, то навчати його доведеться вам. З іншого боку, якщо ви продовжуєте підбирати розкидані чоловіком (або хлопчиком) речі, ви повинні визнати, що самі вибрали замінити його матір, і ця роль може вас цілком влаштовувати.

Зрозумівши, як працює чоловічий мозок, ви виявите, що з чоловіками може бути дуже цікаво. Адже чоловіки скрізь однакові — вони можуть мати різний колір шкіри, різні культури чи системи вірування, але їхній мозок працює однаково, незалежно від того, живуть вони в Трієсті чи в Тімбукту.

Головне — завжди намагатися поладнати з чоловіками у своєму житті, замість сперечатися, гніватися чи розчаровуватись. Тож обидві статі зможуть жити довго і щасливо. І, хто знає, можливо, наступного разу, коли ми попросимо жінок назвати сім речей, які доводять їх до сказу в чоловіках, вони заледве зможуть згадати три. Можливо.

Розділ 3

ЧОМУ ЖІНКИ ПЛАЧУТЬ

Небезпеки емоційного шантажу

До цього моменту ми серйозно, але з гумором розглянули відмінності між статями та обговорили, що ви можете з цим зробити. Тепер ми серйозно дослідимо, які емоції використовуються для маніпулювання іншими людьми заради досягнення згоди. Наведені тут історії цілком реальні — ми змінили лише імена, щоб захистити винуватця.

Бувають випадки, коли люди плачуть, і це їхня щира реакція від самого серця, але дуже часто вони використовують плач як спосіб маніпуляції чужими емоціями. У той час як чоловіки роблять це рідко, жінки більш схильні використовувати сльози для емоційного шантажу інших. Іноді вони просто не усвідомлюють, що вони це роблять. Вони плачуть, реагуючи на ситуацію, бо знають, що це змусить іншу людину погано почуватися, і сподіваються, що в результаті вони зможуть нею маніпулювати. Це механізм управління, який може бути навмисним чи підсвідомим. Мета полягає в тому, щоб змусити іншу людину — чоловіка, коханого, дитину, батьків чи друга — до дії, на яку вони в противному разі не погодилися б. Жінки також можуть плакати, намагаючись зобразити каяття і, таким чином, отримати менші покарання за такі проступки, як, наприклад, інтрижка чи крадіжка в магазині. Цей розділ допоможе вам навчитися визначати людей у вашому житті, які використовують цю тактику для маніпуляцій вами або обманом змушувати вас робити те, що їм потрібно.

Чому ми плачемо

Плакати (*дієслово*), синоніми: ридати, хлипати, вити, проливати сльози, стогнати, голосити, заводити, рюмсати, скиглити.

Плач — це те, що у нас є спільного з тваринами і що починається з народження, але люди — це єдині істоти на землі, які плачуть від емоцій. Сльози в людей мають три цілі: допомагають очистити очну поверхню, виводять із організму гормони стресу, а також служать візуальним сигналом біди в емоційно забарвлених ситуаціях.

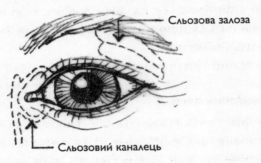

Сльозова залоза — це кран, а сльозові канальці — це злив

Сльози утворюються залозою над оком і виводяться двома протоками у внутрішньому куточку ока, які спорожняються в носову порожнину. В емоційних чи болісних обставинах надлишки сліз, які неможливо досить швидко вивести сльозовими канальцями, стікатимуть по щоках.

Чому жінки плачуть більше, ніж чоловіки

Плач починається з народження, і його головна мета — стимулювати у дорослих любов і бажання захищати. Дитина використовує плач як спосіб отримати те, що вона хоче, а деякі жінки зберігають цю звичку і в дорослому віці. Більшість жінок можуть розрізнити сім різних видів плачу дитини, щоб визначити її потреби. Жіночі сльозові залози активніші, ніж чоловічі, що відповідає більшій емоційній реакції жіночого мозку. Рідко коли можна побачити чоловіка, що плаче привселюдно, оскільки, з еволюційного погляду, чоловік, який виявляє емоції, особливо в присутності інших чоловіків, наражається на небезпеку. Він виглядає слабким, і це спонукає інших напасти на нього. З іншого боку, коли жінки виявляють емоції в присутності інших людей, особливо інших жінок, це сприймається як знак довіри, оскільки плакса сприймається як немовля, а її подруга переймає на себе роль матері-захисниці.

Нам відомі три причини плачу:

1. Промивання очей

Багато фізіологів вважають, що сльозотеча — це архаїчна функція, що збереглася з тих часів, коли життя на Землі існувало у воді. Тоді всі істоти мали перетинки між пальцями і ніздрі, заглиблені в обличчя, що дозволяло їм ефективно плавати. Сльозові залози виділяють рідину в око, а сльозові канальці виконують роль стоку для її виведення через носову порожнину. Плач сприяє видаленню солей та різних забруднень з очей — особливість, яка не спостерігається в інших приматів. Сльози також містять фермент під назвою лізоцим, який вбиває бактерії та запобігає очним інфекціям.

2. Для зменшення стресу

У процесі хімічного аналізу сліз було виявлено, що білки у сльозах стресу — тих, що котяться по щоках, — відрізняються від білків сліз, які служать для очищення очей. Здається, організм використовує цю функцію для самоочищення від токсинів стресу. Це може бути поясненням тому, коли жінки кажуть, що їм стає краще після добрячого плачу, навіть якщо для плачу немає реальної причини. Сльози також містять ендорфіни, природні знеболювальні організму, які приглушують емоційний біль.

3. Як емоційний сигнал

Тюлені та морські видри плачуть через емоційний стрес від втрати своїх дітей. Люди — єдині наземні тварини, які плачуть як через емоції, так і для емоційних маніпуляцій. Сльози виконують для інших роль візуального сигналу про те, що цю людину потрібно обійняти та втішити, а ще сльози стимулюють вироблення гормону окситоцину, який викликає в людини бажання дотику та обіймів іншої людини.

> **Тюлені та видри не маніпулюють одне одним за допомогою сліз. Так роблять тільки люди.**

Коли людину переповнюють емоції, її очі сяють та іскряться, але вона все ще може стримувати сльози до тієї миті, поки вони не переллються на щоку. Сяйні чи іскристі очі можна побачити у гордого батька чи коханого; вони блищать або мерехтять, коли світло відбивається від сліз.

Плач та емоційний шантаж

Як працює шантаж

Тепер, коли ви зрозуміли цілі плачу, давайте дослідимо механізм того, як одна людина може маніпулювати іншою.

Розгляд конкретного випадку: історія Джорджини

Джорджина була привабливою розумною жінкою. Вона відвідувала школу секретарок і хотіла обійняти посаду персонального помічника директора. Вона любила жити на повну котушку: вечірки, дорога квартира, дизайнерський одяг та спортивний автомобіль. Вона заробляла достатньо грошей, щоб покрити свої життєві витрати, але її екстравагантне соціальне життя зазвичай оплачували її приятелі-чоловіки.

Однак Джорджина ненавиділа заробляти собі на життя. Вилазити з ліжка і бути в офісі о дев'ятій ранку після великих нічних гулянок ставало занадто важко. Її соціальне життя і трудові обов'язки були несумісними.

Однієї ночі на вечірці вона розповіла про свої неприємності чоловікові, якого вона там зустріла. Він був старшим за неї та видавався заможним, мав «Порше» і яхту, багато подорожував і, схоже, не працював. Він запропонував Джорджині стати ескортницею вищого класу і пообіцяв познайомити її з важливими клієнтами за відсоток від її гонорарів.

Після кількох днів глибоких роздумів Джорджина пристала на його пропозицію і незабаром уже насолоджувалася тим життям, якого так хотіла. Але недовго. Відчуття провини, докори сумління та випадок насильства незабаром дали їй зрозуміти, що її попереднє життя все-таки було не таким уже й поганим. Вона відійшла від справ, змінила ім'я на Памелу й отримала посаду у великій бухгалтерській конторі. Незабаром Джорджина, тепер відома як Памела, почала зустрічатися з одним із бізнес-партнерів — своїм начальником Греймом. Зрештою вони одружилися і після трьох щасливих років народили дитину. Життя Джорджини, тепер відомої як Памела, було прекрасним. У неї був чудовий чоловік, який її любив, прекрасна дитина, новий будинок, фінансова безпека і багато друзів.

Одного ранку вона отримала телефонний дзвінок від Френка, який був її постійним клієнтом, коли вона працювала в ескорті. Він хотів знову зустрітися з нею і запропонував повечеряти. Памела відмовилася. Це було в минулому, і з цим покінчено. Френк наполягав на тому, що в інтересах Памели зустрітися з ним, і сказав, що впевнений, що вона не захоче, щоб про її колишнє життя дізналися її чоловік та друзі.

Памела почувалась спустошеною. Вона могла втратити все — свого чоловіка, будинок, дитину, своє безпечне життя.

Памела зустрілася з Френком, який вимагав за своє мовчання 10 000 доларів. У Памели були деякі заощадження, тому вона вирішила заплатити. Через три місяці Френк повернувся з подальшими вимогами, але тепер він хотів не лише грошей, а й сексу. Памела звернулася до поліції. Френк постав перед судом за вимагання і був засуджений до дванадцяти місяців ув'язнення. Незважаючи на те що чоловік Памели Грейм поставився з розумінням до цієї ситуації, вона знала, що її життя більше ніколи не буде таким, як раніше.

Це був класичний випадок кримінального шантажу в дії. У цьому прикладі наведено стратегії, застосовні до будь-якої ситуації, коли одна людина намагається маніпулювати іншою задля особистої вигоди. Ось їх основні складові та гравці:

Потерпілий: той, хто має почуття провини чи зобов'язання.

Шантажист: людина, яка знає слабке місце жертви.

Вимога: плата за мовчання чи співпраця.

Загроза: загроза викриття, покарання та можливість втрати щось дуже цінне чи відчуття провини.

Опір: початкова відмова жертви від співпраці.

Згода: задоволення вимог шантажиста.

Постійність: неминучі постійні вимоги.

Більшості людей ніколи навіть на думку не спадає, що близькі їм люди можуть використовувати цей тип маніпулятивної стратегії; вони просто вважають таких людей невихованими або наполегливими. У цьому розділі ви дізнаєтеся, як визначити таких людей у вашому житті й що з цим робити.

Емоційний шантаж

Емоційний шантаж — це коли емоційно близька вам людина витончено загрожує покарати вас, погрожує або каже чи натякає, що ви постраждаєте, якщо не будете виконувати те, чого вона хоче. Вона, знаючи ваші найглибші таємниці й слабкі місця, використовує ці знання, щоб змусити вас підкорятися. Якими б не були ваші сильні чи слабкі сторони, шантажист буде використовувати їх проти вас.

Розгляд конкретного випадку: історія Розмарі

Чоловік Розмарі Грег та її мати ніколи не любили одне одного. Її мати вважала, що Грег недостатньо хороший для її доньки, і завжди намагалась посварити пару.

Якось вона сказала Розмарі, що одна з її подруг бачила Грега з іншою жінкою у місцевому барі. «Це, мабуть, була його співробітниця, — припустила Розмарі. — Ми вільні зустрічатися з іншими людьми».

Розмарі торкнулася цієї теми з Грегом. Він був розлючений і звинуватив її в тому, що вона за ним шпигувала. «Можливо, якщо ти мені не довіряєш, нам треба переглянути наші стосунки», — сказав він. Розмарі наполягала, і, врешті-решт, Грег був змушений визнати, що та жінка була власницею бару і він складав план для вечірки-сюрприза на майбутній день народження Розмарі. Потім він наполіг на тому, щоб Розмарі пішла з ним до бару, де він познайомив жінок.

Через два роки мати Розмарі невдало впала. Провівши чотири місяці в лікарні, вона все ще почувалася слабкою і невпевненою. Розмарі з важким серцем думала про те, що їй доведеться запросити свою маму жити з ними, при цьому вона вже уявляла, як на цю ідею відреагує Грег. Вона ретельно вибирала час для розмови на цю тему.

Того вечора Розмарі приділила особливу увагу своєму зовнішньому вигляду і приготувала улюблену страву Грега. Коли він прийшов додому, вона дала йому келих вина і запитала, як минув його день. До того часу, як вони сіли за обідній стіл, вона знала, що він почувається спокійним і розслабленим.

Після десерту вона поклала голову на руки. Грег стурбовано запитав, що не так.

— Я не знаю, як тобі сказати, — відповіла вона. — Мені просто страшно.

Грег поклав свою руку на її.

— Розі, в чому справа? — запитав він. — Це я чимось завинив?

Розмарі сумно похитала головою.

— Ні, Грегу, ти нічого не зробив. Я просто...

І вона розплакалась. Грег обійняв її і попросив сказати, в чому проблема. Крізь сльози вона похитала головою.

— Ні, Грегу, все добре. Я справлюсь. Вибач за це. Не хвилюйся.

— Але Розі, — благав він, — скажи, що сталося. Невже все так погано?

Розмарі подивилася на нього благально крізь сльози.

— Ні, Грегу, я боюся, що ти розсердишся на мене, а я не зможу цього винести, — сказала вона м'яким, розбитим голосом. — Ти не зрозумієш.

Грег теж почав засмучуватись.

— Скажи, будь ласка, — наполягав він. — Я чесно спробую зрозуміти.

Грег почав думати про найгірше. Мабуть, Розмарі йому зраджує.

Розмарі здригнулася, витерла сльози з очей, а потім глибоко зітхнула.

— Це через маму, — сказала вона. — Вона зараз така квола, і я хвилююся за неї. Я хочу доглядати її, але я знаю, що тобі не подобається, коли вона живе тут з нами. Я намагалась не думати про це, але це мене вбиває — думка про те, як вона сама у своєму будинку, і ніхто їй не допоможе, якщо вона знову впаде. О Грегу, я не знаю, що робити... якби це була твоя мама, я б впоралась, але...

Вона вибухнула довгим, тремтливим риданням.

Спочатку Грег навідріз відмовлявся навіть думати про те, щоб теща переїхала до них. Але після двох днів сліз Розмарі він почав відчувати свою провину. Якщо він по-справжньому любить Розмарі, чи не повинен він бути готовим йти заради неї на жертви? Хіба не в цьому суть справжнього кохання? Хіба в шлюбі не треба йти на компроміси? Він відчував себе егоїстом і злився — саме те, на що розраховувала Розмарі. Зрештою Грег погодився на одномісячний випробувальний термін. І Розмарі, і її мати знали, що тільки-но вона зайде у двері, її практично неможливо буде позбутись знову. І Грег знав, що кожного разу, коли він протестуватиме, знову з'являтимуться сльози і звинувачення, і він почуватиметься негідником. Схема була налагоджена.

Історія Розмарі та Грега мала всі типові складові шантажу, коли одна людина намагається емоційно маніпулювати іншою задля власної особистої вигоди:

Жертва: Грег — у нього було слабке місце та почуття провини через те, що його кохана жінка переживала емоційний стрес.

Шантажист: Розмарі — вона знала слабкість Грега.

Вимога: переїзд матері Розмарі.

Загроза: потенційна втрата кохання, якщо Розмарі не отримає бажане.

Опір: початкова відмова Грега співпрацювати.

Згода: Грег поступається вимозі Розмарі.

Постійність: неминучі постійні суперечки та сльози.

Усі знають хоча б одну людину, яка використовувала тактику емоційного шантажу, щоб змусити інших зробити те, чого вони спочатку не хотіли робити. Це могла бути ситуація, як у Грега, або ж це може регулярно траплятися з пасивно-агресивною людиною, яка ніколи не каже точно, що саме вона хоче — вона просто грає в ігри, щоб досягти кінцевого результату. Важливо, щоб ви визначили будь-яку людину у вашому житті, яка використовує ці тактики, щоб маніпулювати вами або обманом змусити вас робити те, що їй потрібно. Більшість людей навіть не усвідомлюють, що їхні друзі чи родина можуть використовувати цей тип свідомої, добре продуманої стратегії; вони просто вважають таких людей напористими чи агресивними. Результати емоційного шантажу завжди руйнівні.

> **Найпоширеніші емоційні шантажисти — це члени сім'ї та близькі друзі.**

Зрештою ви погоджуєтесь на те, чого ніколи не хотіли робити чи що не вважаєте розумним робити за даних обставин. У процесі досягнення свого шантажист змушує вас почуватись негідником і винуватим через небажання допомогти. Ви неминуче будете розгнівані тим, що потрапили в цю ситуацію. Незалежно від того, усвідомлюєте ви це, чи ні, ваші стосунки з шантажистом ніколи не будуть такими самими, як раніше.

Чоловіки та емоційний шантаж

Чоловіки набагато частіше стають жертвами емоційного шантажу, ніж лиходіїв. Чоловіки вважають за краще прямо просити те, чого вони хочуть. Жінки, які еволюціонували в ролі миротворців, прагнуть ухилятися від необхідності сказати, що саме вони хочуть і коли. Багатьом жінкам не вистачає самооцінки, щоб зрозуміти, що вони заслуговують на те, про що вони просять. Як захисниці родинного гнізда, жінки мають нездоланне прагнення *подобатися* іншим. Вони завжди були відповідальними за стосунки — з партнерами, дітьми та іншими сімейними чи соціальними групами. Їхній мозок налаштований на те, щоб змусити ці стосунки успішно працювати. Тому вони часто вдаються до емоційного шантажу, щоб досягти свого, а не просять те, що їм потрібно, прямо, побоюючись отримати відмову.

> **Шантаж здається простим шляхом, оскільки дозволяє людині уникнути конфронтації.**

Чоловіки можуть використовувати емоційний шантаж, але завжди значно меншою мірою. Функції мозку чоловіків набагато простіші, якщо йдеться про емоції. Коли чоловіки були мисливцями, вони віддавали перевагу прямому, очевидному підходу, тож їхній мозок продовжував розвиватися в цьому напрямі.

Якби чоловік захотів, щоб його мама переїхала до нього, він, мабуть, купив би своїй партнерці букет квітів, перш ніж висловити своє прохання, але це були б усі його маніпуляції. Потім він порушив би це питання та обговорив його просто, без емоцій, розглядаючи плюси й мінуси. Він міг би також запропонувати розширити будинок, найняти для своєї матері доглядальницю, проводити вихідні без матері тощо. Чоловіки часто вимагають або делікатно наполягають на тому, щоб усі інші погодилися з тим, чого вони хочуть, і багато жінок підкорюються.

> **Чоловіки використовуватимуть добре спланований прямий підхід, щоб отримати те, чого вони хочуть. Жінки віддають перевагу емоційному шантажу.**

Так склалося історично, що чоловіки займали більш впливові позиції, ніж жінки, і могли диктувати свої умови набагато відкритіше. Жінки рідко коли бували достатньо домінантними для вирішального голосу, тому століттями їм доводилося покладатися на хитрість і вигадки, щоб отримати те, що вони хотіли.

Однак у деяких ситуаціях чоловіки також вдаються до емоційного шантажу. Наприклад, намагаючись переконати своїх подруг зайнятися сексом, молоді чоловіки використовують емоційний шантаж, щоб добитися свого.

Розгляд конкретного випадку: історія Даміана

Даміан двічі ходив з Ерікою на побачення, які обидва рази закінчувались довгим глибоким поцілунком, перш ніж вона виривалася з його обіймів та вискакувала з його машини на під'їзну доріжку біля будинку її батьків. Нетерплячість Даміана зростала. Він любив Еріку і хотів зайнятися з нею сексом, але вона опиралася. Він не міг зрозуміти чому. Еріка сказала, що він їй подобається, тож Даміан вважав, що вона, природно, також хоче кохатися з ним.

На третьому побаченні, після того як вони сходили в кіно і Даміан витратив на їжу набагато більше, ніж планував, він заїхав у слабо освітлений парк і вимкнув двигун. Потім він розвернувся до Еріки й почав цілувати її, незграбно намагаючись зняти з неї кофточку. Вона допомогла йому розстебнути ґудзики, і вони почали пестити одне одного. Через п'ять хвилин він спробував підняти її спідницю, але вона відштовхнула його руку. Це сталося вдруге. І втретє. Нарешті він зупинився і запитав її, що не так.

— Послухай, ти мені дуже подобаєшся, — сказав він їй. — Я просто хочу зайнятися з тобою коханням. Я відчуваю, що ми добре ладнаємо, і хочу показати тобі, як сильно ти мені небайдужа».

Еріка мала нерішучий вигляд.

— Вибач, Даміане, ти теж мені подобаєшся, — сказала вона. — Але ще занадто рано. Я ще не готова. Це лише наше третє побачення. Я буду знати, коли настане час. Будь ласка, будь зі мною терплячим.

Даміан потерся носом об її вухо.

— Давай, крихітко, — сказав він. — Ти ж знаєш, що хочеш. Ти мені дуже подобаєшся. Як на мене, то зараз саме час. Я просто хочу пізнати тебе ще краще. У мене ніколи раніше не було ні до кого таких почуттів.

Однак Еріка відсторонилась.

— Ні, Даміане... пробач... але я не хочу, — сказала вона. — Ти також мені *дуже* подобаєшся, проте я не готова.

Даміан виглядав, як у воду опущений.

— Але... я думав, ти відчуваєш до мене те саме, що і я до тебе, — промовив він. — Еріко, мені дуже шкода... Я сприйняв усі сигнали від тебе абсолютно хибно...

Він виглядав таким засмученим, що Еріка не могла його не пожаліти.

— Ні, Даміане, я люблю тебе, — запевнила вона. — Мені просто потрібно трохи більше часу...

Даміан сумно похитав головою:

— Ні, очевидно, що ти ставишся до мене не так само. Вибач, Еріко, я справді думав, що між нами щось є. Я виставив себе повним дурнем. Мені шкода. Давай просто забудемо про все це.

Даміан потягнувся до ключів від машини, щоб завести двигун. Еріка почувалась дедалі засмученішою.

— Ні, Даміане, — сказала вона. — Послухай, я думаю, що ти чудовий хлопець, і я хочу провести з тобою більше часу.

— Але, Еріко, — відповів Даміан, — ти мені *насправді* подобаєшся, а для чоловіків природно хотіти продемонструвати це фізично. Але якщо ти не відчуваєш того ж

самого, то вважаю, що нам краще припинити наші сто-
сунки, поки я ще не *надто* до тебе прив'язався… Вибач,
але це те, що я зараз відчуваю. Мені раніше вже завдавали
болю…

Того самого вечора Еріка віддалася Даміану. Їхні сто-
сунки тривали ще два тижні.

У цій ситуації Даміан був шантажистом, Еріка — жер-
твою, секс — вимогою. Він точно знав, на які слабкі місця
Еріки слід натиснути, і робив це безжально. Жінки нена-
видять бачити чоловіків емоційно засмученими; це про-
буджує у них материнські інстинкти та бажання допомог-
ти полегшити їхній біль. Вони звикли бачити чоловіків
сильними незламними істотами, тож коли чоловік зда-
ється вразливим, жінки сильно страждають. Коли Дамі-
ан мистецьки звинуватив Еріку в тому, що вона до нього
байдужа, хоча вона цілком чітко дала йому зрозуміти, що
це не так, їй почало здаватись, що єдиний спосіб довести
йому, що вона його любить, — це погодитися на секс.

Нарешті Даміан вдався до прихованої загрози, давши
їй зрозуміти, що він готовий порвати з нею, якщо він не
отримає бажане. Якби він сказав це прямо, її реакція була
б зовсім іншою. Але оскільки він сформулював це так,
що не зможе ще раз пережити цей біль, вона припинила
опиратися і піддалася його емоційному шантажу, опинив-
шись у становищі, в якому жінка не хотіла бути. Це від-
крило для Даміана можливість очікувати на секс кожного
разу, як вони бачились.

Стосунки, що починаються з маніпулятивної основи,
зазвичай приречені. Як можна очікувати, що двоє лю-
дей відчуватимуть одне до одного повагу та довіру, якщо
в основі їхніх стосунків лежать маніпуляції? Емоційний

шантаж може бути дуже руйнівним, якщо негайно його не припинити.

Типові тактики емоційного шантажу

Емоційними шантажистами можуть бути коханці, чоловіки чи дружини, діти, свекрухи й тещі, батьки чи друзі. Іноді ними можуть бути роботодавці. Шантаж процвітає у сім'ях і є тактикою, що передається від одного покоління до другого.

Наведемо деякі типові загрози чи покарання, які застосовують емоційні шантажисти. Якісь із них можуть здатися вам знайомими.

Батьки: «Після всього, що я для тебе зробила!»

«Я викреслю тебе зі свого заповіту».

«Навіщо ти це робиш? Ти моя плоть і кров!»

Чоловіки/дружини: «Не можу повірити, що ти поводишся так егоїстично».

«Тобі на мене начхати».

«Якби ти мене любив, ти б це зробив».

Колишні партнери: «Я затягаю тебе по судах. Ти більше ніколи не побачиш дітей».

«Я залишу тебе без копійки в кишені».

«Я завжди ненавиділа займатися з тобою сексом».

Коханці: «Всі інші це роблять. Що з тобою не так?»

«Це те, що закохані повинні робити одне для одного».

«Очевидно, що ти мене не любиш. Можливо, буде краще, якщо ми розлучимось».

Діти: «Всі інші батьки роблять це для своїх дітей. Очевидно, вони люблять своїх дітей більше, ніж ти мене».

«Я втечу! Мабуть, ви мене всиновили!»

«Ти любиш мою сестру більше за мене».

Батьки чоловіка чи дружини: «Я все віддам на благодійність».

«Якщо ви не доглядатимете за мною, я захворію і потраплю в лікарню».

«Не хвилюйтеся за мене, я вже старий і скоро помру».

Друзі: «Якби це було потрібно тобі, я б зробив це для тебе».

«Ти кажеш, що я твій найкращий друг. То, можливо, тобі краще знайти іншого».

«Я завжди підтримував тебе. І, подивися, як ти поводишся зі мною зараз, коли ти мені потрібен».

Роботодавці: «Ви тільки все ускладните для своїх колег. Їм доведеться взяти на себе все навантаження».

«Я простежу, щоб вас більше ніколи не підвищували».

«Безсумнівно, ви маєте бути відданими мені та компанії».

Підлеглі: «Якщо ви мене звільните, вам знадобиться хороший адвокат».

«Готовий побитися об заклад, що ЗМІ будуть раді про це дізнатись».

«Ви знаєте, що це домагання?»

Шантажист хоче повідомити вам єдине послання: «Якщо ти не зробиш те, чого я хочу, ти постраждаєш».

Діти рано дізнаються, що емоційний шантаж — це спосіб отримати бажане, особливо, коли вони знають, що їхні батьки використовують його також. Діти почуваються відносно безсилими через свій вік та розмір, тому шантаж виглядає для них найпростішим та найефективнішим шляхом отримати те, чого вони хочуть.

Розгляд конкретного випадку: історія Джулії

Підростаючи, діти Джулії усе менше хотіли проводити час зі своїм прикутим до ліжка дядьком Джоном. Джулія відчувала в цьому свою провину. Кожного разу, коли вона відвідувала Джона, той запитував, де діти. Джулії доводилось щоразу брехати, кажучи, що вони в школі, або зайняті домашніми завданнями, або готують спеціальний проект, через який не змогли приїхати.

— Послухайте, він старішає, і я не знаю, скільки часу він ще буде з нами, — сказала вона якось дітям. — Він самотній і з нетерпінням чекає можливості вас побачити. Пам'ятаєте всі речі, які він робив для вас, коли ви були маленькими? Він завжди доглядав за вами. У нього ніколи не було багато грошей, але він завжди витрачав те, що мав, на вас.

Однак діти Джулії часто були абсолютно непіддатливими і самі застосовували до Джулії емоційний шантаж.

— Але, мамо, він ніколи не чує, що ми йому говоримо, він глухий, — сказала п'ятнадцятирічна Бернарда. — І в нього нудно. Нічого робити. Я і так рідко бачуся з друзями. Хіба я не заслуговую на те, щоб трохи повеселитися? Ти ж не хочеш, щоб я почувалася нещасною?

Кеті, шістнадцяти років, також була експертом з питань шантажу.

— Ну ж бо, мамо, — сказала вона. — Ти знаєш, скільки нам усього задають у школі, ти ж не хочеш, щоб ми провалили іспити? Я хотіла поїхати з тобою сьогодні вранці, але мені потрібно підготувати велике есе з географії. Оцінки, які я за нього отримаю, будуть враховуватись при визначенні моїх кінцевих результатів. Якщо я погано впораюсь, у мене можуть бути великі проблеми. Крім того, ти не повинна застосовувати до нас емоційний шантаж. Це несправедливо. Ми не хочемо їхати. Кінець історії.

Діти можуть бути абсолютними майстрами мистецтва маніпуляцій. Батьки, які регулярно намагаються емоційно шантажувати своїх дітей, завжди мають бути готовими до того, що ситуація повернеться на 180 градусів.

У цьому сценарії Джулія почувалась безсилою і намагалася чинити моральний та емоційний тиск на своїх дітей. Замість спокійно і незворушно аргументувати їм свою думку або просто наказати їм робити те, що вона вважає за правильне, вона використовувала емоційний шантаж. Тоді діти зробили те саме, тому що навчилися від неї, як грати в цю гру.

> **Дорослі, які використовують емоційний шантаж, виховують дітей, які їх у цьому перевершують.**

Одного разу ми спостерігали за актором на вулиці Лондона. Наприкінці свого виступу він звернувся до групи зачарованих дітей, які спостерігали за ним, і крикнув:

— Гей, діти! Якщо ваші батьки не дадуть вам один фунт, щоб ви поклали його в мою шапку, це означає, що вони вас не люблять!

Він зібрав 18 фунтів стерлінгів.

Що більше хтось піддається емоційному шантажу, то швидше шантаж стає схемою, яка диктує майбутнє стосунків. Що ближчі стосунки, то більше почуття провини, а провина — це найпотужніший інструмент шантажиста.

Розгляд конкретного випадку: історія Стівена

Стівен був одружений із Каміллою п'ять років, а потім вони розійшлися за взаємною згодою. Ну... принаймні Стівен думав, що це взаємна згода. Хоча Камілла тоді погодилася на розлучення, однак вона ніколи не думала, що Стівен доведе справу до кінця. Вона просто припустила, що через пару тижнів він сам повернеться до неї, благаючи, щоб йому дозволили переїхати назад.

Стівен не повернувся. Натомість він занурився з головою в роботу, почавши віддавати їй більше часу та енергії. Камілла потай вірила, що довго він у такому ритмі не витримає і рано чи пізно зрозуміє, наскільки пустою і безглуздою стало його життя без неї. Але потім він зустрів іншу жінку.

Камілла нетямилася від гніву. Вона регулярно телефонувала матері Стівена, щоб дізнатися, як він живе. Вона знала, що його мати любила її, як дочку, і була приголомшена, коли пара розлучилася. Коли його мати заговорила про нову жінку в житті Стівена, Камілла осатаніла. Вона почала дзвонити Стівену в будь-яку годину дня і ночі, розповідаючи, що вона припустилась величезної помилки і хотіла б зустрітися з ним, щоб поговорити.

Стівен неохоче, але все-таки погодився зустрітися. Камілла була жартівливою, чарівною та милою — такою, як тоді, коли вони лише познайомились. Але у Стівена вже була інша. Камілла йому все ще подобалась, і він мав до неї по-справжньому ніжні почуття, але більше не відчував з нею емоційного зв'язку. Він вислухав, як вона говорила про те, що сумує за ним, сказав, що йому шкода, але він зустрів іншу і сподівається, що Камілла теж буде щаслива.

Однак Камілла не зрозуміла сенсу сказаного. Вона продовжувала дзвонити йому в сльозах і благати про зустріч.

Якщо він приходив, вона плакала і казала, що відчуває, що її життя без нього закінчилося. Почуваючись безпорадним перед її сльозами, він намагався її втішити. Якось вона подзвонила і почала погрожувати, що вкоротить собі віку.

Стівен не знав, як йому вчинити. На щастя, його нова дівчина Кріссі зрозуміла, що відбувається, і взяла ситуацію у свої руки. Вона переконала матір Стівена зателефонувати рідним Камілли і сказати їм, що вона хвилюється за її душевний стан, та попросити їх наглянути за нею. Кріссі наказала Стівену написати Каміллі листа, в якому він мав твердо пояснити їй, що йому шкода, але все скінчилося. Він до неї більше не повернеться.

Як і більшість жінок, Кріссі бачила, що Камілла вдається до емоційного шантажу, і знала, що Стівен — жертва, яка нічого не підозрює. Кмітливість Кріссі допомогла Стівену не потрапити в пастку стосунків, яких він більше не хотів. Якби Кріссі не втрутилась, він, можливо, повернувся б до Камілли, навіть якби сам того не хотів. Стівен був дуже наляканий її загрозою самогубства і відчував, що несе відповідальність за її подальше життя. Він просто не здогадувався, що Камілла навмисно використовує емоційний шантаж, щоб повернути його, і ніколи не мала реального наміру заподіяти собі шкоди.

Стівен та Кріссі одружилися наступного року. Камілла все ще перебуває в ролі спостерігача, регулярно відвідуючи його матір і просторікуючи про «старі добрі часи» їхніх стосунків. Але насправді ніхто не звертає на неї великої уваги. Вони всі її жаліють, але хочуть, щоб вона рухалася далі й жила власним життям.

Провина стає для жертв неймовірним тягарем. Ніхто не хоче ставати занадто цинічним стосовно інших людей, але дуже важливо відстоювати свої бажання. Стівен знав, що не хоче повертатися до Камілли, тому керувався цим своїм бажанням. Чоловіки не звикли мати справу з власними емоціями і мало розуміють, як поводитися з емоційними жінками.

Чоловікам подобаються прямі аргументи та суперечки про те, яка спортивна команда найкраща, яка політична партія має правильну політику керування країною і після якого пива найменше похмілля. Чоловіки мають справу з фактами, даними та конкретними реаліями. Коли чоловіки стикаються з емоціями інших — зазвичай жінок, — більшість із них просто не справляються. Жінки це знають і використовують на свою користь. Проте це не означає, що чоловіки не можуть грати на емоціях, щоб отримати те, що вони хочуть. Здебільшого це найкраще працює з тими жінками в їхньому житті, які належать до того чутливого тихого типу, що звикли поступатися домінуючому чоловікові.

Розгляд конкретного випадку: історія Ірен

Ірен мала прекрасний характер. Вона була спокійною та співчутливою, піклувалася про людей, ніколи не ставлячи свої потреби вище за їхні. Вона була щедрою, щасливою та відданою людиною. Хоча сама вона себе такою не вважала. Вона часто поступалася перед чужими вимогами або була не в змозі відстояти свої права, щоб не нагнітати ситуацію. Водночас чоловік Ірен, Боб, був дуже вимогливим і ревнивим та завжди хотів, щоб все було так, як він забажає.

Одного разу Боб оголосив, що хоче купити новий човен. Він сказав, що його старий човен недостатньо швидкий, великий та легкий в управлінні, і йому не вистачає необхідних технологій. Розглянувши варіанти, він сказав, що зможе придбати саме те, що йому потрібно, за розумну ціну.

Коли Боб назвав цю ціну, Ірена мало не зомліла.

— Ми не можемо собі цього дозволити, — сказала вона. — Ми щойно сплатили шкільні збори за дітей, і ти пообіцяв, що наприкінці місяця ми купимо мені нову машину, тому що моя вже стара і постійно ламається.

Боб був розлючений.

— Знову ти за своє, завжди думаєш лише про себе, — заявив він. — Я, я, я — це все, що тебе хвилює. Невже тобі навіть на думку не спадає, що в мене також є потреби? Я весь тиждень працюю, щоб заробити достатньо грошей для утримання цієї сім'ї. Я постійно переживаю стрес, і моя суботня риболовля — це мій єдиний шанс розслабитись.

Упродовж наступних трьох днів Боб влаштовував Ірен веселе життя. Ірен почувалась виснаженою. Врешті вона вирішила спробувати піти на компроміс.

— Бобе, я думала про човен, і, можливо, якщо я придбаю менший вживаний автомобіль, а ти відкладеш придбання нового човна на дванадцять місяців, у довгостроковій перспективі ми зможемо купити і те, й інше.

Боб був непохитний.

— Ні, — відповів він. — Наступного року човен коштуватиме дорожче, і до того ж це гарна ідея — придбати човен цього літа. Ми могли б більше часу проводити з дітьми, оскільки вони зможуть кататися на водних лижах. Ми повинні чимось займати своїх дітей у вихідні дні, інакше вони потраплять у біду.

Ірен була збентежена.

— Але, Бобе, ми не можемо собі цього дозволити. Нам ще стільки всього треба зробити в будинку.

Боб не здавався.

— Я не можу повірити в це, Ірен, — сказав він розгніваним голосом. — Зазвичай ти дбаєш про наших дітей. Ти завжди турбуєшся про те, де вони і що роблять. Я ніколи не думав, що настане день, коли ти почнеш позбавляти їх часу, який ми могли б провести разом як сім'я. Їм також потрібен цей човен!

Після ще двох днів тиску Ірен відчула, що більше не зможе витримати цю ситуацію. Вона знала, що Боб може тягнути резину безкінечно, а діти дедалі більше засмучуються через напругу в домі. Нарешті Ірен прийняла рішення. Вона просто піде працювати на повний робочий день, і все буде гаразд.

Боб купив свого човна — і тепер він хоче купити для нього місце на пристані. Він знає, що отримає його, тому що знову скористається тією самою тактикою.

Ірен стала такою самою жертвою шантажу, як і будь-хто, хто отримує вимогу про викуп або прямі погрози. Основні компоненти кримінального шантажу та емоційного шантажу абсолютно однакові.

Жертва: Почуття обов'язку Ірен перед своєю сім'єю, її любов до дітей та бажання зберегти мир у домі були її слабкими сторонами.

Шантажист: Боб знав усі секрети та почуття Ірен через їхні близькі стосунки.

Вимога: Ірен має погодиться на придбання нового човна.

Загроза: Почуття провини через те, що через неї в її чоловіка погіршиться здоров'я, діти потраплять у погану компанію через її егоїстичне та егоцентричне ставлення, а вдома пануватиме жахлива напруга.

Опір: Спроба Ірен пояснити, що вимога Боба непрактична; і запропонувала альтернативу.

Згода: Ірен врешті-решт поступилася.

Постійність: Боб продовжував тактику шантажу для отримання місця на пристані, оскільки знав, що вона спрацює.

Емоційний шантаж знищує самоповагу жертви. Якщо вона продовжуватиме поступатися шантажисту, то врешті-решт втратить упевненість у собі й назавжди позбудеться здатності самостверджуватися. Вона страждає через муки сумнівів у собі, через страх та провину, завдяки чому шантажист висуває все більш немислимі вимоги.

Як дати раду емоційному шантажу

Емоційні шантажисти зазвичай здаються сильними та рішучими. Але хоча вони й намагаються переконати вас у тому, що знають, чого хочуть, і готові зробити все, що потрібно, щоб це отримати, насправді їм це рідко вдається.

Шантажисти — здебільшого звичайні хулігани. У них погана самооцінка і вони не можуть прийняти відмову. Їм не вистачає упевненості в собі, щоб обговорити свою ситуацію і розглянути варіанти, і їх відчайдушно лякає перспектива втратити те, що вони вже мають. Зазвичай вони звинувачують своїх жертв у егоїзмі, байдужості чи егоцентризмі — усьому тому, що притаманно їм самим. Багато в чому вони схожі на неслухняних дітей: висловлюють свою вимогу, а якщо її негайно не задовольняють, б'ються в істериці. Кожного разу, коли батьки йдуть на поступки при таких істериках, вони сіють насіння емоційного шантажу.

> **Завжди пам'ятайте: емоційні шантажисти схожі на хуліганів чи неслухняних дітей, і до них слід ставитися відповідно.**

Якщо ви відчуваєте, що стаєте жертвою емоційного шантажиста, то маєте вирішити: ви погоджуєтеся з такою ситуацією чи збираєтесь щось із нею робити. Люди завжди ставитимуться до вас так, як ви їм дозволяєте. Якщо ви жертва — це тому, що ви це дозволили. Але подібно до того, як поведінка шантажиста формувалась протягом певного періоду часу, так само з часом вона може змінитись. Така модифікація поведінки потребує відповідального підходу та часу, тому ви повинні бути готові до складного періоду та важких випробувань.

Перше, що треба усвідомити, — це те, що шантажисту потрібна ваша згода на щось, інакше він не просив би у вас дозволу на те, що йому потрібно. А це означає, що насправді перевага на вашому боці. Без вашої згоди шантажист почувається безсилим. Єдиний спосіб втратити вашу силу — це виявити слабкість. Не благайте його не ускладнювати все, і не беріть на себе провину за ситуацію. Не намагайтеся зрозуміти, як почувається шантажист. Завжди пам'ятайте, що це *вас* шантажують і що значення має ваше самопочуття. Ніколи не намагайтеся шантажувати у відповідь.

Коли починають надходити вимоги, погрози та звинувачення шантажиста, важливо мати запас готових відповідей. Цілком природно, що спочатку у вас будуть з цим проблеми, тому практикуйте їх, поки вони не стануть частиною вас.

Що ви можете сказати шантажисту:

- «Що ж, це твій вибір».

- «Мені шкода, що ти вирішив так поводитися».

- «Очевидно, що зараз ти злишся, тож давай обговоримо це, коли ти будеш не такий засмучений».

- «Знаєш, твоя думка відрізняється від моєї».

- «Я бачу, що ти незадоволений, але що поробиш».

- «Я гадаю, це слід добре обдумати. Поговоримо про це пізніше».

- «У нас різний погляд на ці речі».

- «Можливо ти правий. Пропоную подумати про це деякий час, перш ніж приймати рішення».

- «Очевидно, що ти розчарований, але це не підлягає обговоренню».

Відмова піддатись або негайно домовитись, імовірно, може призвести до періоду мовчання або образи з боку шантажиста. Саме на цьому етапі жертва часто здається. Ситуацію, врешті-решт, треба вирішити, але це має бути тільки тоді, коли шантажист буде готовий обговорити ситуацію зріло і раціонально. Під час мовчання шантажиста не нарікайте на проблему, оскільки так ви дасте йому зрозуміти, що розчаровані, а саме в цьому шантажисти черпають свою силу. Просто скажіть: «Я готовий поговорити про це, коли ти будеш готовий».

> **Уникайте зустрічних погроз, образ чи нападу на слабкі місця шантажиста.**

Шантажист почуватиметься безсилим і доведеним до відчаю, але він все одно захоче зберегти своє обличчя, тому «погладьте його по голівці» за його позитивні вчинки. Якщо справа йде до компромісу, встановіть свої кордони і твердо їх тримайтеся. Якщо шантажист змушує вас почуватися дискомфортно, відмовляйтеся погоджуватись на те, чого він вимагає.

> **Не боріться і не сперечайтесь із шантажистами — виховуйте їх.**

Використовуючи реакції, які ми запропонували вище, ви можете змінити поведінку шантажиста. Шантажисти поважають людей, які стоять на своєму до кінця.

Коли шантажист теж перебуває у невіданні

Іноді шантажист може навіть не усвідомлювати, що він робить. Південноафриканська журналістка Шарлін Сміт написала вражаючу книгу про ніч, коли її зґвалтували у її власному будинку, та про те, як вона діставала органи правопорядку, щоб ті затримали її нападника. На той час у Південній Африці була найгірша статистика по зґвалтуванням у світі: кожні 26 секунд там ґвалтували жінку. Зґвалтування у цій країні було найбільш табуйованою темою, тому мало хто, особливо жінки-жертви, мав сміливість говорити про те, що відбувається.

У своїй книзі вона розповідає про той жахливий вплив, який це на неї справило, про те, як вона вийшла переможницею, і як стала прикладом для багатьох інших жінок, які пережили ту саму травму. Проте одна жінка, яка їй зателефонувала, викликала мало співчуття. Ця жінка покинула коледж після зґвалтування, змусила чоловіка придбати будинок в іншому районі, перестала піклуватися про своїх трьох дітей та власний будинок. Її діти піклувалися про себе самі, будинок був занедбаний, а чоловік нетямився з горя і розчарування, оскільки не міг допомогти дружині одужати. Коли вона звернулася до Шарлін, її приголомшило ставлення письменниці. Шарлін прямо сказала їй, що та використовує емоційний шантаж, аби змусити свою сім'ю страждати так само, як страждала вона. «Залежність Мері від жалю до себе зробила її рабом її нападників, — написала Шарлін у своїй книзі «Пишаюсь собою». — Вона копіювала їхню жорстоку поведінку в своїй манері. Їхні удари були очевидними, але удари, які вона наносила своїй родині, були набагато жорстокішими, хоча й не видимими неозброєним оком».

> **Жертви можуть виявити, що наслідки їхнього емоційного шантажу позначаються на інших членах їхньої сім'ї та на друзях.**

Ця жінка, напевно, не усвідомлювала, що емоційно шантажує свою сім'ю. Вжитися в роль шантажиста виявилось дуже легко, оскільки її чоловік і діти були не в змозі протестувати чи протистояти їй. Вони почувалися винними у тому зґвалтуванні. Що якби тієї ночі чоловік був удома? Що якби діти нікуди не пішли? Можливо, тоді зґвалтування не сталося б. Провина часто є найпотужнішою зброєю в арсеналі шантажиста. Вона може паралізувати його жертв.

У такій ситуації жертвам шантажистів краще вийти за межі будинку та звернутися за допомогою. У ситуації з тією жінкою втрутитись попросили її близького друга. Також можна зателефонувати хорошому консультанту, психологу чи психотерапевту. Іноді буває необхідно звернутись до когось, хто перебуває за межами емоційного діапазону шантажиста і не обтяжений емоційним багажем, щоб він допоміг розірвати порочне коло жалю до себе та ймовірного самознищення.

Коли шантаж стає довічним покаранням

Коли ви піддаєтесь загрозам емоційного шантажиста, то можете застрягнути в неприємному колі, яке буде все важче й важче розірвати. Шантажист може, врешті-решт, зруйнувати жертву емоційно, психологічно та фінансово.

Одну нашу знайому діймав її наречений, вмовляючи її виступити для нього спільним поручником у договорі позики на покупку нового автомобіля, який був потрібен йому для роботи. За його словами, у нього просто не було відповідного кредитного рейтингу, щоб отримати позику самостійно. Спочатку вона опиралась.

— Але чому ні? — запитував він. — Ми говоримо про те, щоб провести разом решту життя. Якщо ти не відчуваєш, що можеш довіритися мені в питанні простої позики, який сенс нам продовжувати наші стосунки!

Ця суперечка точилась цілими днями.

— Якщо ти *справді* любиш мене, ти зробиш для мене цю просту річ, — казав він. — Я ж не прошу тебе оформити позику тільки для мене. Ми робимо це разом, і це буде для нашого спільного майбутнього

Як останню зброю, щоб змусити її поставити свій підпис, він додав:

— Після всього того, що ми пережили разом, я найменше цього від тебе очікував.

Зрештою, засліплена романтикою і боячись втратити його, вона погодилася поставити свій підпис на пунктирній лінії. Пізніше, коли вона виявила, що насправді він був недієздатним, безнадійним брехуном, який не міг втриматися на жодній роботі більше двох тижнів і заборгував гроші по всій країні, було вже пізно.

Піддавшись на вимоги шантажиста, вона виявилась обтяженою великою заборгованістю, яку все ще покриває частинами. Щодо її нареченого, то він давно пішов. І, на жаль, тепер вона підозріло ставиться до будь-якого чоловіка, який до неї наближається.

> **Коли шантажист погрожує позбавити жертву свого кохання, багато жінок можуть стати легкими мішенями.**

Довговічні шрами також можуть нанести батьки. Зокрема, в сільськогосподарських громадах батьки можуть найсильніше тиснути на свого найстаршого сина — або молодшого, якщо той виявиться більш поступливим, — змушуючи його залишитись удома і взяти на себе сімейне господарство. Але ж він, можливо, хотів собі іншого майбутнього. Можливо, прагнув подорожувати, розпочати власний бізнес, отримати професію або вступити до акторської школи. Якщо він піддасться емоційному шантажу, то завжди почуватиметься в пастці та зачаїть образу на батьків.

Емоційний шантаж дочок зазвичай має іншу форму. Всі ми чули про жінок, які присвятили своє життя догляду за літніми батьками, відмовляючись від власного щастя з почуття обов'язку перед кволою матір'ю або батьком. А батьки тверді у своєму рішенні навантажити дочку почуттям провини, якщо вона коли-небудь надумає поїхати, щоб влаштувати власне життя.

Емоційний шантаж неприємний і відразливий, хоч де він відбувається. Якщо ви один раз опинилися в ролі жертви, ви можете залишитися в ній назавжди, і тоді у вас майже немає шансів знайти щастя, любов і радість жити життям, вільним від емоційної провини. Тож якщо ви плачете, переконайтеся, що на те є вагома причина.

РОЗДІЛ 4

НАЙБІЛЬША ТАЄМНИЦЯ ЖІНОК. СИСТЕМА НАРАХУВАННЯ БАЛІВ

Як зруйнувати тиждень чоловіка

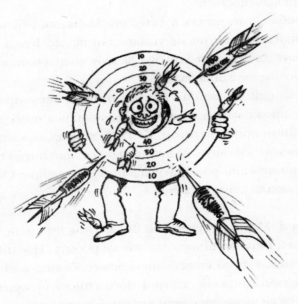

Як і більшість чоловіків, Енді ніколи не чув
про секретну жіночу систему нарахування балів.
Він вважав, що просто вішає картину для Жустін

Для решти світу Марк і Келлі були ідеальною парою. У Марка була чудова робота, вони мали прекрасний будинок, їхні троє дітей були всі щасливі та врівноважені, і вони щороку їздили у відпустку за кордон.

Проте за закритими дверима в їхніх стосунках не все було так просто. Незважаючи на те, що вони по-справжньому любили одне одного, вони почувалися розгубленими, засмученими та зневіреними через сварки, які, здавалось, виникали постійно. Келлі весь час гнівалась, а Марк був збентежений — він просто не розумів, що відбувається.

Проблема полягала в тому, що Марк, як і більшість чоловіків, абсолютно не усвідомлював, що Келлі використовує для оцінки їхнього шлюбу спеціальну жіночу систему нарахування балів.

Коли одного вечора було порушено тему про роздільне проживання, вони обоє домовилися порадитися з сімейним консультантом. Келлі була рада, що вони підуть до консультанта. Марк погодився, але потай гадав, що вони повинні розібратися з цим самостійно. Ось що вони сказали консультанту:

Келлі: Марк — трудоголік. Він забуває про мене та дітей і ніколи нічого для нас не робить. Нас ніби не існує. Самий лише бізнес, бізнес, бізнес, а ми десь у самій нижній частині його списку пріоритетів. Я вже втомилась бути для дітей одночасно матір'ю та батьком. Мені потрібен чоловік, який хоче мене, піклується про мене та бере участь у справах сім'ї без моїх нагадувань.

Марк *(здивовано)*: Я не вірю, що ти це говориш, Келлі... Що значить я не піклуюсь про тебе та дітей? Подивися на наш прекрасний дім, одяг та коштовності, які ти носиш, відмінну школу, в яку ходять діти... Я забезпечую все це тобі та дітям! Звичайно, я наполегливо працюю, щоб ми всі могли так жити й мати усі ті приємні речі у своєму житті. Я щотижня надриваюся заради вас на роботі, але ти ніколи цього не цінуєш! Ти лише прискіпуєшся...

Келлі *(сердито)*: Ти просто не розумієш, Марку, так? Я думаю, ти ніколи не зрозумієш! Я все для тебе роблю... Я готую, прибираю, мию, організовую наше соціальне життя і стежу за тим, щоб у нашій сім'ї все було в порядку... Все, що ти робиш, — це ходиш на роботу. Коли ти востаннє розвантажував посудомийну машину? Ти взагалі знаєш, як увімкнути пралку? Скажи, коли ти востаннє водив мене на вечерю? Коли ти востаннє казав, що мене кохаєш?..

Марк *(збентежено)*: Келлі... ти знаєш, що я тебе кохаю...

Більшість чоловіків абсолютно не усвідомлюють, що жінки нараховують бали за загальну ефективність своїх партнерів у стосунках. Більшість чоловіків навіть не здогадуються про існування цієї системи нарахування балів і можуть вступити з нею в конфлікт, не розуміючи, де вони помилилися. Кількість балів, які нараховує чоловікові його партнерка, безпосередньо впливає на якість його життя в будь-який час. Жінки не тільки ведуть рахунок, вони також відповідають за табло! Коли чоловік і жінка вирішують жити разом, вони ніколи не обговорюють до найменших подробиць, яким буде внесок кожного з них у їхні стосунки. Кожний мовчки припускає, що інший буде продовжувати давати те, що він уже давав, поводитиметься так, як поводились їхні батьки, або відповідатиме тим стереотипним ролям, у яких чоловіки косять газон, а жінки готують їжу.

Чоловіки бачать лише загальну картину

Чоловіки вважають за краще відступити й побачити «загальну картину» та зробити меншу кількість великих внесків, ніж заморочуватись купою дрібних, не надто важливих речей. Наприклад, чоловік може не часто балувати свою партнерку подарунками, але якщо він це робить, то приносить щось велике. З іншого боку, мозок жінок налаштований на дрібні деталі, і вони приймають широкий діапазон менших рішень з багатьох складних аспектів робочих відносин. Жінка буде ставити один єдиний бал за кожну окрему річ, яку робить партнер у їхніх стосунках, незалежно від її розміру, і два чи більше бали за інтимний вияв кохання.

Наприклад, якщо чоловік купить своїй партнерці одну троянду, вона зарахує йому один бал. Якщо він купить їй букет із семи троянд, він все одно отримає лише один бал. Але якщо він купуватиме їй одну троянду щотижня протягом шести тижнів, то набере шість балів. Одна троянда, очевидно, буде призначена для неї, тоді як букет троянд можна сприймати як прикрасу для дому. Регулярно даруючи одну троянду, чоловік показує, що жінка завжди посідає головне місце в його думках.

Так само, якщо чоловік пофарбує будинок, він отримає один бал. Якщо він позбирає свій брудний одяг або скаже жінці, що її кохає, він також отримає по одному балу. Інакше кажучи, бали нараховуються за кількістю вчинків, а не за розміром, якістю або результатом одного

вчинку. Якщо він купить їй автомобіль або діамантову об-
ручку її мрії, то, напевно, заробить додаткові бали. Але
95% усіх балів, нарахованих у взаєминах, стосуються по-
всякденних речей, які мають місце або ні. Пам'ятайте
про це, коли маєте справу з жінками.

> **Жінки нараховують один бал за вчинок чи подарунок,
> незалежно від його розміру. Якби чоловіки керували
> системою нараховування балів, вони розподіляли б бали
> залежно від розміру вчинку чи подарунка.**

Більшість чоловіків абсолютно не знають, як жінки
нараховують бали, тому що чоловіки просто роблять те,
що роблять у стосунках, а не намагаються свідомо зароб-
ляти бали. Жінки нараховують бали підсвідомо, і кожна
жінка інтуїтивно розуміє, як це працює. Ці відмінності
призводять до багатьох непорозумінь між чоловіками та
жінками.

Жінки чудово нараховують бали та мають дуже хоро-
шу пам'ять, що дозволяє їм нараховувати бали роками.
Вони продовжуватимуть робити якісь речі для чоловіків,
тому що припускають, що, зрештою, рахунок буде зрів-
няно. Вони мовчки припускають, що їхні партнери неза-
баром відчують вдячність та повернуть їм усе сторицею.

> **Жінки ведуть рахунок і ніколи його не забувають.**

Чоловік може навіть не здогадуватись про те, що їх
рахунок у стосунках нерівний. Жінка може дочекатися,
поки їх рахунок не становитиме 30 до 1, перш ніж почне
скаржитись. Потім вона звинувачує його у тому, що він
нічого не робить, а він почувається здивованим і засму-
ченим через її звинувачення. Він і гадки не мав, що у них

якісь проблеми. Бо якби цю систему нарахування балів розробив чоловік, він би ніколи не допустив, щоб усе зайшло так далеко. Щойно відчувши, що рахунок став 3:1, він би вже поскаржився на те, що він дає більше, і хотів би, щоб рахунок зрівнявся.

Якби це чоловік вів рахунок, він би вважав, що чим значущіший вчинок чи більший подарунок, тим більше балів потрібно нарахувати. Він би вважав, що за роботу п'ять днів на тиждень заслуговує як мінімум на тридцять балів, але, з її погляду, він заробив лише п'ять балів — по одному балу за кожен день роботи. Більшість жінок добре знають, що для чоловіків розмір завжди має значення.

> **Для жінок значення має не розмір, а частота.**

Наш експеримент із Браяном та Лорейн

Браян був фінансовим брокером, він працював довгі години, зустрічався з клієнтами та будував свій бізнес. Його дружина Лорейн доглядала за будинком і піклувалася про двох їхніх дітей. Вони назвали себе щасливою нормальною парою. Ми попросили їх вести таблицю щодня упродовж 30 днів, нараховуючи собі бали за свої внески у стосунки, та вказувати, скільки балів, на їхню думку, вони отримали від свого партнера. Один бал призначався за незначний внесок, а максимальна кількість становила 30 балів — за вагомий внесок у їхні стосунки. Вони також повинні були фіксувати штрафні бали за вчинки партнера, які їх дратували. Їм заборонялося обговорювати одне з одним, як і коли нараховуються бали, чи скільки балів уже було нараховано.

Ось частковий підсумок деяких їхніх результатів через 30 днів. Ви помітите, що жоден із них не призначив високих штрафних балів. Ми підозрюємо, що на те були дві ймовірні причини: пари, які живуть разом, з часом починають ігнорувати або відфільтровувати погані вчинки одне одного, і коли пари проходять цей тест, вони часто поводяться найкращим чином.

Як Браян оцінив свій місяць

Браянова активність	Бали, нараховані ним	Бали, нараховані нею
Працював 5 днів на тиждень	30	5
Поїхав до тещі	5	1
Зібрав з дітьми модель аероплана	5	1
Влаштував барбекю для друзів	3	1
Пішов подивитися, що це там за звуки пізно вночі	1	2
Долив масла в автомобіль	2	1
Прибрав листя з водостічної канави	3	1
Звозив сім'ю в піцерію	2	1
Помив машину	2	1
Працював допізна одного дня	5	1
Виправив показник pH води в басейні	2	1
Зводив дітей на футбол	3	2
Читав журнал *Which Computer*	1	0
Прибрав дохлого щура із садка	2	1
Пофарбував гараж	2	1
Посадив кущ	2	1
Вивіз сім'ю за місто на вихідні	3	1

Підклеїв порваний черевик Лорейн	3	1
Купив квіти/шоколад і вино	10	3
Повісив картину на стіну	2	1
Виніс сміття	1	1
Полагодив дверну ручку	1	1
Сказав їй, що вона гарно виглядає	1	3
Покосив газон	3	1
Полагодив дитячий велосипед	2	1
Налаштував стереоколонки	4	1

Речі, за які Лорейн нарахувала бали і яких не було у списку Браяна

Віддав мені своє пальто, коли я змерзла	3
Підвіз мене під самі двері, бо йшов дощ	2
Відкрив для мене дверцята машини	2
Прогрів машину, перш ніж я сіла всередину	2
Заточив кухонний ніж	1
Поставив мамин номер на кнопку швидкого виклику	1
Відкрив банку з тугою кришкою	1
Похвалив мене за моє куховарство	3

Що Браян міг би зробити, щоб заробити більше балів

Підняти свій мокрий рушник	1
Почистити овочі	1
Вкласти дітей раніше спати	2
Приїхавши додому, поговорити зі мною, а не дивитись телевізор	5
Слухати мене, не перебиваючи і не пропонуючи рішень	6

Зателефонувати, щоб попередити, що він буде вдома пізно	3
Організувати вікенд за містом лише для нас двох	10
Запропонувати прибрати на кухні	2
Вимкнути телевізор, щоб поговорити зі мною	2
Зателефонувати, щоб сказати «Я тебе кохаю»	3
Заправити ліжко	1
Поголитися перед сексом	1
Зробити мені масаж голови та ніг	3
Поцілувати мене	1
Поцілувати мене, не мацаючи	3
Не клацати пультом дистанційного керування	2
Триматися за руки на людях	3
Дати мені відчути себе важливішою за дітей	3
Піти зі мною на шопінг	5
Подарувати мені романтичну листівку	4
Танцювати на кухні	2
Розвантажити посудомийну машину	1
Демонструвати зацікавленість, коли я говорю	3
Віднести брудний одяг у пральню	1
Сказати, що він за мною скучив	3
Опустити сидіння унітаза	1

Ці списки свідчать про кілька речей: по-перше, через те що чоловіки мають просторово орієнтований мозок, вони нараховують більше балів, ніж жінки, за фізичні та пов'язані з простором задачі. Наприклад, Браян нарахував собі п'ять балів за те, що допоміг сину збудувати модель літака, але Лорейн вважала, що це варте одного бала. Для нього це було важким завданням, але він добре з ним упорався й пишався цим; для неї це була гра з іграшкою. Зазвичай жінки присуджують чоловікові один бал за кожну роботу в господарстві, яку він виконує, але радше оцінюють у більшу кількість балів незначні, особисті чи інтимні завдання, ніж важливі задачі. Наприклад, коли Браян похвалив Лорейн за їжу, яку вона готувала одного вечора, вона дала йому за це три бали, але він навіть не здогадувався, що щось за це заробив. Насправді він узагалі не міг пригадати, що він це казав, тому і не згадав про це у своєму списку. Не те щоб він про це забув; йому просто ніколи не спадало на думку, що за комплімент жінці за те, що вона добре готує, можна отримати хороші бали. Купивши їй букет квітів, шоколадні цукерки та шампанське, він подумав, що заробив принаймні десять балів — третину його особистої оцінки за свою роботу п'ять днів на тиждень — бо вони були дорогими, однак вона дала йому лише чотири бали. Браян заробив багато балів за такі невеликі вчинки, як-от «віддав мені своє пальто, коли я змерзла», не усвідомлюючи, що цей дріб'язковий вчинок може принести йому бали. Він просто думав, що «піклується про неї».

> **«Чому б нам сьогодні не спробувати рольові ігри?» — запитав він. «Гарна ідея! — відповіла вона. — Давай ти будеш стояти біля кухонної раковини, а я сидітиму на дивані та пускатиму гази».**

Браян думав, що більше він працює, то більше балів заробляє, але насправді додаткові години на роботі означали, що в нього залишається менше часу на дрібні справи вдома, тому він втрачав бали. Він думав, що заробляє додаткові гроші на краще життя і вона захоплюється ним; насправді ж вона думала, що він більше переймається через роботу, ніж через неї. Затримки на роботі, на думку Браяна, оцінювались у п'ять балів за ніч, але Лорейн дала лише один. Якби він зателефонував їй з роботи, щоб сказати, що любить її та сумує за нею, і знову зателефонував, щоб попередити, що уже майже вдома, то набрав би принаймні три бали. Як і більшість чоловіків, Браян не знав про той факт, що дрібниці дуже багато важать для жінки, хоча й часто чув про це від матері та бабусі.

Як Лорейн оцінила свій місяць

Список особистих справ Лорейн був учетверо довший, ніж у Браяна. Вона детально виписала в нього кожну свою справу, але більшості з них дала низьку оцінку. Прибирання з пилососом, покупка продуктів, поливання рослин, банківські справи, догляд за домашніми тваринами, оплата рахунків, відправлення листівок на день народження, планування сімейних заходів, купання дітей, читання їм чи привчання їх до дисципліни набрали по одному балу. Часто повторювані дії, такі як збирання залишених на підлозі мокрих рушників або одягу, прання білизни, приготування їжі чи застеляння ліжок, набирали по одному балу щоразу, коли вона їх робила. Браян ніколи не бачив рутинної роботи Лорейн, оскільки зазвичай був у цей час на роботі, тому він дав їй за її старання загальну оцінку — 30 балів, стільки ж, скільки він дав собі за 50 годин роботи на тиждень. Однієї ночі Лорейн почухала йому спинку, за що він нарахував їй три бали, а ще вона два рази ініціювала секс, що кожного разу приносило їй 10 балів.

Штрафні бали

Штрафні бали нараховуються щоразу, коли один із партнерів робить те, що засмучує або дратує іншого.

Штрафні бали, які Лорейн нарахувала Браяну

Критикував мене перед друзями	−6
Пускав гази під час вечері з друзями	−10
Витріщався на інших жінок у торговому центрі	−5
Наполягав на сексі, коли мені не хотілося	−6

Штрафні бали, які Браян нарахував Лорейн

Розмовляла зі мною, коли я дивився телевізор	−2
Відмовлялась займатися коханням	−6
Прискіпувалась	−5
Говорила одночасно про занадто багато речей	−3

> «Я не прискіпуюсь. Я йому постійно нагадую, інакше він ніколи нічого не зробить».

Скарги Браяна стосувалися того, що Лорейн зробила чи не зробила для нього, тоді як скарги Лорейн більше стосувалися речей, які Браян робив на публіці. Ці списки також показують, що коли чоловік хоче сексу, а жінка — ні, обоє відчувають однакове обурення.

> «Витріщався? Що ти маєш на увазі? — запротестував Браян. — Вона просто затуляла мені вид!»

Наприкінці експерименту Браян нарахував собі за тиждень 62 бали. Лорейн він нарахував за тиждень 60 балів, тож радів тому, що рахунок їхніх стосунків був справедливо збалансований. Лорейн нарахувала собі за тиждень 78 балів, але Браян отримав від неї лише 48 балів.

Реакції Лорейн та Браяна

Лорейн вважала, що її рахунок за тиждень переважував Браянів на 30 балів. Це пояснювало обурення, яке кипіло всередині неї упродовж останнього року. Браяна такий результат страшенно засмутив. Він був переконаний, що в них у стосунках усе добре, і не знав, що з цього приводу думає Лорейн, адже вона ніколи нічого про це не говорила. Він відчував, що Лорейн від нього трохи віддалилась з народження їхньої останньої дитини, але думав, що це пов'язано з тим, що в неї побільшало обов'язків і вона багато нервує. Щоб полегшити їй життя, він почав затримуватися на роботі, щоб більше попрацювати, аби дати їй простір та заробити для сім'ї більше грошей.

Цей експеримент відкрив очі Браяну та Лорейн. Те, що почалося як простий, цікавий тест, який мав показати, як по-різному чоловіки та жінки нараховують бали, допомогло запобігти небезпечній ситуації. Лорейн сиділа вдома, почуваючись обдуреною й обуреною, а Браян затримувався на роботі, думаючи, що саме цього вона від нього хоче.

Рішення для жінок

Жінки мають змиритися з тим, що чоловічий мозок запрограмований так, що вони бачать загальну картину, і вважають, що повинні отримувати більше балів за великі справи. Отже, жінки не будуть почуватись ображеними, якщо рахунок буде на його користь. Вони також повинні заохочувати чоловіка робити ті дрібниці, які їм так подобаються у стосунках, і винагороджувати його, коли він їх робить.

> **Усі чоловіки однакові. У них просто різні обличчя, щоб можна було їх розрізняти.**
>
> *Мерилін Монро*

Чоловіки не запрограмовані пропонувати допомогу, підтримку чи пораду, якщо хтось спеціально про це не попросить, оскільки, з погляду чоловіка, так він продемонструє людині, що вважає її некомпетентною. Саме так усе відбувається у світі чоловіків — вони чекають, коли ви попросите. Якщо ви не просите, вони вважають, що по балам у вас нічия, тобто у ваших стосунках усе добре. У чоловіків коротка пам'ять.

Вони забувають ті приємні речі, які робили для вас минулого тижня, але також забувають приємні речі, які ви робили для них. Жінки завжди пам'ятають. Не слід припускати, що чоловік розуміє, як жінки нараховують бали; це концепція, про існування якої їхні батьки, брати та сини навіть не здогадувались. Багато речей, які роблять чоловіки, не перелічені в їхніх списках, оскільки вони роблять їх, не думаючи, що це принесе їм бали.

Рішення для чоловіків

Жінки не тільки ведуть рахунок, а й підсумовують бали за тривалий період і нічого не забувають. Сьогодні вона відмовляється зайнятися з вами сексом, тому що два місяці тому ви накричали на її маму. Коли жінка відчуває, що ви набрали більше балів, навряд чи вона взагалі про це згадає. Коли ж рахунок на її користь, вона стане відстороненою, сердитою, і ваше кохання почне згасати. Якщо це станеться, чоловік має запитати у неї, чого вона від нього хоче. Пам'ятайте, що жінка нараховує один бал за кожен вчинок чоловіка і що він отримує кращі бали за дрібні

вчинки, пов'язані з емоційною підтримкою. Купив їй кві-
ти, зробив комплімент її зовнішності, прибрав за собою,
допоміг з посудом та скористався освіжувачем дихання —
усе це приносить стільки ж, якщо не більше, балів, як
принесений ним додому зарплатний чек або фарбування
будинку. Це не означає, що чоловік обов'язково повинен
менше старатись. Але якщо він знатиме, як його партнер-
ка нараховує бали, та докладе зусиль, щоб робити для неї
ці приємні дрібниці, якість його життя кардинально по-
кращиться.

Пройдіть тест просто зараз

Разом з вашим партнером підрахуйте та запишіть усі свої
внески у ваші стосунки протягом десяти днів так само, як
це робили Браян та Лорейн. Оцініть результати, і ви змо-
жете використовувати їх як основу для подальшого роз-
витку ваших стосунків, щоб зробити їх такими щасливи-
ми, якими ви їх навіть не уявляли. Різниця в балах менше
15% свідчить про те, що ви однаково вкладаєтесь у сто-
сунки і ніхто не почувається обділеним чи використаним.
Різниця в 15–30% демонструє наявність певних непоро-
зумінь, які можуть викликати напругу, а більше 30% оз-
начає, що хтось почувається в цих стосунках нещасним.

Партнер із меншою кількістю балів має збалансувати
свій внесок, роблячи те, що подобається його партнеру,
щоб зрівняти рахунок і зменшити напругу.

Підсумок

Щоб заробити багато балів, доведеться докласти не
більше зусиль, ніж ви уже вкладаєте у свої стосунки. Го-
ловне розуміти, як інша людина оцінює речі, та змінити
свій підхід. Система оцінювання, яка використовується

протилежною статтю, не краща і не гірша, ніж ваша, вона просто інша. Жінки це розуміють, але більшість чоловіків не звертають на це уваги, доки їм на це не вкажуть. Коли ми попросили Браяна та Лорейн взяти участь в експерименті, Лорейн чітко зрозуміла, чого ми хочемо. Відповідь Браяна була: «Що? Нарахування балів? Що ви маєте на увазі?» Як і більшість чоловіків, він навіть не здогадувався, що жінки ведуть рахунок. Коли чоловік і жінка сперечаються, вона найчастіше каже йому: «Після всього, що я для тебе зробила! Ти такий ледачий, що ніколи не робиш нічого, щоб мені допомогти!»

Час від часу проходьте цей бальний тест, коли ваші стосунки змінюватимуть напрям, аби переконатися, що рахунок рівний. Нічим не обтяжена пара оцінюватиме речі зовсім по-іншому, коли в неї з'явиться іпотека, троє дітей та собака.

Один із наших читачів, який пройшов цей тест, надіслав нам такі приклади того, як жінка може щодня присуджувати або списувати бали з рахунку вашого кохання.

«Шановні Барбаро та Аллане,

Я пройшов цей тест, і це повністю змінило мої стосунки з моєю дівчиною. Зараз ми ладнаємо краще, ніж будь-коли за ті три роки, що ми разом, і я хотів би поділитися своїм досвідом про те, як жінки нараховують бали.

Дякую,

щасливий Джек»

Повсякденні домашні обов'язки

Ви викидаєте сміття	+1
Ви викидаєте сміття о 4:30 ранку, коли вантажівка вже поїхала	−1

Ви завжди кладете свою брудну миску в посудомийну машину	+1
Ви залишаєте посуд у мийці	−1
Ви залишаєте його під ліжком	−3
Ви не опускаєте сидіння унітазу	−1
Ви залишаєте сидіння унітазу піднятим посеред ночі (а вона вагітна)	−10
Ви забризкуєте сидіння унітазу	−5
Ви взагалі не потрапляєте в унітаз	−7
Ви замінюєте рулон туалетного паперу, коли він кінчається	0
Коли рулон туалетного паперу кінчається, ви використовуєте вологі серветки	−1
Коли вологі серветки закінчуються, ви зі спущеними штанами чимчикуєте в інший туалет	−2
Ви не провітрюєте ванну	−1
Ви застеляєте ліжко	+1
Ви застеляєте ліжко, але забуваєте покласти декоративні подушки	0
Ви кидаєте покривало на зім'яті простирадла	−1
Ви пускаєте гази в ліжку	−5
Ви пересвідчуєтесь, що в баку її машини достатньо бензину	+1
Бензину в баку ледве вистачить, щоб доїхати до найближчої АЗС	−1
Ви йдете перевірити джерело підозрілого шуму пізно вночі, і там нічого немає	+1
Ви йдете перевірити джерело підозрілого шуму пізно вночі, і там щось є	+3
Ви розправляєтесь з цим за допомогою ключки для гольфу	+10
Це її батько	−10

Світські заходи

Ви залишаєтесь біля неї протягом усієї вечірки	+5
Ви стоїте з нею деякий час, потім ідете поспілкуватися зі старим шкільним товаришем	–2
Називаєте її Шарлоттою	–9
Під час спілкування з іншими ви тримаєте її за руку і дивитесь на неї закоханим поглядом	+4
Під час спілкування з іншими, ви представляєте її як «свою халепу» та погладжуєте по сідницях	–5

Подарунки

Ви купуєте їй квіти, але лише на свята	0
Ви не купуєте їй квіти навіть на свята	–10
Ви купуєте їй квіти як сюрприз	+5
Ви даруєте їй польові квіти, які самі зібрали	+10
Вона нюхає їх, і її кусає африканська муха цеце	–25

Керування автомобілем

Ви збиваєтеся з дороги	–4
Ви збиваєтеся з дороги та губитесь	–10
Ви губитесь у жахливій частині міста	–15
Ви знайомитеся з місцевими жителями близько та особисто	–25
Вона дізнається, що ви збрехали, що у вас чорний пояс по карате	–60

Розділ 5

РОЗКРИТТЯ СІМОХ НАЙБІЛЬШИХ ТАЄМНИЦЬ ПРО ЧОЛОВІКІВ

Чоловіки говорили про свою останню риболовлю.
Жінки говорили про інші речі

Після успіху книги «Чому чоловіки не слухають, а жінки не вміють читати мапи» нас завалило звичайними та електронними листами від жінок, які просили більше інформації про відмінності між статями. Ось сім питань, які вони ставили найчастіше:

1. Чому чоловіки нічого не знають про життя своїх друзів?

2. Чому чоловіки уникають серйозних стосунків?

3. Чому чоловіки відчувають потребу в усьому мати рацію?

4. Чому дорослі чоловіки так цікавляться «хлопчачими іграшками»?

5. Чому чоловіки можуть займатися лише однією справою за раз?

6. Чому чоловіки так захоплюються спортом?

7. Про що насправді чоловіки говорять в туалеті?

Проблема жінок полягає в тому, що вони намагаються проаналізувати поведінку чоловіка з власного жіночого погляду. Саме тому поведінка чоловіків просто збиває їх з пантелику. Правда ж полягає в тому, що чоловіки не є нелогічними; вони просто діють не так, як жінки.

1. ЧОМУ ЧОЛОВІКИ НІЧОГО НЕ ЗНАЮТЬ ПРО ЖИТТЯ СВОЇХ ДРУЗІВ?

Джуліан не бачив Ральфа протягом року, тому вони домовилися провести день разом на полі для гольфу. Коли того вечора Джуліан повернувся додому, його дружина Ханна нетерпляче готувалась почути, як усе пройшло:

Ханна: Як минув твій день?

Джуліан: Добре.

Ханна: Як Ральф?

Джуліан: Добре.

Ханна: Як почувається його дружина після виписки з лікарні минулого тижня?

Джуліан: Я не знаю, він не казав.

Ханна: Він не сказав? Ти маєш на увазі, що ти не спитав?

Джуліан: Ну, ні, але якби були якісь проблеми, я впевнений, що він би мені сказав.

Ханна: Ну... а як у їхньої дочки справи з її новим чоловіком?

Джуліан: А... він не сказав...

Ханна: Мати Ральфа все ще проходить хіміотерапію?

Джуліан: Гм... я не впевнений...

І так далі. Джуліан знав, скільки ударів зробив кожен із них, щоб обійти поле для гольфу, він пам'ятав про проблеми у бункері, про те, як він мало не влучив у лунку з першого удару, і жарт про черницю та гумову курку, але він практично нічого не знав про Ральфову дружину, дітей та сім'ю. Він знав, що у Ральфа були проблеми в боротьбі з місцевою радою через його будівельні плани, якої марки та моделі машину Ральф хотів придбати і як Ральф недавно з'їздив за кордон, щоб укласти ділову угоду. При цьому він абсолютно нічого не знав про молодшу дочку Ральфа, яка зараз проживає в Бангкоку, або про те, що у брата Ральфа діагностували хворобу Паркінсона, або про те, що дружину Ральфа номінували на звання «Громадянка року» в їхній місцевій громаді. Натомість він розширив свій запас чудових жартів.

Чоловік запам'ятає кожен хороший жарт, який розповів йому його друг, але не знатиме, що його друг розлучився з дружиною.

Коли після роботи чоловік йде випити зі своїми друзями на одну-дві годинки, жінки незмінно дивуються, що він приходить додому, не знаючи нічого про особисте життя жодного з них. Це пов'язано з тим, що чоловіки використовують усі ці заходи як можливість подивитися на вогонь. Вони можуть проводити разом години за риболовлею, гольфом, грою в карти чи переглядом футболу, майже не розмовляючи. Коли ж вони розмовляють, то обговорюють факти — результати, рішення чи відповіді на запитання — чи обмінюються інформацією про речі та процеси. Але вони рідко обговорюють людей та їхні емоції.

У чоловіків «практичний» мозок, який здебільшого не усвідомлює почуттів та емоцій.

Дослідження Університету Лідса з'ясували причини, з яких чоловіки відвідують бар після роботи:

Чому чоловіки ходять хильнути
9,5%, щоб випити алкогольні напої
5,5%, щоб познайомитися з жінками
85%, щоб зняти стрес

Чоловіки знімають стрес, відключаючи мозок і думаючи про щось інше. Ось чому, коли вони відвідують бар, то називають це «спокійно випити» — немає потреби говорити, якщо не хочеться.

> **Якщо чоловік сидить у компанії своїх друзів і не розмовляє, це не означає, що вони посварились; він просто дивиться на вогонь.**

Чоловіки не очікують, що інші чоловіки будуть з ними спілкуватися, і вони ніколи не наполягають на розмові. Коли один із них дивиться на вогонь з напоєм у руці, інші чоловіки інтуїтивно розуміють це і не чіпають його. Вони ніколи не змушують його говорити. Ніхто не каже: «Розкажи про свій день... З ким ти познайомився і якими вони були?» Коли розмовляють чоловіки, вони обговорюють роботу, спорт, машини та все, що пов'язано з простором. Вони говорять по черзі, бо їхній мозок організований так, що вони можуть або говорити, або слухати. На відміну від жінок, вони не можуть робити й те, й інше одночасно.

Рішення

Чоловікам важко зрозуміти, чому жінка хоче знати всі подробиці про життя друзів і знайомих, адже якби його друг хотів, щоб він щось знав, то він би йому розповів. Справа не в тому, що чоловік не цікавиться своїми друзями, він просто хоче знати факти й результати. Єдина ситуація, коли чоловік ділиться з іншими особистою інформацією, — це коли він не в змозі розв'язати проблему, і тоді як останній засіб він попросить поради у свого друга.

Отже, якщо ви хочете отримати інформацію про стан здоров'я, кар'єру, стосунки або місцеперебування членів вашої родини або членів вашого соціального кола, ніколи не покладайтеся на чоловіків — запитуйте в жінок. Чоловіки зустрічаються з іншими, щоб обговорити результати та рішення і зняти стрес. Вони рідко розпитують про особисті справи.

2. ЧОМУ ЧОЛОВІКИ УНИКАЮТЬ СЕРЙОЗНИХ СТОСУНКІВ?

Серйозні стосунки
для жінок: бажання одружитися та створити сім'ю;
для чоловіків: не фліртувати з іншими жінками в присутності своєї дружини чи подруги.

Розгляд конкретного випадку: Джефф і Саллі

Джоді думала, що Джефф і Саллі стануть чудовою парою, тому й організувала для них побачення наосліп.

Вони провели чудовий вечір, обмінялися номерами телефонів і планували знову зустрітися. Наступного дня Саллі подзвонила Джоді й подякувала їй за те, що вона їх познайомила. Вона сказала, що Джефф їй дуже сподобався і вона хоче дізнатися про нього більше. Того ж вечора Джефф також подзвонив Джоді й сказав те саме про Саллі.

Коли Джефф поклав трубку, Джоді негайно зателефонувала Саллі й повторила сказане Джеффом. Це було сигналом для Саллі, щоб вона почала краще пізнавати Джеффа та налагоджувати з ним стосунки. Тому на наступні вихідні вона запросила його піти з нею на пляж, а потім на вечерю. Джефф радо погодився. Вони провели разом три наступні вихідні й ще протягом тижня раз чи два дивилися разом кіно. Для Саллі час, що минув, означав, що вони зараз у стосунках. Вона більше не ходила на побачення ні з ким іншим, крім Джеффа, хоча вони ніколи не говорили про те, що їхні стосунки мають ексклюзивний характер.

Історія Джеффа

Минув місяць, але Джефф і гадки не мав, що він має з кимось стосунки, оскільки вони про це ніколи не говорили.

Ось як це відбувається у чоловічому мозку. Він сприймає поняття стосунків не так, як жінки.

Джефф вирішив взяти Мері на день народження свого найкращого друга. Мері завжди була душею будь-якої компанії — по-справжньому веселою людиною, а він уже кілька місяців її не бачив. На вечірці вони чудово проводили час, коли Джефф помітив Джоді. Він негайно підійшов і представив їй Мері. Здавалось, Джоді була не дужа рада їх бачити, і Джефф відчув, що Мері їй не сподобалась. Це спантеличило його, тому що Мері була веселою дівчиною і всі її любили. Але він вирішив про це не думати.

Історія Джоді

Джоді була шокована тим, що Джефф не взяв на вечірку Саллі. Натомість він привів якусь талалайку на ім'я Мері. Джоді знала, що буде краще, коли Саллі дізнається про це не з пліток, а від неї, однак їй не хотілося брати на себе таку відповідальність. Як вона й передбачала, все пройшло не дуже добре. Коли Саллі почула про вечірку, вона розплакалася, оскільки вважала, що у них із Джеффом усе чудово. Саллі зателефонувала Джеффу й попросила його приїхати до неї того вечора. Він відчував, що щось не так, але й гадки не мав, що це може бути.

Розв'язка

Джеффу не терпілося побачити Саллі. Він приїхав, сподіваючись, що вона, можливо, приготувала його улюблену страву. Однак коли вона відчинила двері, він побачив, що вона плаче і сердиться на нього. «Як ти міг так зі мною вчинити, — хлипала вона, — ще й перед нашими друзями! Ти давно з нею зустрічаєшся? Ти її кохаєш? Ви спите?

Відповідай мені!» Джефф не міг повірити своїм вухам. У нього відняло мову.

Наступні три години він намагався розв'язати із Саллі цю проблему, в чому б вона не полягала. Він пояснив, що він не знав, що у них ексклюзивні стосунки, він думав, що Саллі зустрічається з іншими хлопцями, а не тільки з ним. Це було вперше, коли вони обговорили свої почуття та емоції, й обидва зрозуміли, що вони прямують у зовсім різних напрямках.

Саллі хотіла від Джеффа серйозних стосунків. Але Джефф ще не був до них готовий. Він хотів свободи. Тож вони вирішили залишитися друзями й більше не бути коханцями... ну, Саллі так вирішила. А Джефф подумав, що у неї, імовірно, ПМС, і, може, за вихідні її попустить...

Жінки часто не в змозі зрозуміти, як чоловік може демонструвати майже релігійну відданість спортивній команді, але рідко здатен інвестувати подібну емоційну енергію в стосунки. Чоловік часто стримує свої емоції та почуття з коханою жінкою, але може бути помітно емоційним та пристрасним, коли грає його улюблена команда, — особливо, якщо вона програє. Як він може бути настільки непохитно відданим купі кремезних, не надто яскравих, часто тимчасових спортсменів, яких він ніколи не зустрічав і яким до нього немає ніякого діла, але не демонструвати й близько такої ж відданості їй?

Майже протягом усього існування людства чоловіки були полігамними з причин виживання. Чоловіків завжди бракувало, тому що багатьох із них вбивали під час полювання чи боїв, тому логічним кроком тих, хто вижив, було прийняти вдовиць у свій гарем. Крім того, це давало чоловікам чудову можливість передати свої гени. З погляду виживання виду, для представників чоловічої статі було доцільно мати десять або двадцять самиць, але для однієї самиці не було сенсу мати десять або двадцять самців, оскільки вона могла виносити лише одну дитину за раз. Тільки 3% видів тварин, як-от лисиці та гуси, є моногамними. Представники різних статей у них мають однаковий розмір та колір, так що вам навряд чи вдасться розрізнити, хто з них хто. Мозок представників чоловічої статі більшості інших видів не запрограмований на моногамію. З цієї причини чоловіки будуть якомога довше відтягувати необхідність взяти на себе зобов'язання про стосунки з однією жінкою, і з цієї причини такій великій кількості чоловіків так складно бути моногамними у стосунках. Однак ми відрізняємося від інших видів тим, що наш розвинений мозок має великі лобові частки, які дозволяють нам приймати свідомі рішення стосовно того, що ми будемо чи не будемо робити, тому нехай чоловіки, які зраджують, не виправдовуються, що вони нічого не могли із собою вдіяти. У них завжди є вибір. Жіночий мозок, навпаки, запрограмований на серйозні стосунки, принаймні доти, доки її нащадки не стануть самодостатніми.

> **Якщо вам потрібен відданий чоловік — пошукайте у психлікарні.**
>
> *Мей Вест*

Жінки розуміють, якщо якась жінка деякий час «ходила» з чоловіком і вони обоє більше ні з ким не зустрічаються, це означає, що між ними існують певні стосунки. Проте для більшості чоловіків, таких як Джефф, означена концепція є незрозумілою. Коли Саллі кричала: «Що він собі думав?», відповідь була такою: він взагалі нічого не думав.

Що думають більшість чоловіків

Це вічна тема, коли друзі чоловіка жартують, що його постійні стосунки з жінкою або шлюб є явною ознакою того, що життя цього нещасного майже скінчилось, він і сам про це знає. «Коли у вас почнуться серйозні стосунки, вона візьме тебе за яйця», — сміються вони. «Попрощайтеся з половиною свого будинку та 90% свого статевого життя!» — зауважують вони, регочучи. А самотні чоловіки здебільшого попереджають: «Коли вона прибере тебе до рук, тобі доведеться просити дозволу чхнути». Один із найпоширеніших злих жартів, який розігрують з нареченим його друзі, — написати на підошвах його весільного взуття слово ДОПОМОЖІТЬ. Більшість чоловіків уникають серйозних стосунків, оскільки їм здається, що жінка забере їхню свободу і вони стануть слабкими та безсилими. Реакцією чоловіка на ці дотепи стає відмова обговорювати серйозні стосунки з жінкою, а часто він узагалі робить абсолютно протилежне тому, чого вона хоче.

Хоча багато чоловіків стверджують, що серйозні стосунки означають, що вони втратять усі свої свободи, буває досить важко з'ясувати, які саме свободи вони мають на увазі. Якщо приперти їх до стінки, то виявиться, що йдеться про свободу приходити та йти, коли вони хочуть, не говорити, коли їм не хочеться, ніколи не пояснювати свої дії чи виправдовувати свою поведінку, а також мати стільки жінок, скільки їм заманеться. При цьому, однак, вони хочуть кохання, турботи та чудового сексу. Словом, вони хочуть всього — а скільки взагалі чоловіків сьогодні можуть стверджувати, що вони коли-небудь усе це мали, не кажучи вже про те, що вони це втратили? Такий спосіб життя, можливо, існував колись у стародавніх гаремах

Аравії й досі практикується у деяких примітивних культурах, але в більшості сучасних чоловіків дуже мало шансів навіть спробувати такі умови життя.

Єдиний спосіб прожити повне свободи життя — жити самотнім на безлюдному острові, де немає правил. Бути в стосунках — це як отримати посвідчення водія. Якщо ви хочете бути автомобілістом, маєте вивчити правила дорожнього руху та дотримуватися їх, інакше ви завжди будете пішоходом. Стосунки — це просто перемовини за правилами; якщо ви хочете кохання, дружби, сексу та людину, яка про вас піклуватиметься, ви повинні запропонувати щось натомість. Ви не можете і рибку з'їсти, і у воду не полізти. Чого жінки очікують у відповідь — то це кохання, відданості та вірності. Останнє, про що вони думають, — це як би забрати у чоловіка його свободу.

Рішення

Джефф ніколи навіть не задумувався про можливість перебування в постійних стосунках. Коли жінка підозрює, що чоловік уникає зобов'язань, вона має чітко вказати йому на те, що він зараз з нею в стосунках. Наприклад, вона може сказати, як їй зараз, коли вони у стосунках, приємно приготувати йому чашечку кави, або ж вона може зізнатись, як їй подобається займатися з ним сексом, а потім прокидатися разом, тепер, коли у них серйозні стосунки. Вона повинна навчитися говорити відверто й напряму замість сором'язливо сподіватись на те, що чоловік зрозуміє її натяк. Тому що тоді, як і у випадку з Джеффом, існує велика ймовірність, що до нього все одно не дійде. Справа не тільки в тому, що чоловіки не вміють читати думки, але й в тому, що більшість із них не дуже чутливі до жіночого душевного стану. Пам'ятайте, чоловіки еволюціонували, полюючи на тварин та борючись з ворогами, а не намагаючись зрозуміти їх чи бути чутливими до їхніх емоційних потреб.

Тож ніколи не припускайте, що ви перебуваєте в серйозних стосунках, не обговоривши це з іншою людиною. Чоловік не може читати думки, тому жінка повинна запитати його, як він ставиться до неї та яким бачить розвиток їхніх стосунків. Чоловіки прямолінійні, вони дадуть жінці знати, хочуть вони, щоб це були ексклюзивні стосунки, чи ні. Чоловіки вважають прямолінійність ознакою поваги, тому якщо жінка хоче серйозних стосунків, вона повинна попросити, а не просто очікувати.

Однак виносити цю тему на обговорення бажано нечасто. Приміром, якщо жінка змушена говорити: «Чи не міг би ти, будь ласка, відвезти двох наших дітей до школи, тепер, коли у нас серйозні стосунки?», це погано позначається на будь-яких стосунках.

3. ЧОМУ ЧОЛОВІКИ ВІДЧУВАЮТЬ ПОТРЕБУ В УСЬОМУ МАТИ РАЦІЮ?

Щоб розібратися з цією характеристикою сучасних чоловіків, нам потрібно зрозуміти, як їх виховували в дитинстві. Від хлопчиків очікувалось, що вони будуть жорсткими, ніколи не плакатимуть і будуть вправними у всьому, що вони роблять. Їхніми зразками для наслідування були Супермен, Бетмен, Людина-павук, Зорро, Тарзан, Джеймс Бонд, Рокі та Фантом. Усі вони були самотніми чоловіками, які ніколи не плакали над проблемами, а, навпаки, шукали рішення. І, природно, вони рідко коли не справлялися із задачею. Час від часу у них був поплічник — зазвичай менший, не такий знаменитий чоловік, дуже рідко — жінка. Якщо в ролі такого поплічника таки виступала жінка, то від неї, звичайно, було більше клопоту, ніж допомоги. Наприклад, Бетмену завжди доводилось рятувати Бетвумен, Супермен регулярно рятував Лоїс Лейн від вірної смерті, Тарзан проводив значну частину свого часу, перелітаючи джунглями з ліани на ліану, щоб уберегти Джейн від неприємностей, а справи Фантома, мабуть, йшли б набагато краще, якби Даянна не створювала йому проблем. Часом здавалось, що ці супергерої воліли б за краще мати як партнера коня чи собаку, тому що тварини віддані, надійні, ніколи не сперечаються і не звинувачують героя. Як і більшість традиційних чоловічих персонажів у книгах та фільмах, герої хлопчиків рідко помилялися і ніколи не виявляли слабкості чи емоцій. Серед них ніколи не було пані Бетмен чи леді Зорро. Самотній рейнджер ніколи не був чоловіком, який віддавав перевагу натовпу. В мультфільмах крутого хлопця досі зображають як величезну істоту з м'язами, які роблять його схожим на презерватив, набитий волоськими горіхами; у нього глибокий, хрипкий голос (підвищений тестостерон), а героїня, як і завжди, має типаж ляльки Барбі з неможливими з анатомічного погляду грудьми.

> **«Коли я одружилась з містером Правий, я просто не знала, що його звуть Завжди».**

До того часу, як хлопчик досягне дорослого віку, він уже чітко усвідомлюватиме, що його нездатність щось зробити чи розв'язати якусь проблему означає, що він не чоловік, а невдаха. Ось чому, коли жінка ставить під сумнів те, що говорить чи робить чоловік, він починає захищатись. Коли жінка каже: «Давай зупинимось і спитаємо дорогу», він чує: «Ти безнадійний. Давай знайдемо іншого чоловіка, який знає більше, ніж ти». Коли вона каже: «Я хочу зателефонувати механіку, щоб він полагодив машину», він чує: «Ти нездара. Я знайду іншого чоловіка, який зможе розв'язати цю проблему». Він може не вагаючись подарувати жінці на день народження кулінарну книгу, але якби жінка подарувала йому книгу із саморозвитку, він би був неймовірно обурений. Він може припустити, що вона намагається йому сказати, що він недостатньо хороший таким, яким він є. Навіть похід на семінар з питань стосунків або до консультанта вважається рівнозначним принизливому визнанню своєї неправоти, а більшість чоловіків стають насторожениими чи агресивними при самій лише думці про те, що це їм може знадобитися. Чоловікам важко сказати: «Мені шкода», тому що це все одно, що визнати, що вони помилялись.

Розгляд конкретного випадку: Джекі та Ден

Джекі хотіла покинути роботу і стати матір'ю, але Дену здавалось, що вони ще не готові до цього фінансово. Незабаром це стало головним каменем спотикання в їхніх стосунках, і вони регулярно сперечалися з цього приводу. Дуже скоро між ними виникла серйозна напруга. Одного разу Джекі повідомила Дену, що вона звернулась до фінансового консультанта, щоб той допоміг вирішити їхню економічну ситуацію. Ден не міг повірити своїм вухам: Джекі хотіла, щоб хтось інший розібрався з їхніми проблемами! Очевидно, думав Ден, вона вважала, що він сам не в змозі заробити гроші. Їхні суперечки посилилися, і через три місяці вони розлучились.

Джекі думала, що, зателефонувавши до фінансового консультанта, вона допомагає Дену і позбавляє його стресу. Вона очікувала, що чоловік зрадіє, що вона взяла на себе відповідальність і залучила іншу людину, яка проведе підготовчі роботи, щоб вони могли фінансово підготуватись до народження дитини. Ден дивився на це у зовсім інакшому світлі. В його очах Джекі продемонструвала, що вважає його нездатним розібратися з їхнім фінансовим становищем, і звернулася по допомогу до радника, щоб показати некомпетентність чоловіка.

Невже ти мені не довіряєш?

Поширені слова чоловіків, вчинки яких ставляться під сумнів жінкою, це: «Ти що, мені не довіряєш?» Почувши цю фразу, можете не сумніватися, що ви щойно поставили під сумнів його маскулінність. Якщо він загубився і намагається розібратися з картою, а вона каже: «Дай я сама подивлюсь карту», він доходить висновку, що вона вважає його недієздатним. Він відповідає: «Невже ти не віриш, що я нас туди привезу?» Якщо він втомився від того, що сусідський собака гавкає ночами і заявляє, що зараз піде і розбереться з цим, а вона вмовляє його не йти, щоб не спровокувати ще більші проблеми, він каже: «Невже ти не віриш, що я можу все залагодити належним чином?» Якщо під час вечірки вона попереджає його про те, що одна з присутніх жінок має репутацію фатальної жінки і він повинен її уникати, він каже: «Ти що, мені не довіряєш?» У кожній з обставин її відповідь завжди однакова: «Я лише намагалась допомогти!» Їй здавалось, що вона демонструє йому свою любов і турботу, але при цьому чоловік сприймає усе так, ніби вона говорить йому, що він помиляється і не в змозі сам з усім розібратись.

> **Коли жінка дає чоловікові поради, він сприймає це як ознаку того, що він помиляється і вона йому не довіряє.**

Він звинувачує її в тому, що вона завжди намагається його контролювати. Він настільки в цьому впевнений, що навіть вона починає замислюватися над тим, що, можливо, вона намагається його контролювати.

Рішення

Жінка повинна уникати будь-якого підходу до чоловіка, який змушує його відчувати, що він помиляється. Натомість їй треба розповісти про те, як вона почувається, а не про те, як сильно він неправий. Наприклад, замість сказати: «Ти ніколи не знаєш дорогу, і ми завжди спізнюємося!», вона могла б сказати: «Ти чудово справляєшся, любий, але ці вуличні знаки настільки заплутані. Я почувалася б більш упевненою, якби ми зупинилися й запитали у місцевих жителів, чи знають вони, де потрібний нам з'їзд». Інакше кажучи, він ні в чому не винен.

Коли чоловік робить усе правильно, жінка повинна його похвалити. Прибувши до місця призначення, вона повинна сказати йому: «Дякую, любий. Ти такий молодець, що привіз нас сюди». А ще краще — придбайте йому супутникову систему навігації, і він завжди знатиме правильну відповідь.

4. ЧОМУ ДОРОСЛІ ЧОЛОВІКИ ТАК ЦІКАВЛЯТЬСЯ «ХЛОПЧАЧИМИ ІГРАШКАМИ»?

На день народження нашого друга Джеррі ми подарували йому електричний степлер для паперу розміром з мініатюрний телевізор. Він мав прозорий пластиковий корпус, крізь який можна було спостерігати, як усередині рухаються усілякі коліщатка та диски. Він виглядав як якась деталь космічного човника. Він живився від трьох батарейок типу АА, які потрібно було замінювати щотижня, і все, що він робив, — це просто вставляв скобу в папір, як і будь-який інший степлер.

Однак Джеррі неймовірно зрадів, коли ми подарували йому цей гаджет, не тому, що це степлер, а тому, що в ньому багато коліщаток і дисків, які обертаються, світяться миготливими вогниками та видають звуки справжнього мотора. Згодом Джеррі розповідав нам, що іноді, коли він встає рано-вранці, щоб сходити до туалету внизу, він підходить до степлера на столі й не може втриматись, щоб не вставити в аркуш паперу чотири-п'ять скоб, аби подивитися, як крутяться коліщатка. Коли до нього навідуються його друзі, вони тож усі по черзі вставляють скоби в папір, захоплено сміючись. Усі жінки, які до нього приходять, не удостоюють цей степлер навіть другим поглядом. Їх дивує, що хтось може так захоплюватись цим невиправдано дорогим приладом, який виконує «найважчу» роботу в будинку. Але така поведінка чоловіків рівнозначна поведінці жінок, які платять завищену ціну за зробленого в Бразилії пухнастого плюшевого ведмедика з великими очима та маленьким носом, тому що вони «...просто не змогли втриматись».

Досить легко пояснити, чому різні статі по-різному реагують на такі речі. На наступній сторінці наведено сканування мозку, яке показує ті його ділянки, які активуються, коли людина використовує просторові здібності. Активовані ділянки мозку мають темний колір. Просторова частина мозку — це та ділянка, яка використовується для оцінювання швидкості, кутів та відстаней, тобто це мозок мисливця.

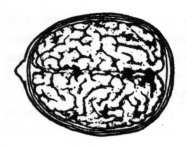

Жіночий **Чоловічий**

Ділянки мозку, які задіяно при керуванні автомобілем, ударах по футбольному м'ячу, паркуванні задом та використанні механізмів (Інститут психіатрії, Лондон, 2001)

Через те, що чоловічий мозок орієнтований на вирішення просторових задач, чоловіки та хлопці шаленіють від усього, що має кнопки, двигун або рухомі частини, видає звуки, має миготливі лампочки та працює від батарейок. Сюди належать будь-які види відеоігор чи комп'ютерного програмного забезпечення, портативні GPS-навігаційні пристрої, роботизовані собаки, які поводяться як справжні собаки, завіси, що відкриваються за допомогою електрики, катери, машини зі складними панелями приладів, газонокосарки, зброя з прицілом нічного бачення, ядерна зброя, космічні кораблі та все, до чого додається пульт дистанційного керування. Якби пральні машинки були оснащені пультом, чоловіки, ймовірно, зайнялися б пранням.

Проекти «зроби сам»

Усі проекти «зроби сам» орієнтовані на просторову ділянку чоловічого мозку. Чоловікам подобається збирати класичні парусні кораблі, іграшкові залізниці, моделі літаків, конструктори, комп'ютерні столи, книжкові шафи

й усе, до чого додається набір інструкцій, якими б нероз-
бірливими вони не були. Хлопчики ходять в магазини
іграшок. Чоловіки ходять у будівельні магазини, в мага-
зини господарських товарів та на авторинки, де вони
можуть знайти речі, які можна виготовляти чи будувати,
або за роботою яких можна спостерігати, і тим самим за-
довольнити свої просторові потреби. Хлопчики інстинк-
тивно вірять, що як тільки у них на підборідді виросте
волосся, вони прокинуться наступного ранку і зможуть
повністю розібрати двигун автомобіля, а потім зібрати
його.

Удома прагнення чоловіка реалізувати свої просто-
рові навички може мати неприємні наслідки для жінок,
оскільки пересічний чоловік здатен зосереджувати на чо-
мусь увагу не більше дев'яти хвилин і часто залишає неза-
вершені проекти по всьому будинку. Чоловіків дуже важко
вмовити полагодити якісь зламані речі, але вони нетям-
ляться від люті та ревнощів, якщо ви запропонуєте, щоб
цю роботу закінчив хтось інший. Наприклад, якщо вдома
не працює унітаз, жінка може сказати: «Треба викликати
сантехніка». Однак чоловік це сприймає як атаку на його
просторові здібності. Він відповідає, що сам може його
полагодити. До того ж сантехнік бере величезні гроші за
виконання такої очевидно простої роботи.

> **Якщо ви зателефонуєте сантехніку, не порадившись
> спершу з чоловіком, це може сприйнятися ним як
> велика образа.**

Тому в суботу в другій половині дня (після гри) чоло-
вік, який відмовився від допомоги сантехніка в ремонті
несправного унітазу, перекриває воду, а потім демонтує

механізм. Він виявляє щось схоже на зношену шайбу і прямує до будівельного магазину. Блукає по магазину близько 45 хвилин, роздивляючись усі ті чудові просторові іграшки, якими він міг би володіти, випробовує кілька електричних шліфувальних машин, пробує пневматичний дриль і врешті-решт знаходить щось схоже на шайбу аналогічного розміру. Потім він іде додому, де з'ясовується, що вона неправильного розміру, але він не може поставити назад стару шайбу, тому що не може її знайти. Будівельний магазин уже зачинений, а чоловік не може включити воду у водопроводі, поки кран не буде полагоджений, тому тепер ніхто не може скористатися душем чи сходити до туалету.

Багато жінок просто не розуміють, що більшість чоловіків швидше відпиляють свою праву ногу, ніж визнають, що не можуть щось полагодити. Для цього їм довелося б зізнатись, що у них погано розвинена ділянка мозку, яка відповідає за навичку номер один — здатність орієнтуватися в просторі та розв'язувати проблеми. Якщо машина чоловіка видає дивний шум, він завжди підніме капот і зазирне туди, навіть гадки не маючи, що він там шукає. Він сподівається, що проблема буде якоюсь очевидною, наприклад гігантський броненосець, який їсть карбюратор.

Жінка ніколи не повинна дзвонити сантехніку, будівельнику, фінансовому експерту, комп'ютерному техніку, ловцю броненосців або будь-якому чоловікові з гарно розвиненими просторовими навичками, попередньо не проконсультувавшись зі своїм чоловіком, оскільки він думатиме, що вона вважає його некомпетентним у розв'язанні просторових задач. Натомість вона має сказати йому, що потрібно зробити, запитати його думку та встановити йому строки. Отже, якщо він зателефонує сантехніку, він думатиме, що сам розв'язав проблему.

> **Єдина відмінність між чоловіками та хлопчиками — ціна їхніх іграшок.**

На сьогодні більшість нових стартапів у бізнесі створюються жінками, але 99% усіх патентів, які є нічим іншим, як іграшками для хлопчиків, все ще реєструються чоловіками. Засвойте цей урок: завжди купуйте чоловікові в подарунок іграшку, пов'язану з його просторовими здібностями. Ніколи не даруйте йому квітів чи приємної листівки; вони для нього нічого не варті.

5. ЧОМУ ЧОЛОВІКИ МОЖУТЬ ЗАЙМАТИСЯ ЛИШЕ ОДНІЄЮ СПРАВОЮ ЗА РАЗ?

У книзі «Чому чоловіки не слухають, а жінки не вміють читати мапи» ми навели поглиблене дослідження того, чому чоловічий мозок настільки зосереджений на одній задачі: і назвали це «однозадачністю». Ми отримали на цей розділ таку неймовірну реакцію, що ще раз підіб'ємо тут його підсумки. Більшість жінок не можуть зрозуміти, чому чоловіки можуть робити лише одну справу за раз. Жінка може читати, одночасно слухаючи та розмовляючи, то чому він не може? Чому він змушує вимкнути телевізор, коли дзвонить телефон? Жінки всього світу скаржаться в унісон: «Чому коли він читає газету чи дивиться телевізор, він не може почути те, що я щойно сказала?»

Справа в тому, що мозок чоловіка розбитий на спеціалізовані сегменти. Інакше кажучи, його мозок складається з маленьких кімнаток, і кожна така кімнатка містить принаймні одну основну функцію, яка працює незалежно від решти. Шнур, що з'єднує ліву і праву півкулі його головного мозку — *мозолисте тіло* — в середньому, на 10% тонший, ніж у пересічної жінки, тому зв'язок між лівою і правою півкулями в нього приблизно на 30% гірший. Через це в чоловіків виробився своєрідний «одна-справа-за-раз» підхід до всього, що він робить у житті.

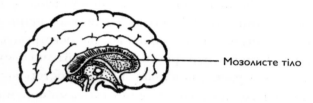

Чоловічий мозок розділений на частки і має на 30% менше зв'язків між півкулями, ніж мозок жінок

Хоча такий зосереджений, однозадачний підхід до всього може здатися жінкам досить обмеженим, саме завдяки йому чоловік може стати прекрасним фахівцем або експертом в одній галузі. 96% світових технічних експертів — чоловіки, і вони чудово володіють цією однією навичкою.

Розуміння чоловічого менталітету «одна-справа-за-раз» — це одна з найважливіших речей щодо чоловіків, яким жінка може коли-небудь навчитись. Це пояснює, чому чоловік вимикає радіо, коли читає карту чи паркується задом. Якщо він їде по кільцевій розв'язці і хтось з ним розмовляє, він часто пропускає свій з'їзд. Якщо він працює з гострим інструментом і дзвонить телефон, він може себе травмувати. Зробіть МРТ мозку чоловіка, коли він читає, і ви побачите, що він практично глухий. Пам'ятайте: ви ніколи не повинні розмовляти з чоловіком, поки він голиться, якщо тільки не плануєте заподіяти йому шкоду!

> **Чоловіки, які говорять за кермом, потрапляють в аварії удвічі частіше за жінок.**

Мозок жінки налаштований на одночасне виконання багатьох дій. Більшість жінок можуть робити одночасно кілька непов'язаних речей. Тож сканування жіночого мозку виявило, що її мозок ніколи не відпочиває: він завжди активний, навіть коли вона спить. Це головна причина того, що 96% особистих помічників у світі — це жінки. Здається, що жінка якимось чином генетично пов'язана з восьминогом. Вона може говорити по телефону, куховарити по новому рецепту й одночасно дивитися телевізор. Вона може керувати автомобілем, наносити макіяж і слухати радіо, розмовляючи по телефону за допомогою гарнітури. Але коли чоловік готує за рецептом, і ви хочете з ним у цей час поговорити, краще того вечора піти повечеряти в ресторан.

Найкраща стратегія — доручати чоловікам виконання лише однієї справи за один раз, якщо ви хочете отримати успішний результат без зайвого стресу. В бізнесі обговорюйте кожне питання по черзі та не змінюйте тему розмови, поки присутні чоловіки не будуть задоволені рішенням. Лише після цього ви можете перейти до обговорення наступного питання. І, найголовніше, ніколи не ставте чоловікові питань під час близькості.

6. ЧОМУ ЧОЛОВІКИ ТАК ЗАХОПЛЮЮТЬСЯ СПОРТОМ?

Тисячі років чоловіки ходили на полювання в компанії інших чоловіків, тоді як жінки збирали їжу та виховували дітей. Чоловіки бігали, ганялись, переслідували й використовували свої просторові навички для здобуття їжі, але наприкінці XVIII століття передові технології ведення сільського господарства зробили цю динамічну здатність майже непотрібною. У період між 1800 та 1900 роками до Різдва Христова чоловіки винайшли майже усі сучасні спортивні м'ячі, які існують на сьогодні, як замінник своїй мисливській діяльності. У дитинстві дівчатка граються ляльками, практикуючись у вихованні дітей, а хлопчики б'ють і переслідують м'яч як практика «полювання». Коли жінки дорослішають, на зміну лялькам приходять справжні діти, але чоловіки так і ганяються за м'ячем. Тож насправді за сто тисяч років нічого не змінилось — чоловіки й далі полюють, а жінки й далі виховують дітей.

Будучи відданим прихильником своєї улюбленої спортивної команди, чоловік знову може стати членом мисливської зграї. Спостерігаючи за своїми героями на полі, він фантазує, що це він наносить удари і забиває голи. Під час перегляду футбольного матчу чоловіки можуть стати настільки емоційними, що їм здається, ніби це вони самі беруть участь у грі. Їхній мозок оцінює швидкість, кути та напрямок м'яча, і вони кричать від захвату щоразу, коли вдається «вразити жертву».

> **Спорт дозволяє чоловікові стати частиною мисливської зграї.**

Чоловіки словесно ображають арбітра (навіть якщо арбітр їх не чує), коли вони не згодні з вироком: «Ти називаєш це порушенням правил?! Ти ідіот! Придбай собі окуляри!!!» Вони можуть запам'ятовувати рахунок і в яскравих деталях згадувати про забиті голи в іграх, які відбулися багато років тому, і мало не зі сльозами на очах обговорюють, що повинен був зробити гравець, та якими могли б бути результати. Наприклад, після того, як Англія виграла чемпіонат світу з футболу 1966 року проти Німеччини, навряд чи в Британії знайшовся б чоловік, який не міг би назвати імена гравців, голи, які вони майже забили, та тактичні помилки, яких вони припустились. Це потужна навичка, але при цьому вони можуть не знати імен своїх племінниць, племінників, сусідів, або в який день святкують День матері.

> **Чоловіків можуть переповнювати емоції під час перегляду спортивних матчів, але рідко — у стосунках.**

Керування автомобілем — це майже повністю просторова навичка. Швидкість, кути, повороти, перемикання передач, в'їзд у потік машин та паркування задом — усе це рай для чоловіків. Чоловіки настільки одержимі керуванням, що годинами спостерігатимуть по телевізору, як інші чоловіки їздять по колу за кермом гоночних автомобілів. Чоловіки, що спостерігають за поєдинком з боксу, згинаються в три погибелі і, здається, насправді відчувають біль, коли боєць отримує удар нижче пояса.

Чоловіки можуть бути настільки одержимі переглядом спортивних матчів, що їм навіть подобається спостерігати за будь-якими безглуздими змаганнями і брати в них участь. До них належать змагання з випивки, де переможцем стає останній, хто втримався на ногах, турнір «Жирний живіт», під час якого чоловіки з величезними пивними черевами зіштовхуються один з одним, велосипедні перегони на льоду або подія, яка передбачає побудову дивного літака, якого чоловіки прив'язують до своєї спини і стрибають з ним з мосту в річку, щоб побачити, що станеться. Передбачувано, що жінки рідко виявляють інтерес до подібних видів «спорту».

> **«Моя дружина сказала, якщо я не припиню так фанатично вболівати за «Манчестер Юнайтед», вона мене покине. Мені так бракуватиме її».**

Світ став для чоловіків бентежним місцем — основні навички їхнього мозку стали непотрібними та ще й жінки атакують з усіх боків. У чоловіків більше немає конкретних специфікацій щодо того, чого від них очікують, або будь-яких чітких зразків для наслідування. Спорт завжди був зрозумілою і передбачуваною діяльністю, в якій чоловік знову може відчути себе частиною команди; ніхто не намагається його змінити або критикувати, і він може відчувати себе успішним, коли команда перемагає, — те, чого йому вже давно не дає його робота. Це пояснює, чому чоловіки, які на роботі виконують повторювані або прозаїчні задачі, є найбільшими прихильниками спорту, а ті, що описують свою роботу як захопливу та повноцінну, — найменшими. Ось чому чоловік купує новий набір ключок для гольфу замість дуже потрібного обіднього столу і віддає перевагу сезонному футбольному абонементу перед сімейним відпочинком у Франції.

Рішення

Якщо ваш партнер одержимий спортом чи якимось хобі, у вас є два варіанти. По-перше, ви можете розділити з ним його захоплення. Почитайте відповідну літературу і отримайте відповідні знання. Рушайте з ним на стадіон, і ви будете вражені тим, скільки інших жінок також відвідують спортивні заходи та насолоджуються їхніми соціальними аспектами. Навіть якщо ви все ще не вважаєте це цікавим, усі інші будуть вражені вашими знаннями, і ви зможете завести багато нових друзів.

По-друге, використовуйте його одержимість спортом як позитивну можливість провести час зі своїми подругами чи родиною, сходити за покупками або зайнятися власним новим хобі. Коли відбувається важлива спортивна подія, зробіть цей день для нього урочистим. Нехай він побачить, наскільки ви цінуєте його захоплення. Не воюйте та не змагайтесь з чоловічим спортом чи хобі. Приєднуйтесь до нього або використовуйте вільний час, щоб зайнятися чимось приємним для вас.

7. ПРО ЩО НАСПРАВДІ ЧОЛОВІКИ ГОВОРЯТЬ У ТУАЛЕТІ?

Давайте спочатку відповімо на всезагальне чоловіче запитання: «Про що говорять жінки, коли разом ходять до громадської вбиральні?» Відповідь: про все і про всіх. Вони говорять про те, як їм подобається це місце порівняно з іншими, обговорюють одяг — свій та інших жінок — «Ви бачили ту жінку у фіолетовій сукні? Я б не вдягла таку й під загрозою смерті!» — вирішують, які чоловіки приємні, а які їм не подобаються, і обговорюють будь-які особисті проблеми, які можуть мати вони або їхні друзі. Поправляючи макіяж, вони дискутуватимуть про техніки його нанесення та різні види продуктів і ділитимуться косметикою з іншими, включаючи незнайомих жінок. Будь-яка жінка, яка виглядає засмученою, отримує групову терапію... і бережи Боже того чоловіка, який її засмутив! Жінки будуть сидіти в туалеті й розмовляти з іншими жінками через стінку, вони будуть просити незнайомих жінок подати під дверима туалетний папір, і всім відомо, що дві жінки можуть зайти в одну кабінку, щоб продовжити свою розмову. В одному нічному клубі в англійському місті Бірмінгемі навіть встановили збільшені туалетні кабінки в жіночій вбиральні, кожна з двома унітазами — для глибоких і змістовних розмов.

> **Жіночі вбиральні — це зали для налагодження зв'язків та консультаційні центри, де можна зустріти нових цікавих людей.**

Отже, повернімось до питання: про що чоловіки говорять у громадських вбиральнях? Відповідь: ні про що. Абсолютно ні про що. Вони не розмовляють. Навіть якщо він там зі своїм кращим другом, розмова все одно зводиться до мінімуму. І чоловік ніколи не розмовлятиме з іншим незнайомим чоловіком у громадському туалеті. Ніколи, ніколи, за жодних обставин. І, безумовно, вони ніколи не розмовлятимуть з іншими чоловіками, коли вони сидять на унітазі, і ніколи не зустрінуться поглядом з іншим чоловіком. Ніколи. У туалетних кабінках чоловіки віддають перевагу перегородкам від підлоги до стелі, щоб обмежити взаємодію із сусідами, тоді як жінки — великим проміжкам між підлогою і стелею, щоб можна було розмовляти та передавати одна одній речі. У жіночому туалеті ви рідко почуєте, як хтось пускає гази, а якщо це станеться, то винуватиця ховатиметься в кабінці, поки свідки не підуть. Чоловічий туалет часто може звучати як святкування «Четвертого липня», а чоловік, який найгучніше випустить гази, виходить із кабінки переможцем.

Ось лист одного з наших читачів, у якому розповідається про тишу, яка панує у вбиральні:

«Я прямував автострадою на північ і вийшов на зупинці, щоб скористатися чоловічою вбиральнею. Перша кабінка була зайнята, тому я зайшов у другу. Щойно я сів, як голос із першої кабінки промовив: «Привіт, як справи?» Як і всі чоловіки, я ніколи не починаю розмову з незнайомцем і не братаюсь у чоловічих вбиральнях на зупинці, тож досі не можу зрозуміти, що на мене найшло, але я збентежено відповів: «Непогано!»

Той хлопець сказав: «То... що ти робиш?»

Я подумав: «Ну й дивина», але, як дурень, відповів: «Те саме, що й ти... просто подорожую на північ!» Потім я почув, як той хлопець нервово промовив: «Слухай... Я тобі передзвоню, в іншій кабінці сидить якийсь ідіот, який відповідає на мої запитання!»

Чоловіки також вибирають пісуар за певним територіальним ритуалом. Якщо в туалеті є п'ять пісуарів і туди заходить перший чоловік, він вибере той, який найдалі від дверей, щоб бути подалі від тих, хто прийде за ним. Наступний вибере пісуар, найбільш віддалений від першого чоловіка, а третій чоловік скористається пісуаром посередині між двома іншими. Четвертий чоловік зазвичай віддасть перевагу кабінці, щоб не стояти поруч з цілковитим незнайомцем, який може на нього дивитись. І чоловіки завжди мовчки дивляться перед собою та ніколи не розмовляють із незнайомцями. Ніколи. Чоловічий девіз: «Краще смерть, ніж зоровий контакт».

> **Для чоловіка стояти поруч з іншими чоловіками в громадському туалеті — це все одно, що стояти в ліфті зі своїм прутнем назовні.**

РОЗДІЛ 6

ТА ІНША ЖІНКА — ЙОГО МАТИ

Лише у шлюбну ніч Джейн усвідомила, що 36-річному
Мартіну білизну й досі купує його мама

Перед царем Соломоном постали дві жінки, що смикали між собою молодого чоловіка, який погодився одружитися на їхніх дочках. Вислухавши їхні історії, король наказав розрізати молодого чоловіка навпіл, щоб кожна могла отримати свою частку.

«Ні! — вигукнула перша жінка. — Не проливайте кров! Нехай дочка другої жінки виходить за нього заміж». Мудрий король не вагався: «Чоловік має одружитися на дочці іншої жінки», — сказав він. «Але ж вона була готова розрубати його навпіл!» — вигукнув царський суд. «Так, — сказав король Соломон, — це свідчить про те, що вона справжня теща».

Впустіть дракона

Свекрухи й тещі, ймовірно, є героями більшої кількості жартів, ніж будь-яка інша група людей на землі. Вони є предметом глузувань серед гумористів, чоловіків та в телевізійних комедіях; їх регулярно характеризують як відьом, деспотичних жінок або мегер. Коли одного із засновників Радянської Росії, Леніна, запитали, якою має бути максимальна кара за двоєженство, він відповів: «Дві тещі».

Сьогодні вранці у двері подзвонила моя теща. Коли я відчинив двері, вона запитала: «Чи можу я побути тут кілька днів?»

«Звичайно можете», — відповів я і зачинив двері.

У чому різниця між тещею та грифом? Гриф чекає, поки ти помреш, перш ніж з'їсти твоє серце.

Але хоча тещі та свекрухи справді стають проблемою в шлюбах багатьох людей, а третина розлучень відбувається з їхньої вини, зазвичай найбільші проблеми виникають не через тещу. Дані наших досліджень знову й знову виявляють, що справжню небезпеку становлять свекрухи. Його мати може стати причиною більшості скарг, але здебільшого це іронія, а не протест із приводу якоїсь реальної проблеми.

Сьогодні я отримав електронного листа з повідомленням про смерть моєї тещі, в якому мене запитували, що робити з тілом: поховати, здійснити кремацію чи бальзамувати. Я відповів: «Для впевненості зробіть і те, і друге, і третє».

Прискіпливі тещі не є основною проблемою для більшості чоловіків. Навіть для легендарного Джованні Вільйотті з Аризони, який у період між 1949 та 1981 роками вступив у 104 шлюби під своїм іменем та під 50 псевдонімами, ці 104 тещі були значно меншою проблемою, ніж 34 роки в'язниці, які він отримав у результаті.

Теща може дратувати чоловіка, прискіпуватись до нього та доводити його до сказу, але більшість чоловіків зазвичай їх люблять. Проблеми, що виникають між тещею і чоловіком, не чинять вирішального впливу на його життя.

Є одна стара польська приказка: «Шлях до серця тещі лежить через її дочку». Більшість чоловіків це усвідомлюють. Адже більшість матерів хочуть, щоб їхні дочки були щасливими. Тому якщо їхні чоловіки роблять їх щасливими, то навряд чи у них будуть проблеми з тещею.

Якщо у них будуть якісь проблеми з батьками нареченої, то напевно — з тестем, який може відмовитись відпустити свою дорогоцінну «принцесу». Просто про тестів мало хто жартує; тесті — це вам не жарти.

Його мати — її ноша

Причиною справжніх драм у більшості сімей стає матір чоловіка, тобто свекруха. Дослідження, проведені Університетом штату Юта, показали, що у понад 50% усіх шлюбів між невісткою та неприємною і норовистою матір'ю її чоловіка виникали справжні проблеми.

Хоча не всі свекрухи мають репутацію таких, що наганяють страх, багатьом невісткам надокучлива, нав'язлива та нахабна свекруха, що ніяк не переріже пуповину зі своїм сином, може вимотати всю душу. Для невістки свекрушині драми часто виявляються непідконтрольними та нерозв'язними і можуть стати причиною страждання, болю і, зрештою, розлучення.

Чоловік зустрів чудову жінку й заручився з нею. Одного вечора він домовився повечеряти з матір'ю, щоб вона могла познайомитися з його новою обраницею. Приїхавши до її будинку, він вивів трьох жінок – блондинку, брюнетку та рудоволосу. Його мати запитала, навіщо він привів трьох замість однієї. Він відповів, що хоче дізнатися, чи зможе мати здогадатися, яка жінка – її майбутня невістка. Вона уважно поглянула на кожну, а потім відповіла:

– Це руда.

– Як ти так швидко здогадалась? – запитав він.

– Тому що вона мене вже дратує, – відповіла мати.

Не всі вони погані

Звичайно, не всі свекрухи живуть із жахливою репутацією пекельних створінь. Незважаючи на те що, за даними досліджень Університету штату Юта, приблизно 50% свекрух створюють неприємності, інші 50%, у гіршому випадку, часто виявляються нейтральними, або люблячими, чуйними та щедрими членами великої сім'ї. І часто саме свекруху звинувачують у недоліках та емоційних проблемах її синів чи невісток.

Розгляд конкретного випадку: Аніта й Том

Вони одружилися лише півроку тому, але в новонабутому щасті уже почали з'являтися тріщини. Аніта відчувала, що Том стає нестерпним. Він повсюди розкидав свій одяг і кидав мокрі рушники на підлогу. Том перетворив кожну кімнату на свинарник. Це довело Аніту до межі.

Аніта: Томе, ти така свиня, я більше не можу з тобою жити!

Том: Ні, проблема в тобі. Ти така прискіплива, що ти зводиш мене з розуму! Коли я жив удома, такого ніколи не було. Моя мати ніколи не скаржилася на мене чи на те, що я робив!

Аніта: Добре, поговоримо про твою маму. Проживши з тобою півроку, я не можу повірити, що вона тебе виховувала — вона, мабуть, тебе розбалувала. Ти вважаєш, що жінки повинні займатися пранням, приготуванням їжі, прасуванням, прибиранням і при цьому ще й працювати повний день — та в тебе ж узагалі немає ніякої поваги до жінок. Твоя мати створила монстра, тому я більше не збираюся це терпіти.

Том: Як це стосується моєї матері? Чому ти не можеш просто не відхилятися від теми й перестати звинувачувати всіх інших, окрім себе?

Багато матерів псують своїх синів для наступних жінок у їхньому житті. Вони надмірно їх опікають, готують, чистять, миють та прасують для них. Вони вважають, що цими вчинками вони виявляють любов до своїх синів, але насправді вони створюють проблеми для своїх синів у подальшому житті, коли ті розвивають стосунки з жінками. Зрештою, сини не надто хочуть робити те, що робили за них їхні матері.

Жінці-партнеру в стосунках важко давати цьому раду, тож замість того, щоб критикувати його матір, насправді набагато ефективніше навчити його робити те, що їй потрібно, і перестати звинувачувати свекруху. Він тепер дорослий і має відповідати за власні вчинки.

Ці проблеми можуть бути дуже складними, оскільки ми маємо тристоронні стосунки, які можуть варіюватися від таких, де всі три людини є емоційно врівноваженими, незалежними, безкорисливими та турботливими, до таких, де один, два чи всі три індивіди можуть мотивуватися ревнощами, почуттям власності, залежністю, незрілістю, егоїзмом або емоційною нестабільністю.

Чому важко бути свекрухою

Важливо пам'ятати, що свекруха перебуває у скрутному становищі, оскільки невістка зазвичай має тісний зв'язок зі своєю матір'ю і регулярно та детально обговорює з нею кожну дрібницю. Мати хоче брати участь у житті своїх дітей. Цілком нормально, що дівчинка більше покладається на власну маму, ніж на свекруху. Але це може викликати ревнощі з боку матері її партнера. Свекрухи завжди думають про те, що роблять їхні сини, особливо якщо він — єдина дитина, а їхнє власне життя досить нудне. Чи правильно він харчується? Чи досить чистий для нього будинок? При цьому сини доволі рідко спілкуються зі своїми матерями. Отже, свекруха, рідко отримуючи достатньо інформації, починає почуватись відстороненою від нової сім'ї сина і може подумати, що єдиний спосіб долучитись до неї — це бути постійно в ній присутньою. На етапі залицянь подруга чоловіка часто буде наполегливо працювати над тим, щоб вибудовувати стосунки з його матір'ю, тому що це хороша стратегія тримати її осторонь. Однак коли після шлюбу встановлюється певна постійність, це майже стає схожим на битву двох жінок за одного чоловіка.

Але в кожної проблеми є своє рішення. Головне — мати бажання її вирішити. Син і невістка повинні розібратися з цією ситуацію відкрито і зріло.

Розгляд конкретного випадку: Марк і Джулі

Марк і Джулі вирішили одружитися. Через розходження в думках Джулі та її мати Сара не розмовляли вже три роки. Це означало, що Джулі покладалася на допомогу матері Марка, Френ, у виборі весільної сукні, весільного меню та всіх звичайних домовленостей — всього, про що за інших обставин Джулі радилася б зі своєю матір'ю.

І все-таки напередодні весілля за допомогою Марка Джулі знайшла свою матір і вони помирилися. Френ раптом виявилась непотрібною й обділеною увагою. Вона почувалась використаною й ображеною.

Після шлюбу свекруха часто залишається за бортом, якщо вона не налагодила міцні стосунки зі своєю невісткою. Якщо невістка близька зі своєю власною матір'ю, вона може забути, що мати її чоловіка так само важлива для сімейного осередку, як і її власна мати. Наше життя стає усе більш насиченим, тому часу для наших найближчих родичів залишається усе менше, не кажучи вже про наших далеких родичів; менше часу для людського контакту. Ми використовуємо електронну пошту для бізнесу, щоб зменшити необхідність у контакті з людьми, але для старшого покоління телефонні розмови або зустріч віч-на-віч залишаються важливими. Нашому поколінню може бути дуже важко впоратися з нашими батьками, і обидві сторони повинні розуміти це та знайти якесь рішення, щоб усі були щасливими. Батькам потрібна повноцінна увага, а діти потребують часу для своїх найближчих родичів. У минулому кілька поколінь сім'ї жили в одному будинку, а тепер ми можемо жити в іншому селі, іншому місті чи навіть в іншій країні. Докладати зусиль — це частина сімейного життя.

В Індії та подекуди в Африці жінка, яка виходить заміж, «розлучається» з власними батьками та живе із сім'єю чоловіка і називає їх мамою і батьком. У багатьох країнах стосунки з родичами з боку чоловіка чи дружини чітко визначені і часто закріплені законодавчо. Але в західній культурі стосунки між чоловіком і жінкою мають пріоритет над усіма іншими — і родичі з боку чоловіка чи дружини стають об'єктом для жартів.

Розгляд конкретного випадку: Бернадет, Річард та Діана

Точка зору Бернадет

Бернадет було ледве за сорок, коли чоловік її покинув. «Баба з возу — коням легше!» — сказала вона своїм друзям. Він занадто багато пив і ніколи насправді не піклувався про свою сім'ю. Але в неї залишився її син Річард. Він був порядним юнаком у свої 22 роки, тому мати надіялася, що він доглядатиме за нею.

Бернадет вважала, що дівчата не цікавлять Річарда. Вона забезпечувала йому всю можливу турботу, затишок та емоційну підтримку, навіщо йому взагалі може знадобитись інша жінка? Ті нетями, з якими він періодично зустрічався, явно були потрібні йому лише для сексу. Вона відчувала, що Річард знає, що оскільки вона виховувала його, піклувалась про нього й любила його від самого народження, тепер на нього покладається обов'язок доглядати за нею.

Точка зору Діани

> Адам і Єва були найщасливішою парою у світі, адже в них не було тещі та свекрухи.

Річард сподобався Діані, тільки-но вони познайомилися. Однак поки вони зустрічались, їй видавалось дивним, що він жодного разу не запросив її додому, щоб познайомити з матір'ю, доки вони не оголосили про заручини. Бернадет була не надто привітною, але Діана думала, що їй просто потрібен час, щоб звикнути. Вона сміялася з її зауважень про те, що, можливо, вони ще не готові до шлюбу, і що вони можуть змінити свою думку в будь-який час напередодні весілля. Коли церемонія нарешті відбулася, Бернадет взагалі вчинила дуже негарно, сказавши всім, що не думає, що це надовго.

Дуже скоро Діана зрозуміла, що їй дісталась свекруха із пекла. Проблеми почалися одразу після того, як молодята повернулися після медового місяця. Бернадет заходила до них майже кожного дня абсолютно без попередження.

Діана намагалася бути доброзичливою, але незабаром їй набридло, що Бернадет розповідає їй, як готувати улюблену їжу Річарда і утримувати будинок так, щоб йому подобалось. Бернадет знаходила помилки майже у всьому, що робила Діана. Незабаром, коли Річарда не було поруч, Бернадет почала відкрито її ображати, але все заперечувала, коли Діана підіймала це питання з Річардом, і звинувачувала її у спробі посіяти розбрат між чоловіком та його матір'ю. Діана почала уникати свою свекруху, але натомість Бернадет телефонувала щовечора і вела із сином нескінченні розмови. Вона запитувала, коли він приїде «додому», щоб пофарбувати будинок, підстригти садок, полагодити кран, що протікає, поговорити про якусь проблему або повезти її по крамницях. Її прохання здавалися нескінченними. Тепер Річард був у її розпорядженні, незалежно від потреб Діани. Бернадет фактично замінила чоловіка сином.

> **Скільки свекрух потрібно, щоб замінити лампочку? Одна. Вона просто тримає її та чекає, коли світ обернеться навколо неї.**

Через два роки Діана народила сина Тревіса. Дуже скоро Бернадет фізично повернулась у життя Діани, щодня допомагаючи з дитиною. Бернадет все знала і взяла все під свій контроль. Замість навчити Діану тонкощам материнства, вона постійно її критикувала. Бернадет стала одержимою Тревісом, хапаючи його на руки й тримаючи щохвилини, коли вони були разом. Діана почала почуватися зайвою. Бернадет забирала від неї її дитину, і Діані здавалося, що дитина любить Бернадет більше, ніж її. Діана почувалась загнаною в глухий кут і нещасною.

Бернадет, яка завжди приходила без запрошення та попередження, регулярно критикувала та ображала Діану.

Діана раз за разом намагалася обговорити ці проблеми з Річардом, але він вважав, що дружина просто ревнує, а його мати тільки намагається допомогти. Він також був упевнений, що це його обов'язок — задовольняти потреби матері. Річард думав, що Діана егоїстична, ревнива та незріла.

Врешті-решт Діана втомилася від суперечок і замовкла.

Точка зору Річарда

Річард сумував за батьком після розлучення, але вдома, безсумнівно, стало спокійніше. Його мати завжди казала йому, що його батько ні на що не здатен і що тепер він вдома за чоловіка. Мати доглядала за ним з турботою та ласкою, готувала його улюблені страви, застеляла його ліжко, прибирала за ним і ніколи не дозволяла йому вдягати той самий предмет одягу два рази поспіль, не виправши і не випрасувавши його.

Вона ніколи його не критикувала; насправді вона вважала, що він робить усе абсолютно правильно. Єдиною проблемою Річарда було те, що коли він приводив додому дівчину, їхні стосунки незабаром охолоджувались після зустрічі з матір'ю. Але, зустрівши Діану, він зрозумів, що закохався. Він вирішив якнайдовше тримати Діану подалі від матері.

Після того як Річард і Діана одружилися, Бернадет завжди була поруч, допомагала, але Діана, здавалося, так сильно ревнувала його до матері, що його мати перестала до них навідуватись. Натомість він бачився з нею по вихідних, коли допомагав їй у будинку. Однак у нього була одна проблема з матір'ю. Вона дзвонила йому щовечора і нескінченно розмовляла по телефону саме тоді, коли він хотів відпочити. Але потім він подумав, що його мати, мабуть, почувається так самотньо, живучи сама, що він несе за неї відповідальність.

У чому різниця між свекрухою та злочинцем? Злочинець розшукується.

Коли народився Тревіс, Бернадет першою прийшла на допомогу, завжди була поруч, прала дитячий одяг та доглядала за Тревісом. Виховання дитини було в новинку для Діани. Поради його матері були безцінними. Але, здавалось, що Діані зовсім не потрібні були ці поради. Вона стала одержимою Тревісом і завжди сперечалася з Бернадет та безкінечно скаржилася Річарду на його матір. Він любив Діану, але вона зводила його з розуму своїми емоційними спалахами. Маючи типовий чоловічий мозок, який налаштований на розв'язання проблем, Річард вважав, що він не повинен важко працювати весь день, щоб потім, прийшовши додому вирішувати суперечки між дружиною та матір'ю. Він почав думати, що життя було б менш складним, якби він знову був одиноким.

Щоб мирно співіснувати, свекруха та невістка повинні укласти союз. Жінки робили це природним чином для виживання в печері і мають так робити і зараз для виживання в сучасному світі, для життя без стресу і для того, щоб не втягувати чоловіків у проблеми. Жінки повинні залагоджувати ці стосунки між собою, без залучення своїх чоловіків/синів. Насправді чоловікам може навіть подобатись увага двох жінок, які воюють за них, і поки це триває, це живить їхнє его. Дружина має бути досить розумною, щоб взяти ситуацію під контроль і зробити так, щоб цю проблему було розв'язано винятково між нею та її свекрухою. Якщо це спрацює, то ситуація буде виграшною для них обох. Останнє, що потрібно жінці, — це щоб свекруха поскаржилась на неї її чоловікові; їй насправді потрібен друг, а не ворог.

Такі драми не рідкість. Вони розігруються в сім'ях по всьому світу. В деяких країнах ці проблеми гірші, ніж в інших. У Росії, де молоді подружні пари живуть з батьками через те, що не можуть дозволити своє власне житло, виникла сильна культура ненависті до свекрухи. В Іспанії існує захворювання, відоме як суегрітіс — хвороба, яку, як кажуть, викликає свекруха. А іграшкові дудки там називаються «матасуеграс», що перекладається як «убий свекруху». В столиці Індії Делі у в'язниці є окреме крило спеціально для свекрух, заарештованих за те, що вимагали від своїх невісток непомірний посаг та руйнували шлюби. Воно постійно переповнене.

В Іспанії та Італії можна подати позов про відшкодування свекрухою збитку за зруйнований шлюб. У місті Лутц (штат Флорида) дружина, яка вже не могла витримувати свого чоловіка, що захищав свою матір, накачала його наркотиками і витатуювала йому на щоці обличчя його сварливої матері. Чоловік покинув її та подав на розлучення, а потім — позов до суду про відшкодування збитків.

В Австралії фармацевтка сказала одній жінці, що світлини її свекрухи не вважаються достатньою підставою для продажу миш'яку.

Велика частка жартів припадає на єврейських свекрух. В американському документальному фільмі «Мамадрама» їх обійми описуються як «люблячі настільки, наскільки можуть бути люблячими обійми ведмедя; вони задавлять вас до смерті».

> **Яка різниця між ротвейлером і тещею?**
> **Ротвейлер врешті-решт відпускає хватку.**

Проблема свекруха/невістка може існувати із самого початку, і часом ця ворожість буває абсолютно неприхованою. Коли Сильвестр Сталлоне заявив, що збирається одружитися зі своєю вагітною подругою Дженніфер Флавін, його мати сказала світові: «Він не повинен йти до олтаря з цією дівчиною. Дженніфер закохана, це чудово, але вона закохана в ідею бути знаменитою. Я думаю, що в неї поганий характер». Коли вона одного разу заявила: «На мою думку, жодна жінка недостатньо хороша для Сильвестра. Я ляжу і помру за нього», це мало стати попередженням.

Однак у багатьох випадках, коли троє задіяних осіб намагаються знайти прийнятне рішення та досягти згоди, це не спрацьовує. Якщо проблеми виникають на ранніх етапах стосунків, то невістка силою обставин повинна стати тією, хто намагається побудувати мости. Вона повинна усвідомити, що час між залицянням та шлюбом обмежений, і якщо вся її увага зосереджувалася на її основних стосунках і вона взагалі не інвестувала час у відносини зі своєю потенційною свекрухою, її дивіденди будуть негативними. Молода жінка повинна спробувати провести деякий час зі свекрухою наодинці, щоб та сприймала її як особистість саму по собі, а не просто як дружину її сина. Посилюйте ці відносини, поки ще вони стосуються двох людей, і вони спричинятимуть менше проблем, коли кількість залучених людей зросте.

Якщо ж проблемам дозволили вкоренитись, то згодом у шлюбі буде дуже важко дійти згоди між трьома людьми, у кожного з яких є свої програми та пріоритети. Одна зі сторін навряд чи погодиться на те, що вона сприйматиме як союз між двома іншими. Тому на цьому етапі проблему мають розв'язати дві найбільш постраждалі сторони — син і невістка.

Ось питання, на які їм потрібно насамперед відповісти:

- Чи визнають обоє існування проблеми?
- Чи хочуть вони щасливого, сповненого кохання і довгого життя разом?
- Чи хочуть вони розв'язати проблему?

Якщо відповідь на будь-яке із цих питань буде заперечною, рекомендуємо звернутися за консультацією до спеціаліста з питань сім'ї та шлюбу. Якщо відповідь ствердна, чоловік і дружина повинні сісти і викласти на папері, що саме вони вважають проблемою.

Так, у наведеному прикладі Діана могла написати:

- Бернадет приходить без попередження, а це означає, що у нас немає особистого життя і наші плани постійно зриваються.
- Бернадет телефонує щовечора саме в той час, коли ми намагаємося насолоджуватися тихим сімейним дозвіллям.
- Бернадет вимагає від Річарда занадто багато уваги, тому він не проводить достатньо часу з родиною.
- Бернадет галаслива. Вона хоче все знати і брати участь у всіх наших заходах.
- Бернадет завжди критикує і не поважає мої права, вона домінує, очікуючи, що Річард підкориться їй, як дитина.

Річард, з іншого боку, міг написати:

- Моя мати самотня, і ми повинні її втішати, але Діані на це наплювати.

- У моєї матері немає чоловіка, який доглядав би за будинком і виконував періодичну роботу, а Діана не розуміє, що як її син я мушу їй допомагати.

- Моя мати намагається допомогти Діані, але Діана відмовляється ділитися Тревісом або приймати цінні поради щодо виховання дітей.

- Мама змушує мене почуватися винним, коли я не виконую її прохання.

- Я не розумію, чому всі весь час гніваються, коли все, чого я хочу, — це з усіма поладнати.

Отже, в Діани та Річарда є проблема. В Бернадет проблем немає. Їй було дозволено зберегти свій контроль над Річардом, а через нього вона контролює і Діану, і Тревіса. Річард так і не розірвав пуповину між собою та матір'ю. Насправді, він досі не покинув свою домівку, досі не змужнів.

> **Найкращий час для того, щоб перерізати пуповину, — при народженні.**

Діана мимоволі також виявилась втягнутою в цю ситуацію. Вона стала творцем своєї власної біди. Вона не встановила обмежень для Бернадет, коли вперше побачила, що виникають проблеми. По суті, вона дозволила Бернадет безперешкодно діяти так, як вона хоче, в її шлюбі та сім'ї.

Встановлення меж

Встановлення меж означає вироблення основних правил та окреслення ліній, які інших просять не перетинати.

Річард і Діана не встановили межі одразу після одруження. Це дуже проста пастка, в яку втрапляють молоді подружжя. Вони недосвідчені й зазвичай живуть у межах інших людей. Вони невпевнені у власних силах і зазвичай вважають, що інші члени сім'ї лише намагаються допомогти їм своїми порадами.

Встановлення меж та вміння наполягати на своєму — це два життєві уроки, які мають засвоїти молоді подружжя. Коли межі встановлені, усі знають, як далеко вони можуть зайти. Вони знають, що якщо вони вийдуть за межі, то накличуть неприємності. У своєму шлюбі Діана та Річард мали межі — лінії, які не міг перетинати жоден із них, то чому б їм було також не встановити межі для Бернадет?

Діана стверджує, що Бернадет заходить без запрошення та без попередження. Тож Бернадет потрібно навчити не перетинати межу приватності. Їй треба сказати, що було б бажано дзвонити, перш ніж вона приїде. Слід пояснити, що Діані та Річарду потрібен час на себе, щоб відпочити чи разом попрацювати над проектами, і що прихід Бернадет без попередження є недоречним. Зрозуміло, що Бернадет почуватиметься ображеною та знехтуваною, але це її проблема. Необхідно зазначити, що вони не люблять її менше, але це — межі. Врешті-решт, Бернадет змириться з цим і пристосується.

Проблема Бернадет, яка хоче, щоб Річард допомагав їй у будинку, також є проблемою з межами. Річард зобов'язаний їй допомагати, але він повинен узгодити свої наміри з Діаною. Ці троє мають поговорити про це в той час, коли їхні емоції не надто сильні. Можливо, хорошою ідеєю буде знайти «чоловіка на годину» в цьому районі та дати Бернадет номер його телефона. Річард і Діана навіть могли б запропонувати сплатити за його послуги за рік як об'єднаний подарунок на день народження та на Різдво. Діана могла б запропонувати допомогти Бернадет відчути себе частиною родини.

> **Ми зі свекрухою щасливо жили 20 років. А потім ми познайомилися.**

Щодо виховання Тревіса, то Бернадет знову переступила невстановлену межу. Проблема стане значно меншою, коли її відвідини відбуватимуться лише за попередньою домовленістю. Діана повинна бути наполегливою. Їй потрібно подякувати Бернадет за її стурбованість, але зазначити, що вони з Річардом домовилися про програму розвитку для Тревіса і мають намір її дотримуватись.

Річард повинен обмежити тривалість телефонних дзвінків своєї матері певним часом, погодженим з Діаною, — скажімо, десятьма хвилинами. Також Річард має сказати матері, що у нього є справи, і попрощатися.

І, що найголовніше, йому потрібно допомогти матері знайти власні інтереси, які не обмежувалися б його сім'єю. Можна порадити їй зайнятися боулінгом на траві, вступити в книжковий клуб, стати добровольцем у лікарні або членом клубу пенсіонерів, записатись на якісь курси чи допомагати в такій організації, як доставка гарячих обідів пенсіонерам та інвалідам. І Річард, і Діана мають заохочувати її більше виходити на вулицю і бути готовими емоційно підтримувати її на цьому етапі. Вони також повинні виявляти справжню зацікавленість її «новим» життям, поки воно не здобуде свій власний імпульс.

> **Якщо ви зможете переконати свекруху ходити по 10 миль на день, то всього через тиждень вона буде від вас за 70 миль.**

Кожну з проблем Діани можна розв'язати, встановивши межі та наполягаючи на їх дотриманні. Це нелегко. Спочатку Бернадет засмутиться і, ймовірно, опиратиметься, намагаючись викликати в них почуття провини та вдаючись до емоційного шантажу, говорячи щось таке:

«Після всього, що я для вас зробила!»

«А до кого ще я повинна звернутися?»

«Ти більше про мене не дбаєш».

«Коли я помру, ви ще пошкодуєте».

«Ти такий самий егоїст, як і твій батько».

«Зараз я почуваюсь такою самотньою».

Однак така тактика спрацює лише в тому разі, якщо ви самі це дозволите. Ви знаєте, що маєте право робити те, що робите, ви детально це обговорювали, ви вивчили всі можливі відповіді й готові з ними впоратися. Люди можуть успішно змусити вас почуватися винними, лише якщо ви самі погодитесь визнати провину.

> **Свекруха — це мати ідеального сина, якому не пощастило з дружиною.**

Наступним етапом у реакції Бернадет може стати відмова в допомозі, тобто у нагляді за онуком. Вона навіть може загрожувати позбавити сина спадку. Таких реакцій слід очікувати, але якщо Річард і Діана хочуть жити самостійним, зрілим і щасливим життям, вони мають відстоювати свої права. Діана та Річард не повинні намагатися пояснювати чи обґрунтовувати свої рішення; вони мусять просто заявити, що це курс, який вони обрали.

Упродовж цього процесу їм треба залишатися турботливими та підтримувати Бернадет. У них може виникнути спокуса позбутися її, особливо якщо її реакція буде більш неприйнятною, ніж вони очікували, але цього не слід робити. Їм потрібно постійно інформувати її про успіхи в сім'ї, але все-таки заохочувати її жити власним життям. Якщо вони підійдуть до встановлення кордонів із Бернадет зі співпереживанням та любов'ю, то, зрештою, між ними встановляться міцні дорослі та приємні стосунки.

І, врешті-решт, якщо всі ці зусилля не дадуть змоги розв'язати проблему, переїжджайте до іншого міста.

РОЗДІЛ 7

СЕКРЕТНИЙ ЖІНОЧИЙ СПОСІБ ВИКОРИСТАННЯ СЛІВ

**Коли жінка намагалась з ним поговорити,
Тревор просто ховав голову**

Археолог проводив розкопки в якомусь старовинному місці, коли раптом натрапив на стару запилену лампу. Коли він протирав її від пилу, з неї вискочив джин.

– Ти звільнив мене! – вигукнув він. – Я виконаю будь-яке твоє бажання.

Археолог на мить задумався, а потім сказав:

– Я хочу, щоб між Англією і Францією був міст зі швидкісним шосе!

Джин закотив очі і пробурмотів:

– Послухай-но, я щойно звільнився з цієї лампи, там було тісно, і я втомився. Ти взагалі уявляєш, скільки кілометрів між Англією та Францією? Це неможливо з інженерного погляду! Задумай інше бажання!

Чоловік трохи поміркував, а потім промовив:

– Я б хотів знати, як спілкуватися з жінками.

Джин зблід і запитав:

– Одна смуга чи дві?

Якщо ви чоловік, ви маєте прочитати цей один із найважливіших розділів цієї книги. Найімовірніше, ви скептично поставитесь до деяких речей, про які ви в ньому дізнаєтесь, тому ми пропонуємо вам попросити підтвердити кожен пункт будь-яку знайому вам жінку.

Понад десятиліття ми збирали та записували відповіді під час опитування про те, як спілкуються чоловіки та жінки, і ми зверталися до наукових даних про поведінку людини, щоб пояснити їх відмінності. Що більш важливо, ми розробили стратегії подолання цих відмінностей.

Ми досліджували чоловіків багатьох національностей та рас. Як результат, ми вперше змогли розкрити цікаву логіку, що криється за п'ятьма найбільш частими запитаннями чоловіків про те, як спілкуються жінки. Для багатьох чоловіків ці розгадки виявились джерелом веселощів та сум'яття, але ті, хто ними володіє, виходять на новий рівень стосунків з протилежною статтю. Ось ці запитання.

1. Чому жінки так багато говорять?
2. Чому жінки завжди хочуть обговорювати проблеми?
3. Чому жінки перебільшують?
4. Чому жінки ніколи не переходять до суті справи?
5. Чому жінки хочуть знати всі дрібниці?

1. ЧОМУ ЖІНКИ ТАК БАГАТО ГОВОРЯТЬ?

Неймовірна здатність жінок до балачок — це одна з найскладніших для розуміння більшості чоловіків концепцій. У книзі «Чому чоловіки не слухають, а жінки не вміють читати мапи» ми детально висвітлювали це явище, тож тут наведемо короткий підсумок.

Жінки еволюціонували в групі з іншими жінками та дітьми, і всі вони були поруч з печерою. Можливість зав'язувати та будувати тісні стосунки була першочерговою для виживання кожної жінки. Чоловіки еволюціонували мовчки, сидячи на пагорбі та виглядаючи рухому ціль. Коли жінки займалися разом будь-якою діяльністю, вони постійно розмовляли, налагоджуючи в такий спосіб зв'язок. Коли чоловіки полювали чи рибалили, ніхто не розмовляв, боячись сполохати здобич. Коли сучасний чоловік рибалить чи полює, він все ще мало говорить. Коли сучасні жінки ідуть займатися збиральництвом (за покупками), вони все ще постійно балакають. Жінкам не потрібна причина для розмови та не потрібна кінцева мета. Вони розмовляють, щоб встановити зв'язок одна з одною.

Ось МРТ сканування мозку чоловіків і жінок під час розмови одне з одним. Темні ділянки — це активні частини мозку.

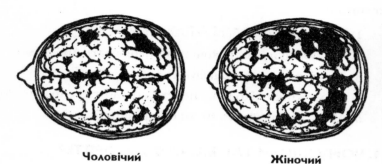

Чоловічий   **Жіночий**

Мовні та мовленнєві ділянки мозку (Інститут психіатрії, Лондон, 2001)

Ці скани мозку показують, як активно використовується мозок жінки при мові та мовленні. У книжці «Чому чоловіки не слухають, а жінки не вміють читати мапи» ми продемонстрували, що жіночий мозок без особливих зусиль може видавати 6000–8000 вимовлених слів на день. Порівняйте це з максимальними 2000–4000 словами на день у чоловіків, і зможете зрозуміти, чому схильність жінок до розмов спричиняє стільки проблем для пар. Чоловік, який працює, може використати добову норму своїх слів до середини дня, а потім приїхати додому до жінки, у якої ще може залишитися 4000–5000 слів! Дві жінки можуть провести цілий день разом, а потім легко проговорити ще годину по телефону. Реакція чоловіка на це: «Чому ти не сказала їй це все, коли ви бачились?»

«Сподіваюсь, я не забагато розмовляю!»

Помітні гендерні відмінності в частоті виникнення певних мовленнєвих проблем значною мірою пояснюються тим, що мозок не має сильних мовних та мовленнєвих навичок: чоловіки заїкаються в три-чотири рази частіше за жінок і в 10 разів частіше мають важку дислексію.

Чоловічий мозок налаштований на розв'язання проблем і постійне вигадування рішень. Чоловіки використовують мову та мовлення для передачі фактів і даних. Більшість чоловіків будуть «говорити лише тоді, коли їм є що сказати», тобто коли вони хочуть повідомити факти, дані чи рішення. Це створює серйозні проблеми при спілкуванні з жінками, оскільки жіноча «розмова» зовсім інша. Жіноча «розмова» використовується як форма винагороди та зв'язку з іншою людиною. Простіше кажучи, якщо вона вам подобається або любить вас, якщо вона погоджується з тим, що ви говорите, або хоче, щоб ви відчували її схвалення та свою значущість, вона говоритиме з вами; якщо вона вас не любить, вона не буде говорити.

> **Чоловічий мозок орієнтований на рішення.**
> **Жіночий мозок орієнтований на процес.**

Один чоловік розмовлятиме з іншим чоловіком про свої особисті проблеми лише тоді, коли знатиме, що той може запропонувати йому якесь рішення. Як ми пояснювали раніше, чоловік, до якого звертаються по допомогу, матиме за честь те, що його думкою цікавляться, і запропонує рішення. Водночас, коли розмовляє жінка, вона здебільшого робить це для налагодження зв'язку з іншою людиною, і їй не потрібні ніякі рішення. На жаль, чоловік думає, що жінка обговорює з ним свої проблеми, тому що не знає, як з ними боротися, тож він постійно перебиває її, пропонуючи варіанти їх розв'язання. Тож не дивно, що жінка потім скаржиться, що чоловік постійно її перебиває і не дає можливості висловити свою думку. З погляду жінки, його постійні пропозиції рішень створюють враження, ніби він завжди хоче мати рацію, а вона завжди помиляється. З іншого боку, якщо жінка ділиться з кимось своїми емоціями чи проблемами, вона в такий спосіб демонструє свою довіру цій людині, адже вона ділиться з нею конфіденційною інформацією.

> **Коли жінка ділиться з вами особистою конфіденційною**
> **інформацією, вона не скаржиться — вона вам довіряє.**

Вірне і зворотне — якщо якась людина не подобається жінці, або вона її не любить, якщо жінка не погоджується з тим, що ця людина каже, або якщо вона хоче покарати людину, вона перестане з нею говорити. Мовчання використовується як форма покарання і є ефективною тактикою при застосуванні до інших жінок. Однак ця тактика не працює на чоловіках — чоловіки сприймають ці «спокій та тишу» за бонус. Тож коли жінка загрожує: «Я більше ніколи з тобою не розмовлятиму!», це треба сприймати серйозно — але не буквально.

> **Жінки використовують тишу, щоб покарати чоловіків. Але чоловіки люблять тишу.**

Якщо жінка хоче покарати чоловіка, то найпростіший спосіб це зробити — говорити з ним безперервно і постійно змінювати тему.

Рішення для чоловіків

Зрозумійте, що головна мета жіночої розмови — це розмова. Її мета — покращити своє самопочуття, розповівши про свій день та встановивши з вами зв'язок, рішення їй не потрібні. Все, що вам потрібно зробити, — це слухати і заохочувати її. Зміст ваших слів неважливий, важлива саме ваша участь.

Рішення для жінок

Домовтеся з чоловіком про час, коли ви зможете поговорити з ним, і поясніть йому, що ви просто хочете, щоб він слухав, не пропонуючи рішень. Не влаштовуйте чоловікові бойкот, адже ви тільки ще більше засмутитесь, бо він навіть не помітить, що ви з ним не розмовляєте. Він навпаки насолоджуватиметься цим тихим часом, тому що зможе розслабитись. Якщо у вас із ним існують якісь проблеми, говоріть про це прямо.

2. ЧОМУ ЖІНКИ ЗАВЖДИ ХОЧУТЬ ОБГОВОРЮВАТИ ПРОБЛЕМИ?

Жінки живуть, у середньому, на сім років довше, ніж чоловіки, головним чином через кращу здатність долати стрес. Коли чоловік хоче забути про важкий день, він може це зробити, відволікаючись на щось інше. Його однозадачний мозок дозволяє йому зосередитись на новинах, телебаченні, поливанні саду, серфінгу в інтернеті чи побудові модельного корабля — у такий спосіб чоловік ізолює себе від проблеми. Зосереджуючись за раз на одній речі, яка не є його проблемою, він може про неї забути. Коли чоловік відчуває стрес і не може зайняти себе чимось іншим, він припиняє спілкування і сидить один на своїй скелі, намагаючись знайти рішення для своєї проблеми. Небезпека полягає в тому, що стрес має здатність накопичуватися та спричиняти такі стресові стани, як діарея, закреп, виразка шлунка або інфаркт — на щастя, не всі одночасно. Жінки дають раду стресу, говорячи про свою проблему знову й знову, розглядаючи її з різних боків та під різними кутами, не доходячи жодних висновків. Обговорюючи свої проблеми, вони знімають напруження. Якби так робив чоловік, інші чоловіки вирішили б, що він неспроможний самостійно знайти рішення... яке вони негайно запропонують.

Розгляд конкретного випадку: Ліза, Джо та опівнічна сварка

Коли Ліза і Джо почали жити разом, вони багато сперечалися. Часто їхні сварки затягувались далеко за північ. Проблема полягала в тому, що Ліза вважала, що пара ніколи не повинна лягати спати посвареними. Вони мають поцілуватися й помиритися, перш ніж піти до ліжка. Тож вона говорила, говорила і говорила про проблему, через яку вони сперечалися, — поки це все не переростало в нову суперечку. Джо вже ледве це витримував. Він волів би посваритись, лягти спати і забути про це.

Ліза хотіла знизити свій рівень стресу і прагнула, щоб вони ухвалили рішення, яке задовольняло б їх обох; Джо думав, що вони просто знову й знову говорять про те саме. Наприкінці дня йому зовсім не хотілось розмовляти, тому він із задоволенням залишив би все як є.

> **Ми з чоловіком вирішили ніколи не лягати спати, не вирішивши суперечку. Одного разу ми не спали півроку.**
>
> Філліс Діллер

Для чоловіків залишається загадкою, чому жінкам так важливо обговорити суперечку, особливо пізно вночі. Однак жіночий мозок — це комунікаційний комп'ютер, який базується на процесах. Жінки люблять обговорювати кожен аспект своїх дій та своїх почуттів. Чоловіків така перспектива відштовхує. Чоловіки воліють посваритись, а потім забути. Чоловікам подобається піти на свою скелю та подумати про щось інше.

> **Існує два способи вести суперечку з жінкою. Жоден із них не працює.**
>
> Родні Денджерфілд

Жінки хочуть укласти мир і згладити будь-які незгоди. Вони вірять, що після розмови всі почуватимуться краще. Чоловіки вважають, що розмова, навпаки, може лише сильно все погіршити.

Рішення

Коли жінка говорить про проблему, навіть якщо вам зда-
ється, що в цьому немає ніякого сенсу, просто пам'ятайте:
для того, щоб вона почувалася краще, їй треба виговори-
тися. Слухайте співчутливо і скажіть їй, що ви завжди тут,
щоб вислухати, коли ви будете їй потрібні. Це набагато
простіше, ніж намагатися виправити неіснуючі пробле-
ми, а також принесе вам більше балів.

> **Що чоловікам треба знати про жінок, правило № 105:**
> **Усе, що жінка сказала шість-вісім місяців тому, не може**
> **бути використане в поточній сварці.**

Якщо ви не можете негайно відповісти, обережно
запитайте жінку, чи не могла б вона залишити цю тему,
і повернутися до неї іншого дня, коли запал супереч-
ки стухне. Скажіть: «Вибач, люба, але наразі я не можу
розв'язати цю проблему. Чи можемо ми поговорити про
це завтра/у вихідні/наступного тижня, щоб у мене був
час про це подумати?» Цей підхід спрацьовує набагато
частіше, ніж якщо ви взагалі нічого не скажете і сподіва-
тиметесь, що у жінки просто закінчаться слова. Вони не
закінчаться.

3. ЧОМУ ЖІНКИ ПЕРЕБІЛЬШУЮТЬ?

І чоловіки, і жінки однаково перебільшують. Різни-
ця полягає в тому, що чоловіки перебільшують факти
й дані, тоді як жінки перебільшують емоції та почуття.
Чоловік може перебільшувати важливість своєї роботи,
розмір свого доходу або риби, яку він виловив, робочі
характеристики свого автомобіля або кількість гарних
жінок, з якими він зустрічається. Жінки перебільшують

почуття — свої та інших — щодо особистого питання чи стосовно того, що хтось сказав. Жіночий мозок зосереджений на людях, і жінки фантазують про життя та стосунки набагато більше, ніж чоловіки, а перебільшення цих речей робить розмову ще цікавішою.

> **Перебільшення робить розмови про стосунки набагато цікавішими та захопливішими.**

Те, що жінки вдаються до перебільшення у словах та емоціях, є звичним і цілком прийнятним явищем для інших жінок, коли вони розмовляють між собою. Це частина соціального устрою жінок.

Більшість жінок люблять мріяти про гарного лицаря, який прискаче за ними на білому коні, незважаючи на те, що вони незмінно закохуються в рудоволосого, веснянкуватого комп'ютерного техніка з пивом, якого вони зустріли в готелі «Білий кінь» суботнього вечора.

> **Соціологічне дослідження підтвердило, що найзаповітніша мрія жінок — про двох чоловіків одночасно. У цій фантазії один чоловік готує, а інший прибирає.**

Ось кілька поширених прикладів жіночого перебільшення:

«Я тобі вже мільйон разів казала, щоб ти не кидав на підлогу свій мокрий рушник».

«Тобі завжди хочеться, щоб я і всі хатні справи поробила й за дітьми одночасно доглянула».

«Коли я побачила її в цій сукні, я думала, що помру!»

«Ти щоразу так чиниш зі мною».

«Ніколи більше не буду з тобою говорити!»

Така схильність до перебільшення може викликати розчарування у чоловіка, оскільки його мозок покладається на факти й дані, і він розшифровує слова буквально. Наприклад, якщо він у чомусь не погодився з нею в присутності друзів, то пізніше вона може сказати: «Ти **завжди** принижуєш мене і **ніколи** не дозволяєш мені мати власну думку! Ти **весь час** так робиш!» Він, безумовно, сприймає це буквально і стверджує, що *не* робить так *кожного разу*, наводячи приклади на свій захист. «Це неправда! — протестує він. — Минулого вечора я так не робив, і взагалі не робив цього кілька місяців!» Вона нехтує його відповіддю і згадує ситуації, місця й дати, коли він вчинив те саме правопорушення. Він відступає, почуваючись ображеним та обуреним. Але незалежно від того, вчинив він той проступок чи ні, це не має значення. Усе, що вона від нього хотіла, — це щоб він продемонстрував перед їхніми друзями, що він дбає про неї. Вона перебільшувала свої емоції, а він заперечував те, що він вважав фактами й даними.

> **Сьогодні я готова зустрітися з мільйоном чоловіків — але з кожним по черзі.**
>
> *Мей Вест*

Незважаючи на здібності жінок до ведення розмов, коли справа стосується комунікації, вони також використовують під час передачі та отримання інформації мову тіла. Мова тіла розкриває емоційний стан жінки і передає 60–80% змісту більшості жіночих розмов. З погляду чоловіків, жінки часто розмахують руками і використовують під час розмови широкий спектр міміки та жестів, навіть говорячи по телефону. Тон голосу також передає, що жінка має на увазі, і в спілкуванні вони використовують діапазон із п'яти тонів, з яких чоловіки можуть ідентифікувати тільки три. Слова становлять лише від 7 до 10% її повідомлення. Отже, слова не є важливими для жіночої розмови, оскільки більшість змісту жінки передають невербально. Для жінок цілком нормально використовувати слова, які навіть не відповідають змісту розмови. Для жінки значення мають емоції та почуття, а мова тіла й тон є основними каналами передачі інформації під час спілкування.

Як жінка може себе обманювати

Коли жінка прокручує у своїй голові якийсь сценарій, їй може здатися, що її спогад справжній. Лист Джессіки є прикладом того, як це відбувається:

«Ми з Люком вирішили зустрітися в нашому улюбленому ресторані, щоб повечеряти, в суботу близько шостої вечора.

Люк того дня ходив на футбол зі своїми друзями, а я чудово розважилася з подругами, з якими я нечасто бачусь відтоді, як ми з Люком стали парою. Ми витратили цілий день на покупки, пообідали та випили кави й обговорили кожну дрібницю.

Час сплинув так непомітно, що я вже трохи запізнювалась до ресторану. Я знала, що це буде романтична вечеря; я відчувала збудження і з нетерпінням чекала, коли вже нарешті побачу Люка.

Коли я приїхала, він просто сидів там і дивився у вікно. Перепросивши за своє запізнення, я розповіла Люку, як прекрасно провела день з дівчатами, і показала йому, що купила. Я подарувала йому особливий подарунок — гарний набір золотих запонок, які пасували до його смокінга.

Пробурмотівши слова подяки, він мовчки поклав їх у кишеню й поготів.

У нього був дивний настрій, тому я вирішила, що він хоче покарати мене за моє запізнення мовчанням чи роздути з цього цілу історію. Бесіда за вечерею була вимученою і не дуже цікавою. Здавалося, він перебував десь далеко, за мільйон миль. Ми вирішили попити каву вдома.

Поїздка на машині додому була мовчазною, і тепер я знала, що у нас серйозна проблема. Я сиділа там, морочачись і намагаючись збагнути, що це може бути, але вирішила почекати, поки ми повернемось додому, щоб порушити це питання. У мене були деякі підозри, але я поки не хотіла нічого говорити.

Коли ми повернулися додому, Люк одразу пішов у вітальню, увімкнув телевізор і мовчки його дивився. Його погляд, здавалося, говорив, що між нами все скінчилось. Я почала усвідомлювати, що те, про що я вже давно підозрювала, було правдою — у нього з'явилась інша жінка, він думає про неї і не хоче говорити, щоб не завдати мені болю. Стало також зрозуміло, хто вона — це Деббі, та шльондра у міні-спідниці на його роботі! Я бачила, як вона вихляє стегнами, коли проходить повз нього, і він, мабуть, вважає мене за ідіотку, яка не помічає, як він дивиться на неї та посміхається їй цією тупою посмішкою. Вони, мабуть, думають, що я сліпа! Отже, я посиділа там з ним у вітальні близько 15 хвилин, а тоді не витримала. Я пішла спати. Через десять хвилин Люк теж прийшов у ліжко, і я була здивована, коли він мене обійняв. Він не чинив опір моїм знакам уваги, і ми зайнялися коханням. Але потім він просто перевернувся на інший бік і заснув. Я так засмутилась і відчувала такий стрес, що до мене кілька годин не йшов сон, і я плакала, аж поки не заснула. Здавалося, наближається кінець наших стосунків.

Я пообіцяла собі, що завтра розберуся в цій ситуації й вимагатиму, щоб він сказав мені правду. Хто ця інша жінка? Він її любить чи це просто тимчасова інтрижка? Чому чоловіки не можуть бути правдивими? Я просто усвідомлюю, що більше не зможу так жити...»

Про що Люк справді думав тієї ночі:
«Англія програла. Але хоча б секс сьогодні був хороший...»

Рішення

Якщо ви чоловік, зрозумійте, що жінка схильна до емоційних перебільшень під час розмови, та не сприймайте її буквально. Ніколи не називайте її «королевою драми» і не виправляйте її перед іншими. Просто відступіть на крок назад і спробуйте прислухатися до її справжніх почуттів, не кажучи їй, що вона повинна думати чи говорити. Жінці ж слід усвідомлювати, що чоловіки сприймають речі буквально і вона повинна дотримуватися фактів і обмежувати своє прагнення перебільшувати — особливо в бізнесі, де це може спровокувати плутанину та вилитись у додаткові витрати.

4. ЧОМУ ЖІНКИ НІКОЛИ НЕ ПЕРЕХОДЯТЬ ДО СУТІ СПРАВИ?

На думку чоловіків, жінки часто говорять невизначено або ходять коло та навколо, замість одразу перейти до суті справи. Іноді чоловікові здається, що він повинен здогадуватися, чого вона хоче, або що вона очікує, що він прочитає її думки. Ця очевидна невизначеність відома як розмова натяками.

Цей лист від нашого читача демонструє, як при цьому почуваються чоловіки:

«Моя дружина звела розмову натяками до форми мистецтва. Вчора, наприклад, пораючись на кухні, вона сказала:

— На сьогоднішній службовій нараді моя начальниця говорила: «Не їж салямі».

— Що? — вигукнув я. — Що вона сказала про салямі?

— Не вона, а ти, — відповіла вона роздратованим тоном, — я не хочу, щоб ти їв салямі. Я її приберегла.

Я стояв там з тупим виразом обличчя, намагаючись знайти розшифровку нашої розмови в запиленій шафі у своїй голові, тоді як вона недбало продовжила розмову з того місця, на якому зупинилася, і розповіла, що насправді сказала її начальниця.

Вона робить це постійно. Мені потрібно вставляти закладки в потік її слів, щоб я міг визначити, яку нитку розмови вона зараз продовжує. Вона може з невимушеною легкістю розвивати одночасно чотири або п'ять різних тем, тоді як я ледве встигаю за нею. У її подруг, здається, не виникає жодних проблем з тим, щоб не втратити нитку розмови, але в мене та моїх двох синів мозок ламається. Як така розумна жінка може бути настільки розсіяною, коли розмовляє?

— Не хочеш сьогодні ввечері сходити в кіно? — поцікавилась вона.

Мені було приємно, що вона запитала, але я відмовився — у мене були справи в гаражі. Минула майже година, перш ніж я зрозумів, що вона зі мною не розмовляє. Я запитав, в чому проблема, а вона відповіла:

— Ні в чому, — але все ще продовжувала грати в мовчанку.

Коли я натиснув на неї, вона закричала з повними сліз очима:

— Ти ніколи не ходиш зі мною в кіно!

«Стривайте — я думав, що це вона мене запросила, а не я її!»

Сьогодні, коли я відніс у гараж прання, я сказав:

— Пізніше мені треба буде сходити в будівельний магазин.

Я займався своїми справами в гаражі приблизно 30 хвилин, за цей час завантажив пральну машину, перемістив кілька ящиків і прибрав на полицях. Подумки я склав список справ, які потрібно буде зробити пізніше, коли повернуся з будівельного магазину. Коли я знову зайшов до будинку, вона підняла голову від своєї роботи і запитала:

— Навіщо?

— Навіщо що? — перепитав я.

— Що тобі потрібно?

— Мені нічого не потрібно! Про що ми говоримо?

— Якщо тобі нічого не потрібно, навіщо ти збираєшся у будівельний магазин? — допитувалась вона, схрестивши руки в тій недвозначній позі «що-ти-намагаєшся-провернути», яка добре знайома більшості одружених чоловіків.

Гей, ця розмова відбулася вже дуже давно, і я вже завантажив у свій буфер розмов півдюжини інших речей, про які можна поговорити, а будівельний магазин, наскільки я можу судити, — це вже стара новина. Але, на думку моєї дружини, та розмова ще не була закінчена, тому вона тримає її на верхівці стосу і вважає, що і я також.

На той час, як ми вносимо ясність у ситуацію, вона уже переконана, що я не слухаю, а я наполовину переконаний, що вона має рацію. Я спробую розібратися в цьому пізніше, після того як з'їм свій бутерброд із салямі.

Розчарований Реймонд».

Коли жінка розмовляє, вона часто використовує натяки. Це означає, що вона натякає на те, чого вона хоче або має на увазі. Дружина Реймонда, крім того, була багатозадачною, тож він остаточно втратив нитку розмови.

Жінка розмовляє натяками з певною метою — вона налагоджує стосунки та взаєморозуміння з іншими, уникаючи агресії, конфліктів чи розбрату. З еволюційного погляду, завдяки розмові натяками жінки могли уникнути непорозумінь одна з одною та значно легше налагоджувати зв'язки, не виявляючи домінування чи агресію. Цей підхід ідеально вписується у загальний жіночий підхід до збереження гармонії.

Коли жінки розмовляють натяками з іншими жінками, це рідко приводить до виникнення проблем — жінки прекрасно вловлюють справжнє значення. Однак при застосуванні такого підходу до чоловіків наслідки можуть бути катастрофічними. Чоловіки використовують пряму мову, і тому сприймають слова буквально. Як ми вже говорили, чоловічий мозок еволюціонував як однозадачна машина через вимоги полювання. Відсутність у жіночих розмовах структури та мети розчаровує їх, і вони звинувачують жінок у тому, що ті самі не знають, про що говорять. Вони реагують, кажучи щось на кшталт: «У чому тут сенс?», «Про що взагалі ця розмова?» і «Що ти хочеш сказати?» Потім чоловіки продовжують розмовляти з жінкою так, ніби вона пацієнтка психіатричного закладу, або перебивають її, кажучи: «Ми говорили про це вже десять разів», «Скільки ще ми маємо про це говорити?» і «Ця розмова занадто складна і ні до чого не веде».

Розмова натяками в бізнесі

Коли жінка використовує розмову натяками в бізнесі, це може стати проблемою, оскільки чоловікам може бути складно слідувати розмові натяками відразу на кілька тем. Перш ніж чоловіки зможуть прийняти рішення, їм потрібно дати чіткі, логічні, організовані ідеї та інформацію. Ідеї та запити жінки можуть бути відхилені винятково через те, що її начальник-чоловік не тямить, чого вона насправді хотіла. Класичною жертвою такої ситуації стала Марі.

Після шести місяців перемовин Марі нарешті отримала шанс представити нову рекламну програму своєї компанії великому фінансовому клієнту. Аудиторія складалася з вісьмох чоловіків та чотирьох жінок, на кону були 200 000 доларів, і вона мала 30 хвилин, щоб продати свою історію. Вона знала, що у неї буде лише одна спроба. В той день Марі приїхала ідеально одягнена в пошитий на замовлення діловий костюм зі спідницею довжиною до колін, вона підняла догори волосся, нанесла легкий натуральний макіяж, і вона так прорепетирувала свою презентацію в PowerPoint, що змогла б провести її уві сні.

Однак, розпочавши свою презентацію, вона помітила нерозуміння з боку чоловіків. Марі відчувала їхнє критичне ставлення і, припускаючи, що вони втрачають інтерес, почала багатопланову демонстрацію своєї презентації, щоб спробувати стимулювати інтерес чоловіків, повертаючись до попередніх слайдів, говорячи натяками і намагаючись продемонструвати, як одне пов'язане з другим. Жінки заохочували її, посміхаючись, змінюючи вираз обличчя та видаючи вигуки на зразок: «А-а-а», «Так!» і «М-м-м-м» — і загалом виглядали зацікавленими. Марі зраділа такому зворотному зв'язку від жінок і почала розповідати свою історію винятково їм, ненавмисно ігноруючи чоловіків. Уся її презентація нагадувала жонглювання. Коли вона закінчила, то була переконана, що чудово справилась, і тому почала нетерпляче очікувати на відповідь компанії.

Ось розмова, що відбулася між чоловіками за кавою після того, як Марі пішла:

Директор з маркетингу: Хлопці, ви взагалі зрозуміли, про що, чорт забирай, вона говорила?
Виконавчий директор: Ні... я втратив суть розмови. Скажіть їй, щоб надіслала пропозицію у письмовій формі.

Марі зробила свою презентацію багатоплановою та використовувала розмову натяками з групою чоловіків, які й гадки не мали, про що вона говорить або як одне пов'язане з іншим. У той же час жінки були задоволені презентацією і брали активну участь, ставлячи питання, але жоден із чоловіків не захотів підняти руку і визнати, що він нічого не зрозумів. Жінці потрібно засвоїти, що якщо чоловік не второпав того, про що вона говорить, він часто буде робити вигляд, що йому все зрозуміло, щоб не виглядати дурнем.

> **Коли чоловік не може вловити суть ділової жіночої розмови, він часто робить вигляд, що йому все зрозуміло.**

Жінки часто очікують, що їхні чоловіки розуміють розмову натяками, розшифровують її та вловлюють її суть. Але чоловіки просто її не розуміють.

Незалежно від віку чоловіка, жінці все одно потрібно говорити прямо. Надайте йому розклади, порядок денний, відповіді на найважливіші питання та кінцеві строки. В бізнесі жінки повинні говорити з чоловіками без недомовок і пропонувати їм на розгляд одну тему за раз. Марі все ще чекає на відповідь...

Розмова натяками вдома

Коли жінка каже...	Вона насправді має на увазі...
Нам потрібно поговорити	Я засмучена, або у мене проблема
Нам потрібно	Я хочу
Мені шкода	Ти пошкодуєш
Це твоє рішення	Поки я згодна
Я не засмучена	Звичайно, я засмучена!
Тобі доведеться навчитися спілкуватись	Просто погоджуйся зі мною
Ти мене кохаєш?	Я хочу щось дороге
Сьогодні вночі ти був по-справжньому хорошим	Секс — це все, про що ти думаєш?
Як сильно ти мене кохаєш?	Я зробила те, що тобі не сподобається
Будь романтичним, вимкни світло	У мене гладкі стегна

Розгляд конкретного випадку: Барбара й Адам

Барбара збиралась на шопінг зі своїми подругами і хотіла, щоб її 16-річний син Адам прибрав на кухні.

— Адаме, будь ласка, ти не хотів би прибрати для мене на кухні? — попросила вона.

— А-а... так... — пробурмотів він у відповідь. Коли вона повернулася з зустрічі з подругами, кухня все ще виглядала так, ніби в ній вибухнула бомба. Насправді вона була у ще гіршому стані, ніж до того, як Барбара пішла. Барбара скипіла гнівом.

— Але я збирався зробити це перед тим, як піду гуляти сьогодні ввечері! — виправдовувався Адам.

Тут проблема полягала в Барбарі. Вона використовувала розмову натяками і припускала, що Адам зрозуміє, що коли вона повернеться додому зі своїми подругами, кухня має бути чистою. Вона запитала: «Ти не хотів би прибрати на кухні?» Жоден підліток не хотів би прибирати кухню, як і Адам. Прямий запит з визначеним кінцевим строком на кшталт: «Адаме, будь ласка, прибери на кухні, перш ніж я повернуся додому з шопінгу опівдні» забезпечив би більш успішний результат.

> **Хлопчики не «хотіли б» виконувати хатні справи — їм потрібно безпосередньо наказати їх виконати.**

Того вечора вона сказала Адамові: «Я хотіла б, щоб ти позаймався уроками ще годину, перш ніж лягати спати». Така розмова натяками може спрацювати з дівчатами, але з хлопцями вона не матиме успіху. Мозок хлопчика чує, що мати хотіла б, щоб він це зробив, але насправді йому цього не доручали, тому він цього не зробить. Якщо мати виявить, що син натомість слухає радіо чи дивиться телевізор, може статися сварка. Пряма інструкція з часовими рамками — ось єдиний реалістичний спосіб поводження з чоловіками.

«Адаме, я хочу, щоб ти позаймався уроками у своїй кімнаті протягом години, а я прийду і побажаю тобі добраніч, перш ніж лягати спати». Прямі вказівки залишають мало простору для непорозуміння, і чоловіки цінують, коли їм чітко кажуть, що треба зробити. Багатьом жінкам прямі вказівки здаються занадто агресивними чи конфліктними. При застосуванні до іншої жінки це було б правдою. Однак для чоловіків говорити прямо цілком нормально, оскільки саме так вони і спілкуються.

Рішення

Для жінок: жінки використовують натяки для зв'язку з іншими жінками. Прямо кажіть чоловікам, чого ви хочете. Спочатку це може здатися важким, але практика принесе бажані результати, і у вас буде менше непорозумінь з вашими чоловіками.

Для чоловіків: якщо жінка говорить і у вас виникають труднощі з розумінням суті, просто сидіть, слухайте та спостерігайте, не пропонуючи рішень. У крайньому разі встановіть часові обмеження — «Я хотів би подивитись новини о 19:00, люба, але до цього часу я весь у твоєму розпорядженні». Якщо ви це зробите, вона виговориться і почуватиметься щасливою і розслабленою, а вам і робити нічого не доведеться.

Один із наших читачів надіслав нам «Словник жіночих натяків», які застосовує його дружина під час їхніх регулярних суперечок.

«Добре». Жінка використовує це слово наприкінці будь-якої суперечки, коли вона вважає, що вона має рацію, але їй потрібно, щоб він заткнувся. Чоловік ніколи не повинен використовувати слово «добре», щоб описати, як виглядає жінка. Це може спричинити сварку, яка закінчиться тим, що жінка скаже: «Добре!»

«П'ять хвилин». Це приблизно півгодини. Еквівалентно п'яти хвилинам перегляду футбольної гри, після яких чоловік обіцяє винести сміття.

«Нічого». Це означає «щось». «Нічого» зазвичай використовується для опису почуттів жінки, коли їй здається, що вона хоче задушити чоловіка. «Нічого» часто означає початок сварки, яка триватиме «п'ять хвилин» і закінчиться словом «добре».

«Вперед» (з піднятими бровами). Це виклик, в результаті якого жінка засмутиться через «ніщо» і який закінчиться словом «добре».

«Вперед» (з нормальними бровами). Це означає «Я здаюсь» або «Роби що хочеш, мені все одно». Зазвичай через кілька хвилин ви почуєте «Вперед» (з піднятими бровами), а потім «Нічого» та «Добре», і вона знову розмовлятиме з вами через «п'ять хвилин», коли охолоне.

Гучне зітхання. Це означає, що вона вважає вас ідіотом і цікавиться, чому вона витрачає свій час, стоячи тут і сперечаючись із вами через «ніщо».

«О?» На початку речення «О» зазвичай означає, що вас спіймали на брехні. Наприклад, «О? Я говорила з твоїм братом про те, що ви робили минулої ночі» та «О? Я маю в це повірити?» Вона скаже вам, що в неї все «добре», коли вона викидатиме ваш одяг у вікно, але не намагайтеся брехати ще більше, щоб виплутатися з цього, інакше отримаєте «Вперед» (з піднятими бровами).

«Все гаразд». Це означає, що вона мусить добре і старанно подумати, перш ніж відплатити вам за все, що ви зробили. «Все гаразд» часто використовується разом із «Добре» і супроводжується «Вперед» (з піднятими бровами). У якусь мить найближчим часом, коли вона все задумає та спланує, на вас чекають великі неприємності.

«Зроби таку ласку». Це не заява, це запрошення до розмови. Жінка дає вам шанс придумати будь-які виправдання чи причини того, що ви зробили. Якщо ви не скажете правди, в кінці ви отримаєте «Все гаразд».

«Дійсно?» Вона не ставить під сумнів правдивість того, що ви говорите, вона просто каже вам, що не вірить жодному слову. Ви пропонуєте пояснити, та чуєте у відповідь: «Зроби таку ласку». Що більше ви вибачаєтесь, то більш голосним і саркастичним стає її «Дійсно», приправлене безліччю «О?», «піднятими бровами» і фінальним «гучним зітханням».

«Дуже дякую». Жінка скаже це тоді, коли ви її по-справжньому розлютили. Це означає, що ви завдали їй болю якимось безсердечним способом, і за цими словами слідує «гучне зітхання». Не запитуйте: «Що сталось?» після «гучного зітхання», оскільки вона скаже: «Нічого». Наступний раз, коли вона погодиться на близькість з вами, станеться «Колись».

5. ЧОМУ ЖІНКИ ХОЧУТЬ ЗНАТИ ВСІ ПОДРОБИЦІ?

Одного вечора Джош читав газету, коли задзвонив телефон. Він відповів, прослухав хвилин десять, час від часу щось бурмочучи, сказав: «Так — гаразд. Побачимося...» — потім повісив трубку і продовжив читати.

— Хто це був? — запитала його дружина Деббі.

— Роберт, мій старий шкільний приятель, — відповів Джош.

— Ви ж не бачилися з ним зі школи! Як він?

— У нього все добре.

— Отже... що він сказав? — запитала вона.

— Нічого особливого... у нього все добре... все чудово, — відповів Джош роздратованим тоном чоловіка, який намагається читати газету.

— Це все, що він мав сказати через 10 років? Що у нього все добре? — не вгавала Деббі.

Потім вона допитала його як досвідчений юрист, змушуючи повторювати розмову знову й знову, поки не отримала повної інформації. З погляду Джоша, розмова закінчилася і не потребувала подальших обговорень. Але Деббі хотіла знати кожну подробицю.

На думку Джоша, історія була простою — Роберт покинув школу у віці 15 років і працював хлопцем за викликом, щоб підтримати свою самотню матір, в якої стався нервовий зрив, коли вона дізналась, що її чоловік транссексуал і збирається втекти з її братом. Після того як вона вчинила самогубство, Роберт став наркоманом, намагаючись заглушити біль, а згодом влаштувався на роботу в московський цирк. У результаті нещасного випадку він втратив яєчка і після цього вступив до французького іноземного легіону. Пізніше він став місіонером в Афганістані, та його заарештували за проповідування християнства. Згодом він став рабом у талібів. Він врятувався однієї ночі, залізши непоміченим у цистерну каналізаційної вантажівки, і тепер повернувся в місто зі своєю новою дружиною, колишньою лесбійською повією, а тепер монахинею, яка хоче, щоб він переїхав до Африки, аби заснувати лепрозорій, що він і планує зробити зараз, коли його звільнили з в'язниці після того, як з нього було знято звинувачення у вбивстві. Він і його сім усиновлених бразильських дітей тепер стали вегетаріанцями та свідками Єгови, і він каже, що йому ніколи не жилося краще... у нього все добре.

Для Джоша все було однозначно. Суть полягала в тому, що в Роберта все було добре — Джош не бачив сенсу переживати всю цю історію. Але ні, Деббі мусила витягувати з нього кліщами кожну дрібницю...

Ця розмова висвітлює основну різницю між жіночим та чоловічим мозком. Для чоловіків деталі не мають значення. На думку жінки, якщо чоловік мало розмовляє, це означає, що він її не любить, оскільки слова використовуються для налагодження зв'язку. Чоловік думає, що жінка розмовляє занадто багато і намагається його допитати.

Жінки запрограмовані на пошук деталей

Як берегиня людського роду жінка повинна переконатися, що в неї є тісне коло друзів, які доглядатимуть за нею, якщо чоловіки не повернуться з полювання чи битви. Її група друзів була схожа на її страховий поліс. Її виживання залежало від її здатності налагоджувати зв'язки з іншими людьми в групі, а це означало знати кожну дрібницю про стан кожного члена групи та їхніх родин і активно цікавитись ними заради виживання в групі.

Коли після якогось громадського заходу між чоловіком і жінкою відбувається дискусія, жінка знає, чим займається кожен член її соціальної групи чи його сім'я, їхні мрії та цілі на рік, стан їхнього здоров'я та які між ними стосунки. Жінки також знають, куди збираються їхні подруги у відпустку та які успіхи в їхніх дітей у школі. Чоловіки дізнаються, які нові «чоловічі іграшки» придбали інші чоловіки, старанно оглянуть новий червоний спортивний автомобіль Боба, обговорять хороші місця для рибалки, вирішать, як перемогти тероризм та як Англія розгромить Німеччину в футболі... о, так... жарт про хлопця, який потрапив на безлюдний острів з Ель Макферсон. При цьому вони практично нічого не знають про особисте життя будь-кого з присутніх — жінки розповідають їм про це по дорозі додому.

Справа не в тому, що жінки занадто допитливі — добре, і в цьому також, — але їхній мозок запрограмований на довгострокове виживання, тому вони хочуть знати, як ідуть справи у кожного члена їхньої групи та як вони можуть допомогти.

Рішення

Якщо ви чоловік, зрозумійте, що необхідність жінки знати особисті дані та інформацію зумовлена потребами виживання і прошита в її мозку. Тому, коли ви розмовляєте з жінкою, постарайтеся розповісти їй більше деталей, ніж ви зазвичай вважаєте за потрібне. Одягніть спортивні штани, виведіть її на довгу прогулянку і просто дайте їй виговоритись. Заодно гарно позаймаєтесь.

Пам'ятайте, що вам не потрібно концентруватися чи пропонувати якісь відповіді — з вашого боку не вимагається жодних зусиль. Якщо ви жінка, зрозумійте, що занадто велика кількість деталей зводить чоловіків з розуму та навіває на них смертельну тугу. На ділових зустрічах переходьте одразу до справи, будьте точними й лаконічними. Вдома скажіть чоловікові, коли ви хочете поговорити, визначте для нього часові рамки і скажіть, що йому не потрібно пропонувати рішення, достатньо просто слухати. І не перепитуйте: «Ти мене слухаєш?» або «Що я щойно сказала?»

РОЗДІЛ 8

ТЕСТ НА ЖІНОЧУ СЕКСУАЛЬНУ ПРИВАБЛИВІСТЬ

Ви змушуєте чоловіків бігати за вами чи від вас?

ПІСЛЯ ШЛЮБУ

ДО ШЛЮБУ

Як привабити чоловіка

Пройдіть цей тест

Коли очі чоловіка зустрінуться з вашими у перепов-
неному приміщенні, якою саме буде його реакція на
вас? Це питання, до якого жінки вдавалися з тієї миті,
коли Адам уперше наштовхнувся на Єву: коли чоловік
вас уперше помітить, яким буде його перше враження?
Більшість жінок хотіли б дізнатися, наскільки вони при-
вабливі для чоловіків, тому ми створили цей тест, щоб
показати вам, наскільки добре — чи навпаки — ви себе
оцінюєте. Цей тест стосується винятково вашої фізичної
форми, зовнішності та вигляду. Він допоможе визначи-
ти, який вплив ви справите чи не справите на чоловіка,
коли він уперше вас побачить, і базується на реакції чо-
ловічого мозку на певні жіночі форми, пропорції, кольо-
ри, розміри, текстури та сигнали мови тіла. Вплив особи-
стих якостей на привабливість обговоримо пізніше. Цей
тест схожий на те, ніби чоловік оцінює вас по світлині.
Запитання не мають передбачуваної послідовності, тому
вам не вдасться схитрувати.

1. **Що з наступного найкращим чином описує ваше
   тіло?**
   А. Худорляве/Струнке.
   Б. Спортивне/Підтягнуте.
   В. Важке/Грушоподібне.

2. **Що б ви одягли на перше побачення, щоб вразити
   чоловіка?**
   А. Одягнетесь елегантно, в штани або довгу спідницю.

Б. Одягнетесь повсякденно, не надто шикарно, взуєте зручне взуття.

В. Одягнетесь шикарно, в коротку спідницю та взуття на високих підборах, щоб показати ноги.

3. Якби ми зазирнули у ваш гардероб, який тип взуття там би знайшли?

А. Високі підбори або сандалії на шпильках.

Б. Модні туфлі на підборах середньої висоти.

В. Низькі підбори або туфлі на пласкій підошві, але стильні.

4. Якби ви могли придбати будь-яке нове вбрання, незалежно від ціни, який із наступних варіантів ви б обрали?

А. Довге струменисте вбрання, яке приховує всі проблемні місця.

Б. Коротке обтисле вбрання з великим декольте, яке явно демонструє ваші принади.

В. Елегантний брючний костюм, пошитий на замовлення.

5. Виміряйте талію і стегна та обчисліть співвідношення стегон і талії. Розділіть обхват талії на обхват стегон. Наприклад, якщо стегна — 100 см, а талія — 76 см, то ваше співвідношення становить 76%. Ваше співвідношення:

А. Понад 80%.

Б. Від 65 до 80%.

В. До 65%.

6. Яку позу ви обираєте під час спілкування з привабливим чоловіком, від якого у вас слабшають жижки?

А. Спробуєте змусити його сісти, щоб не так було видно ваше тіло.

Б. Стоятимете поруч із ним, не схрещуючи ноги.

В. Гратиметесь своїм волоссям, облизуватимете губи, вигинатимете стегна і пеститимете своє тіло, щоб привернути його увагу.

7. Якби ви попросили незнайомця описати вашу п'яту точку, що б він сказав?

А. Негабаритний вантаж.

Б. Пласка, худа або атлетична.

В. Округла/Як персик.

8. Якщо ви проведете рукою по животу, ви відчуєте, що він?

А. Тугий/М'язистий.

Б. Гладкий/Плаский.

В. Горбистий/Округлий.

9. Перевдягаючись, щоб провести вечір з дівчатами, як ви одягнетесь?

А. Одягнете вільний одяг, який не окреслює тіло під ним.

Б. Одягнете бюстгальтер з пушапом або глибоке декольте.

В. Одягнете вишуканий, обтислий одяг, щоб продемонструвати форми свого тіла.

10. Опишіть свій макіяж:

А. Всі останні модні кольори та стилі.

Б. Я віддаю перевагу натуральному вигляду.

В. Моє обличчя — це моя палітра, і мені потрібно багато макіяжу в будь-який час доби, щоб виглядати якнайкраще.

11. Якби Пікассо малював вас, як би ви виглядали?

А. Тонка/Кутаста/М'язиста.

Б. Багато кривих ліній.

В. Округла.

12. Якби вас попросили позувати для журналу Vogue, яку позу ви б обрали?

А. Підняли б волосся догори і озирнулись через плече.

Б. Вигнули спину та стегна, долоні поклали б на стегна та відкопилили губи.

В. Випнули б сідниці й нахилилися вперед, посилаючи в камеру повітряний поцілунок.

13. Як можна описати вашу шию?

А. Довга, тонка або конічна.

Б. Середньої довжини й товщини.

В. Коротка, міцна й сильна.

14. Якби ви попросили своїх друзів описати ваше обличчя, вони б сказали:

А. Елегантні/Сильні риси.

Б. Дитяче обличчя/Великі очі.

В. Звичайне, але тепле.

15. Ви збираєтесь на вечерю при свічках і хочете виглядати сексуально. Яку помаду ви б вибрали?

А. Нейтрального/Природного кольору.

Б. Яскраво-червону.

В. Останній модний колір.

16. Ви вдягаєтесь на церемонію вручення «Оскара». Ви можете одягти будь-яку пару сережок, яку захочете. Ви вибираєте:

А. Гвіздки з діамантами або перлинами.

Б. Сережки середнього розміру з будь-яким красивим камінням.

В. Довгі сережки з великою кількістю діамантів.

17. Як чоловік описав би ваші очі?

А. Великі/Дитячі.

Б. Мигдалеподібної форми.

В. Маленькі/Вузькі.

18. Подивіться на свій ніс у дзеркало. Як би його намалював карикатурист?

А. Великий.

Б. Маленький, подібний до ґудзика.

В. Середній.

19. Ваше волосся:

А. Довге.

Б. Середньої довжини.

В. Коротке.

20. Як би ви описали свою зовнішність?

А. Звичайна.

Б. Сексуальна.

В. Елегантна.

Підрахуйте бали

Питання 1
А = 5 балів
Б = 7 балів
В = 3 бали

Питання 2
А = 5 балів
Б = 3 бали
В = 7 балів

Питання 3
А = 5 балів
Б = 3 бали
В = 1 бал

Питання 4
А = 1 бал
Б = 5 балів
В = 3 бали

Питання 5
А = 5 балів
Б = 3 бали
В = 7 балів

Питання 6
А = 1 бал
Б = 3 бали
В = 5 балів

Питання 7
А = 3 бали
Б = 5 балів
В = 7 балів

Питання 8
А = 5 балів
Б = 3 бали
В = 1 бал

Питання 9
А = 1 бал
Б = 5 балів
В = 3 бали

Питання 10
А = 5 балів
Б = 3 бали
В = 1 бал

Питання 11
А = 5 балів
Б = 7 балів
В = 3 бали

Питання 12
А = 3 бали
Б = 5 балів
В = 1 бал

Питання 13
А = 5 балів
Б = 3 бали
В = 1 бал

Питання 14
А = 7 балів
Б = 9 балів
В = 5 балів

Питання 15
А = 3 бали
Б = 5 балів
В = 1 бал

Питання 16
А = 1 бал
Б = 3 бали
В = 5 балів

Питання 17
А = 9 балів
Б = 7 балів
В = 5 балів

Питання 18
А = 5 балів
Б = 9 балів
В = 7 балів

Питання 19	Питання 20
А = 5 балів	А = 1 бал
Б = 3 бали	Б = 5 балів
В = 1 бал	В = 3 бали

Тепер підрахуйте бали та дізнайтесь свій рівень сексуальності.

100 балів і більше
Сексуальна сирена

Коли чоловіки бачать вас, вони потрапляють на гачок, і вам залишається тільки підсікти. Будівельники зупиняють роботу і свистять вам услід. Ви дійсно знаєте, як пройтися сексуальною ходою, і ви ніколи не відчуваєте нестачі в побаченнях. Чоловіки люблять спостерігати за вами і підходять до вас. Ви знаєте, як себе подати, тому використовуєте мову тіла для контролю над чоловіками. У наступному розділі ви дізнаєтесь, чому те, що ви робите, дає результат, і навчитеся, як покращити свій рахунок. Прийміть аплодисменти за вашу сексуальність.

від 66 до 99 балів
Міс Елегантність

Більшість жінок належать до цієї категорії. Це означає, що ви маєте помірний успіх у тому, щоб змусити чоловіків закохатися у вас з першого погляду. Будівельники помітять вас, якщо вони перервалися на обід. Якщо у вас від 78 до 99 балів, вам потрібно лише попрацювати над деякими аспектами, щоб підкорити чоловічу аудиторію. Якщо ви набрали від 66 до 78 балів, вам треба знати, що коли ви більше попрацюєте над своїм зовнішнім виглядом, то отримаєте ще кращі результати. У наступному розділі ви дізнаєтесь, що робити, щоб чоловіки западали на вас з першого погляду.

До 65 балів

Ви — свій хлопець

Будівельники розповідають вам брудні жарти. Ви, напевно, вважаєте, що особистість важливіша за зовнішність, і, певною мірою, ви маєте рацію. Проте є одна проблема: чим ви плануєте привабити потрібного чоловіка, щоб засліпити його своєю кмітливістю та чарівністю? Ви можете вдосконалити спосіб самопрезентації, й при цьому вам не доведеться зраджувати своїм переконанням. Наприклад, запишіться до тренажерного залу, щоб покращити форму тіла, — це збільшить вашу привабливість для чоловіків, а також зробить вас значно стрункішими та більш здоровими і підвищить вашу жагу до життя. Чоловічий фактор може просто стати додатковим стимулом! Ви також можете замаскувати свої фізичні недоліки одягом, який підкреслює ваші переваги. Звичайно, ви можете сказати, що вас не цікавлять такі поверхневі чоловіки, яких заворожує фізичний вигляд. Проблема полягає в тому, що навіть найінтелектуальніші та найчутливіші чоловіки безсилі перед своєю біологією, принаймні спочатку. Чоловіки не можуть втриматись перед привабливістю очевидних жіночих сигналів. Чому б не попрацювати з цим — хоч як вам це не до вподоби, — щоб покращити свій зовнішній вигляд і, зрештою, отримати більший вибір чоловіків? У наступному розділі ви дізнаєтесь, як підвищити свою привабливість, а також з'ясуєте, чому багатьох чоловіків приваблюють жінки з IQ, меншим за розмір їхнього взуття, а на вас вони вдруге навіть не подивляться.

РОЗДІЛ 9

ЩО ЗМУШУВАЛО ОЧІ КРОЛИКА РОДЖЕРА ВИСКАКУВАТИ З ОРБІТ

«Я не погана… Мене просто такою намалювали…»
Джессіка Реббіт

Розгляд конкретного випадку: історія Кім і Даніеля

Кім і Даніель зустрічалися вже рік і вирішили одружитися. Їм обом подобались їхні стосунки, тож кожен вважав іншого ідеальним партнером. Даніелю подобалось, що Кім завжди мала дуже гарний вигляд, коли вони були разом, і її зовнішність була постійним нагадуванням про те, що він зробив правильний вибір. Вона якось сказала йому, що любить одягатися для нього і любить, як він з обожнюванням дивиться на неї, коли вона заходить у кімнату. Через чотири роки після їхнього одруження Кім змінилась. Здавалося, тепер її не дуже хвилювало те, як вона виглядає вдома, чи коли вони були з друзями. Кім вважала, що тепер, оскільки вона заміжня жінка, їй більше не потрібно ні на кого справляти враження, а догляд за собою — марне витрачання часу, грошей та енергії.

Вдома після роботи вона, за звичаєм, носила рожевий байковий халат і капці, не наносила макіяж і рідко робила зачіску. Даніель думав, що, можливо, вона просто сильно втомлюється на роботі, але незабаром вона візьме себе в руки й почне стежити за своєю зовнішністю. Його почало дратувати, що вона намагалась виглядати презентабельно на роботі, а вдома ходила нечупарою. Та невдовзі вона навіть на зустріч зі своїми подругами почала ходити, як обірванка. Перестала наносити макіяж, ніколи не голила ноги та одягла вбрання, яке, за словами Даніеля, робило її схожою на її матір. Даніель почав мовчки закипати. Така поведінка була для нього очевидним свідченням того, що він та його друзі для неї не настільки важливі, щоб докладати заради них зусилля.

Чоловіки — візуали, тому зовнішність Кім почала відштовхувати Даніеля, і він почав уникати сексу з нею. Уперше за час їхнього одруження між ними з'явилася тріщина, і Даніель почав звертати увагу на інших жінок. У нього на роботі багато жінок носили звабливий одяг, а більшість із них доглядали за собою, були нафарбовані. Вони заграли з ним, і це підвищувало його власну самооцінку, а також підкреслювало контраст з тим, якою із себе була Кім, коли він повертався додому.

Даніель вирішив невідкладно все владнати і розповів Кім, як він почувається. Спочатку Кім розлютилась і не могла зрозуміти, чому він не може любити її такою, яка вона є. Очевидно, думала вона, він набагато поверховіший, ніж вона вважала. Даніель не міг сформулювати, чому він так почувається, його мучило почуття провини за те, що він узагалі завів цю розмову.

Через півроку Даніель покинув Кім і зараз живе з Джейд зі свого офіса. Кім приєдналася до нової соціальної групи жінок, які вважають усіх чоловіків козлами.

Подобається вам це чи ні, але наша фізична зовнішність впливає на нашу здатність приваблювати й утримувати партнера. Люди, яких ми зустрічаємо, формують до 90% своєї думки про нас протягом перших чотирьох хвилин, а наша фізична привабливість оцінюється менше ніж за десять секунд. У цьому розділі ми розглянемо складові, завдяки яким чоловіки та жінки виглядають бажаними і відчувають потяг одне до одного. Це не означає, що якщо ви не схожі на Камерон Діас чи Бреда Пітта, то у вас нічого не вийде з протилежною статтю. Але, зрозумівши, як працює процес приваблення інших людей, а потім застосувавши кілька простих стратегій, щоб скористатись цим у своїх інтересах, ви можете легко стати значно привабливішими. Ми пояснимо вам, як на підсвідомому рівні діють прості біологічні сигнали. Людина просто не в змозі цьому опиратися. Це принциповий момент еволюційної психології. У мозку кожного з нас є залишкові моделі поведінки та реакції, що сформувалися ще в стародавні часи. Еволюційна біологія підходить до сексуальної привабливості прямо і часом доволі непривабливо.

Отже, що має найпотужнішу силу — краса та фізична привабливість чи особистість та інтелект? У цьому розділі ми розглянемо і те, й інше. Щоб зробити це ефективно, ми відклали вбік теорію романтичного кохання, політкоректності та індивідуальних нюансів, щоб бути максимально об'єктивними.

Теорія краси

Квіти гарні не просто так, на те є причина. Квіти такі барвисті, щоб виділятися в зеленому океані лісу. Квіти передають інформацію про себе тваринам і комахам, повідомляючи їм про джерело їжі та про свій стан.

Люди також вважають квіти красивими. Ця реакція розвинулася в нас, щоб ми могли оцінити необхідну інформацію про рослину та квітку заради потреб власного виживання. Нам потрібно було знати, яким є фрукт: зеленим чи стиглим, кислим чи солодким, отруйним чи безпечним. Такий самий процес використовується під час оцінювання людської краси.

Кожна людина видає певні сигнали — як відчутні, так і непомітні, які можуть зробити її бажаною для потенційного партнера. Ці сигнали становлять закодовані повідомлення, що передаються і потім отримуються назад та повідомляють іншій людині, наскільки вона може бути придатною для наших цілей. Чоловік відчуває на біологічному рівні потяг до жінки, яка демонструє ознаки того, що він зможе успішно передати свої гени наступному поколінню. Жінка вважає привабливим такого чоловіка, який на біологічному рівні може забезпечити їй їжу та безпеку в процесі виховання дитини, що пояснює, чому жінок здебільшого приваблюють старші чоловіки.

> Жінкам подобаються старші чоловіки, оскільки вони мають більший досвід та більший доступ до ресурсів.

В обох статей реакції на ці первісні сигнали приваблення прошиті в мозку. Краса і статевий потяг — це, по суті, те саме, а слово «прекрасний» спочатку означало «сексуально збудливий». У процесі еволюції наш мозок сформувався таким чином, що ми сприймаємо гарний зовнішній вигляд як ознаку здоров'я та відсутність хвороб, а біологічне призначення краси полягає у привабленні з метою розмноження.

У базовому біологічному контексті сказати людині, що вона красива чи приваблива, це все одно, що сказати, що ви хочете зайнятися з нею сексом.

Що каже наука

За даними досліджень (Іглі, Ешмор, Махія та Лонго), ми автоматично присвоюємо такі позитивні характеристики, як чесність, інтелект, доброта і талант, людям з приємною зовнішністю і приймаємо ці рішення, самі того не усвідомлюючи. Університет Торонто, проаналізувавши результати федеральних виборів у Канаді 1976 року, виявив, що привабливі кандидати отримали в два з половиною рази більше голосів, ніж непривабливі (Ефран та Паттерсон). Подальшими дослідженнями встановлено, що 73% виборців категорично заперечували, що зовнішність кандидата могла справити вплив на їхній вибір, і лише кожний восьмий виборець був готовий визнати, що зовнішність кандидата могла вплинути на його голос. Це означає, що вони голосували на підсвідомому рівні, навіть про це не підозрюючи.

> **Привабливі люди отримують кращу роботу, вищу зарплату, їм більше довіряють і дозволяють порушувати правила частіше, ніж їхнім менш привабливим колегам. Доведено Біллом Клінтоном.**

Звичайно, заперечувати факт, що привабливість впливає на наше прийняття рішень, цілком політкоректно, однак, подобається нам це чи ні, результати досліджень продовжують доводити, що це правда і що наш мозок запрограмований на те, щоб реагувати на зовнішній вигляд іншої людини. Хороша новина полягає в тому, що ви маєте контроль над багатьма факторами свого зовнішнього вигляду і з власного бажання можете їх змінити. Ви можете стати більш привабливими.

Жіночі тіла — ось що найбільше збуджує чоловіків

У XIX столітті серед жінок західного світу високо цінувався блідий колір обличчя, легкий рум'янець на щоках і загальний делікатний та тендітний вигляд. У сучасному суспільстві цінується молодість та здоров'я, а конкурси краси створювались лише для того, щоб пропагувати образ бажаності, який свідчить про хороше жіноче здоров'я.

> **Під час досліджень мозку в Центральній лікарні штату Массачусетс вчені показували світлини «красивих» жінок гетеросексуальним чоловікам і виявили, що ці зображення «вмикали» ті самі частини мозку, які активуються кокаїном та грошима.**

У наступних двох розділах ви дізнаєтесь про результати 23 великих досліджень та експериментів, які показують, що чоловіки та жінки вважають привабливим у тілах одне одного. Виходячи з цих результатів, ми надамо кожній частині тіла ступінь пріоритетності привабливості й пояснимо, як ця конкретна частина тіла справляє свій вплив.

Майже кожне дослідження привабливості за останні 60 років дає змогу зробити ті самі висновки, що й художники, поети та письменники за останні 6000 років: зовнішність і тіло жінки й те, що вона може з ними зробити, приваблюють чоловіків більше, ніж її інтелект чи принади навіть у політкоректному XXI столітті. Шукаючи жінку для короткострокової інтрижки, чоловік XXI століття хоче від неї того самого, що і його предки, але, як ви побачите, критерії чоловіків при відборі партнерки для довготривалих стосунків зовсім інші.

> **Дружину вибирають за її чеснотами, коханку — за її красою.**
>
> *Китайське прислів'я*

Однак жінок у чоловіках приваблює зовсім інше, і ми розповімо про це пізніше. Важливо розуміти, що жіноче тіло еволюціонувало як постійна портативна система з передачі статевих сигналів, створена для привернення уваги чоловіків.

> **Чоловіки віддають перевагу красі над розумом, тому що більшість чоловіків краще бачать, ніж думають.**
>
> *Жермен Грір*

Майте на увазі, що ми спочатку аналізуємо лише фізичні характеристики та географію тіла так, ніби оцінюємо потенційного партнера по світлині. Є речі, які приваблюють вас у людині ще до того, як ви почуєте, як вона говорить, або дізнаєтесь, хто вона така. У кінці цього розділу обговоримо нефізичні фактори, за якими ми обираємо своїх партнерів. Спочатку проаналізуємо сигнали мови тіла нижче шиї, а потім згрупуємо всі сигнали обличчя. Також обговоримо фактори збудження чоловіків номер два, сім, вісім і дев'ять.

Фактори збудження чоловіків у порядку пріоритетності:

1. Спортивне тіло.
2. Чуттєвий рот.
3. Повні груди.
4. Довгі ноги.
5. Округлі стегна/тонка талія.
6. Округлі сідниці.
7. Привабливі очі.
8. Довге волосся.
9. Маленький ніс.
10. Плаский живіт.
11. Вигнута спина.
12. Вигнута вульва.
13. Довга шия.

8. Довге волосся

7. Привабливі очі

9. Маленький ніс

2. Чуттєвий рот

13. Довга шия

1. Спортивне тіло

3. Повні груди

11. Вигнута спина

5. Округлі стегна/ тонка талія

10. Плаский живіт

6. Півкруглі сідниці

12. Вигнута вульва

4. Довгі ноги

Пріоритет 1: спортивне тіло

Список факторів, які приваблюють чоловіків, очолює спортивне тіло в жінки. Сильне, струнке тіло — це ознака здоров'я, воно сигналізує про здатність жінки успішно народжувати дітей, рятуватися від небезпеки та захищати потомство, якщо виникне така необхідність. Більшість чоловіків віддають перевагу більш вгодованим жінкам, ніж худорлявим, оскільки додатковий жир — це запорука успішного годування грудьми. Мало хто з жінок знає, що одна з найбільших секс-символів у світі, Мерилін Монро, носила одяг 50 розміру та мала дуже м'язисті ноги. Стосовно ж чоловіків, то жоден хирлявий дрищ ніколи не стане справжнім секс-символом.

Пріоритет 3: повні груди

Чоловікам найбільше подобаються груди жінки на її піку сексуальності та репродуктивності — у підлітковому віці та у двадцять з хвостиком. Саме такі груди друкують у чоловічих журналах, вони характерні для стриптизерок, їх можна побачити в рекламі, що спекулює на сексуальній привабливості.

Основна частина грудей — це жирова тканина. Вона надає їм округлої форми і не бере участі у виробленні молока. Жінки, що не народжували дітей, мають рожеві соски, у матерів соски темно-бурі, а у самиць мавп узагалі немає грудей. Груди приматів різко збільшуються в розмірах під час вагітності, а потім зникають, але жіночі груди зазвичай залишаються збільшеними постійно і лише незначно змінюються під час вагітності. Більшість часу вони служать одній чіткій меті — передачі сексуальних сигналів. Коли люди ходили навкарачки, саме круглі м'ясисті сідниці відігравали головну роль у приверненні самців, які покривали своїх самиць ззаду. Однак відтоді, як люди почали ходити вертикально на двох ногах, груди збільшилися в розмірі, щоб приваблювати чоловіка, який наближався спереду.

Сукні з низьким викотом та бюстгальтери з пушапом посилюють цей сигнал, створюючи улоговинку, яка імітує вид жіночих сідниць. Деякі жінки дивуються, коли вперше чують про значення цієї улоговинки, а інші використовують її оптимальним чином.

Пройдіть тест

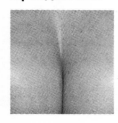

Де тут груди, а де сідниці? Ви можете визначити?

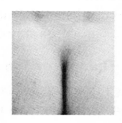

Мало хто з чоловіків може визначити, на якій із цих світлин крупний план улоговинки грудей, а на якій — сідниці.

Зоолог Десмонд Морріс виявив, що в однієї із двохсот жінок більше двох грудей — спадщина з тих часів, коли люди, як і багато інших приматів, мали більшу чисельність приплоду та потребували більше грудей для годування. Третю грудь можна побачити навіть у статуї Венери Мілоської, над її правою груддю біля пахви.

> **Чому чоловікам важко налагоджувати зоровий контакт? Тому що груди не мають очей.**

Сосок, оточений рожевою/коричневою шкірою під назвою ареола, містить невеликі залози, які під час сексуальної активності виділяють запах, що впливає на чоловічий мозок. Це пояснює, чому чоловіки люблять проводити стільки часу, поклавши голову на жіночі груди.

За даними наукових досліджень, чоловікам подобаються груди найрізноманітніших розмірів і форм. Неважливо, якого вони розміру — як маленькі лимони чи як кавуни — більшість чоловіків виявляють до них неабиякий інтерес і люблять улоговинку.

Пріоритет 4: довгі ноги

Вигляд жінки, в якої ноги, здається, починаються від пахв, завжди справляє сильне враження на чоловіків. Принцип сприйняття жіночих ніг як сексуального сигналу простий: що більше ніг може бачити чоловік і що довші її ноги, то більш сексуальною вона йому здається, оскільки це привертає увагу до тієї ділянки, де сходяться її ліва і права нога. З іншого боку, якби статеві органи жінки були під її пахвами, навряд чи чоловік удостоїв би її ноги другим поглядом. Натомість він помітив би, які у неї прекрасні біцепси та трицепси! І справді, сумніваємось, що вам колись доводилось чути, як чоловік каже жінці, що вона має гарні, довгі руки. Діти народжуються з короткими відносно розміру тіла ніжками, і співвідношення довжини ніг і тіла не сильно змінюється у маленьких дітей. Однак коли дівчинка досягає статевої зрілості, її ноги швидко видовжуються, оскільки в тілі починають вирувати гормони, що перетворюють її на жінку. Неймовірно довгі ноги стають потужним невербальним сигналом, який говорить чоловікам, що дівчина вже досягла статевої зрілості і тепер здатна народити дитину. Ось чому довгі ноги завжди асоціювалися з неймовірною сексуальністю.

> **Те, що для жінки стрілка на панчосі, для чоловіка — сходи до неба.**

Фіналістки конкурсів «Міс Світу» та «Міс Всесвіт» мають довші ноги, ніж звичайна жінка, ляльки Барбі мають штучно подовжені ноги, а виробники панчіх можуть підвищити продажі, демонструючи їх на фотографіях або на жіночих манекенах із набагато довшими ногами, ніж могла нам подарувати природа.

Матері дівчаток-підлітків часто скаржаться, що їхні дочки носять занадто короткі спідниці, але таке враження зазвичай створюється через непропорційно довгі ноги дівчинки. До 20 років тіло надолужує свій зріст, через що ноги здаються на 10% коротшими, ніж вони були під час статевого дозрівання.

Більшість жінок підсвідомо розуміють вбивчу силу довгих ніг і ще в підлітковому віці швидко усвідомлюють, як вона працює, часто носячи взуття на високих підборах, щоб ноги виглядали довшими, та короткі сукні навіть у холодну погоду. Вони ігнорують викликаний підборами дискомфорт, який у довгостроковій перспективі може спричинити пошкодження хребта чи ризик пневмонії, просто щоб виглядати привабливими для чоловіків. Чоловікам подобаються жінки на високих підборах, тому що вони надають їхнім ногам того підліткового вигляду, що є ознакою високої фертильності. Вони підкреслюють сексуальні форми жінки, подовжуючи ноги, вигинаючи спину, змушуючи жіночі сідниці сильніше випинатись назад, візуально роблячи меншою стопу та висуваючи таз уперед. Ось чому взуття на найвищих підборах або на шпильці та з ремінцями — сьогодні є найефективнішою секс-іграшкою на ринку.

Більшість чоловіків також віддають перевагу жінкам з округлими, товстішими ногами над тими, що мають тонші, м'язисті ноги, оскільки додатковий жир підкреслює статеву різницю між чоловічими та жіночими ногами і свідчить про кращу лактацію. Йому подобається, коли її ноги мають спортивний вигляд, але він втрачає інтерес, якщо вона виглядає так, ніби могла б зіграти за Англію на Кубку світу.

У процесі досліджень було виявлено, що довжина жіночого одягу, а також висота підборів змінюється залежно від менструального циклу жінки. Під час овуляції вона підсвідомо підбере більш відверте вбрання та високі підбори. Можливо, це стане хорошим уроком для батьків: замикайте своїх дочок між чотирнадцятим та вісімнадцятим днем після місячних!

Пріоритет 5: округлі стегна/тонка талія

Упродовж століть жінки мирилися з корсетами та всіма іншими способами звуження талії, щоб досягти ідеальної фігури пісочного годинника. Часом у гонитві за непереборною жіночністю вони навіть страждали через деформацію ребер, ускладнене дихання, стиснуті органи і викидні та видаляли ребра хірургічним шляхом. Так, протягом XIX століття жінки носили турнюр, щоб підкреслити розміри стегон і сідниць та сигналізувати про свій потенціал для успішного народження дитини. Корсет ще більше підкреслював жіночі стегна, зменшував

Підготовка
до дівочого вечора
у 1890 році

і сплющував живіт, щоб показати, що жінка не вагітна й, отже, доступна. У XIX столітті ідеальний розмір талії дівчини в дюймах вважався таким, що відповідав її віку.

> **Я вирішила мати чудову форму.**
> **Формою, яку я обрала, був круг.**
>
> *Розанна*

Жінка з відмінним здоров'ям та найбільшою здатністю до успішного виношування дітей має співвідношення стегон до талії 70%, тобто її талія становить 70% від розміру стегон. Протягом усієї історії людства таке співвідношення найбільше приваблювало увагу чоловіків. Чоловіки починають втрачати інтерес до жінки, якщо цей показник стає більшим за 80%. І що більше співвідношення об'єму талії до об'єму стегон, тим менше чоловіків приваблює така жінка.

Жінки, у яких талія ширше стегон, не викликають зацікавленості у чоловіків, оскільки таке співвідношення свідчить про те, що жир концентрується навколо лона та яєчників, а це є невербальним показником гіршої здатності до народжування. Мати-природа відкладає зайвий жир подалі від життєво важливих органів, тому навколо серця, мозку чи яєчок немає жиру. В жінок з видаленою маткою жирові відкладення часто накопичуються навколо живота, як і в чоловіків, оскільки у них більше немає репродуктивних органів.

Жінки у деяких країнах все ще використовують тугі корсети та накладки на стегна, але часто достатньо просто вигнути стегно, щоб підкреслити співвідношення стегон до талії 70% та привернути увагу чоловіків

Професор Девендра Сінгх, еволюційний психолог із Техаського університету, дослідив фізичну привабливість учасниць конкурсів краси «Міс Америка» та жінок зі світлин на розвороті журналу *Playboy* за 50 років. Він виявив, що вага ідеального сексуального символу за цей період знизилася в середньому на 13 кілограмів, але співвідношення стегон до талії, 70%, не змінилося. Він виявив, що співвідношення, яке має найсексуальнішу привабливість для чоловіків, становить від 67 до 80%.

Перед операцією у кабінет анестезіолога місцевої лікарні на каталці завозять прекрасну жінку. Медсестра йде, і вона залишається лежати в очікуванні під простирадлом, якому ледве вдається приховати її спокусливі форми. Молодий чоловік у білому халаті підходить до жінки, підіймає простирадло і починає вивчати її ідеальну фігуру. Потім він кличе іншого чоловіка в білому халаті.

Той чоловік підходить, відсуває простирадло і пильно дивиться на її оголене тіло. Коли те саме починає робити третій чоловік, жінка починає хвилюватись.

— Я рада, що ви шукаєте другої та третьої думки, щоб бути абсолютно впевненим, — каже вона, — але коли вже мене прооперують?

Перший чоловік хитає головою.

— Не маю жодного уявлення, — відповідає він, — але фарбувати цю кімнату ми ось-ось закінчимо.

Професор Сінгх провів дослідження, взявши зображення жінок з недостатньою вагою, надмірною вагою і звичайною вагою. Він показав їх групам чоловіків, яких попросили оцінити зображення з точки зору їхньої привабливості. Жінки середньої ваги зі співвідношенням стегон до талії 70% були визнані найспокусливішими. У групах із зайвою вагою та недостатньою вагою найбільше голосів отримали жінки з найвужчою талією. З цього експерименту можна зробити цікавий висновок: чоловіки найвище оцінювали співвідношення стегон до талії 70%, навіть коли вага жінки була дуже великою. Це пояснює незгасаючу популярність фігури «пісочний годинник», і Coca-Cola відтворила її у своїй пляшці, аби привабити солдат під час війни. Художник XIX століття Огюст Ренуар відомий тим, що малював пишних жінок, які були схожими на учасниць програми «Зважені та щасливі», але при більш детальному дослідженні було виявлено, що здебільшого вони мали класичне співвідношення стегон до талії.

Пріоритет 6: округлі сідниці

Чоловіки вважають округлі сідниці у формі персика найпривабливішими. Жіночі сідниці містять велику кількість жиру, який застосовується під час годування грудьми та як екстрений запас їжі у важчі часи, подібно до верблюжого горба. Скульптури та малюнки кам'яного віку часто зображають жінок з величезними опуклими сідницями — захворювання, відоме як стеатопігія, яке досі зустрічається у деяких південноафриканських племенах. Опуклі сідниці — це древній сигнал жіночої сексуальності. Він так шанувався у Греції, що на честь Венери Калліпіги, «богині з прекрасними сідницями», було збудовано храм.

У XIX столітті від жінок вимагали прикривати все своє тіло. Молоді жінки, які ставили перед собою завдання привабити чоловічу увагу, могли відтворити великі сідниці, носячи турнюр. Коли наприкінці XX століття надмірна вага перестала бути модною у зв'язку з тим, що асоціювалась із переїданням та поганим здоров'ям, молоді жінки почали вдаватися до хірургічного втручання і ліпосакції, щоб зменшити розмір сідниць. Також великої популярності набули модельні джинси, оскільки вони

Жінка XIX століття з турнюром та африканська красуня з оригіналом. Сучасним жінкам важко повірити, що великі, опуклі сідниці завжди були привабливим атрибутом — і досі залишаються ним у деяких африканських країнах

підкреслювали сідниці та надавали їм міцного, округлого вигляду. Взуття на високих підборах змушувало жінку вигинати спину, випинати сідниці та вихляти стегнами під час ходи, що неминуче приваблювало чоловічу увагу. Кажуть, що Мерилін Монро вкоротила на два сантиметри підбор свого лівого черевика, щоб посилити вихляння стегон.

Пріоритет 10: плаский живіт

Животи жінок більш округлі, ніж у чоловіків, а плаский, гладенький живіт посилає чіткий сигнал про те, що жінка не вагітна, а отже, доступна для залицяння. Ось чому заняття з гімнастики та йоги такі популярні серед жінок всього світу, які виконують вправи на прес, намагаючись досягти того ідеального, плаского як прасувальна дошка, животика.

Не так давно танець живота знову здобув популярність як форма фізичних вправ, хоча мало хто з жінок знає про

Уроки з танцю живота дуже популярні, але навряд чи хтось із їх відвідувачок здогадується про еротичне походження цього виду танців

його коріння. Спочатку цей танець виконувався дівчатами з гарему для свого господаря. Танцівниці використовували його, щоб довести чоловіка до оргазму, сидячи на ньому та виконуючи ряд обертових та поступально-зворотних рухів м'язами. Гавайський та гаїтянський танці живота мають подібне походження, і ці танці дожили до нашого часу під благородною личиною «традиційного народного танцю».

Збудливі фактори 11 та 12: вигнута спина та вульва

Вигини та округлості свідчать про жіночність та плодючість, тоді як геометричні та кутасті форми є ознакою маскулінності. Тому чоловіки всього світу люблять круглобоких жінок. Верхня частина спини в жінки вужча, ніж у чоловіка, а її поперек ширший та більш вигнутий, ніж у нього. Через сильний вигин спини сідниці видаються назад, а груди — вперед. Попросіть будь-яку жінку встати та прийняти сексуальну позу, і перше, що вона

зробить, — це перебільшено вигне спину та випне стегно в сторону, поклавши одну чи обидві руки на стегна, щоб візуально займати більше місця і, таким чином, привабити більше уваги. Якщо ви ставитесь до цього скептично, попросіть будь-яку жінку встати й постаратися бути сексуальною. Давайте — спробуйте просто зараз.

Пріоритет 13: довга шия

У процесі еволюції чоловічі шиї стали більш короткими та міцними, ніж жіночі, щоб захистити їх на полюванні чи під час битви. Тому довша, тонша, конусоподібна жіноча шия стала потужним сигналом статевої відмінності. Чоловіки цілують її та прикрашають коштовностями, а мультиплікатори зображають її перебільшено довгою, щоб підкреслити жіночність. Це також та частина тіла, яку обожнюють пестити коханці. У деяких племенах Південної та Східної Африки, таких як Ндебеле, Зулу, Коса та Масаї, молоді дівчата носять срібні кільця на шиї, поступово збільшуючи їх

І Нефертіті, і Олів Ойл здобули популярність завдяки своїм видовженим шиям, і навіть у наш час подіумні моделі мають довші шиї, ніж пересічна жінка

Ця жінка з племені карен (Бірма) щаслива, бо знає, що найгарніша

кількість. Ці кільця видовжують шию, що у їхніх культурах вважається неймовірно красивим. Вони також обтяжують голову та деформують ключиці, через що така шия може нахилятися вперед під кутом 45 градусів. Якщо зняти це дротяне намисто, видовжена шия не зможе витримати вагу голови і зламається.

Як обличчя привертає увагу

Здається, що наше тяжіння до привабливих людських облич базується на нашій психології і не залежить від нашого культурного походження. Жіночі риси, яким віддають перевагу, — це невелике обличчя, коротке підборіддя, витончена щелепа, високі вилиці, повні губи та очі, пропорційно великі порівняно з довжиною обличчя. Загалом нам подобається широка посмішка та вразливий вигляд. Зазвичай народи усього світу віддають перевагу обличчям, які свідчать про те, що їхній власник підходить для здорового розмноження. І для того, щоб жіноче обличчя здобуло загальне визнання як гарненьке, воно має нагадувати дитяче.

> **Найпривабливіші жінки — це ті, які мають дитячі риси обличчя.**

Такі сигнали пробуджують у мозку чоловіків потужний батьківський інстинкт і викликають неймовірне бажання доторкнутися, обійняти та захистити. Саме материнський інстинкт змушує жінок імпульсивно купувати м'які іграшки у вигляді тварин, які викликають у них ту саму реакцію, що й немовлята.

Дитяче обличчя надсилає ті самі сигнали, що й м'які іграшки у вигляді тварин, чим і користуються виробники цих іграшок, щоб продавати їх за завищеними цінами покупцям (особливо жінкам)

За даними досліджень, найпривабливіше обличчя для чоловіків — це обличчя дівчинки дванадцяти-чотирнадцяти років, оскільки у ньому поєднуються беззахисність юності та сексуальна зрілість. Саме через це старіння викликає у жінок певну стурбованість. Подумайте, як багато жінок зараз вдаються до пластичної хірургії, щоб утримати, а пізніше й повернути свою молодість. Під час пластичних операцій косметичні хірурги часом навіть використовують для жінок шаблони форм дитячого обличчя.

Пріоритет 2: чуттєвий рот

Люди — це єдині примати, губи яких розташовані назовні обличчя, а не всередині рота. Зоологи вважають, що жіночі губи виникли в процесі еволюції як відображення їхніх геніталій, адже вони мають такий самий розмір та товщину, а у збудженому стані також набрякають від припливу крові. Це так звана генітальна імітація — реакція, яка передає потужні сигнали спостерігачам чоловічої статі, та яка розвинулась, коли ми почали ходити на двох ногах. Помада була винайдена в перших салонах краси 6000 років тому і використовувалась єгиптянками як постійний вияв їхньої генітальної імітації. Тоді вона була тільки одного кольору — червоного. Ось чому чоловікам подобається, коли їхні жінки фарбують губи та очі — тому що чоловік сприймає і те, й інше як штучні сигнали від жінки про те, що він їй подобається чи збуджує її. Губи, нафарбовані яскравою червоною помадою, — це один із найсексуальніших сигналів, якими тільки може скористатися жінка, і будь-яка жінка, що позиціонує себе як секс-символ, обирає саме цей колір.

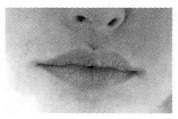

Коли жінка перебуває у стані збудження або чує комплімент стосовно її сексуальності, це може викликати приплив крові до капілярів на її щоках. При цьому вона шаріється — стан, який ефективно відтворюють рум'яна. Пудра надає жіночому обличчю гладенького, бездоганного вигляду, що імітує молодість, міцне здоров'я та хороші гени.

> **Обличчя жінки — це полотно, на якому вона щодня малює портрет колишньої себе.**
>
> *Пікассо*

Упродовж тисяч років довжина мочок вух жінки була індикатором її чуттєвості. Так досі вважається подекуди в Африці та на Борнео, у Кенії та серед племен Келабітів. Сучасні жінки досягають того самого ефекту, носячи довгі звисаючі сережки. Наші дослідження комп'ютерних зображень свідчать: що довші у жінки сережки, то вище чоловіки оцінюють її сексуальність.

Жінки з племені келабіт (Борнео) розтягують мочки вух і вважають це привабливим, але інші жінки досягають того самого ефекту за допомогою довгих сережок

Феміністки можуть стверджувати, що все це гарний привід відмовитися використовувати косметику чи носити сережки, однак для жінки, яка перебуває в стосунках, важливо розуміти, який ефект справляють ці сигнали на чоловіків, та використовувати їх під час романтичних зустрічей. Тому жінці, яка хоче, щоб її сприймали серйозно в контексті бізнесу, слід використовувати менше косметики і менш яскраву помаду. Занадто багато того чи іншого — і ви ризикуєте завести клієнтів-чоловіків зовсім не так, як збирались, та спровокувати суперництво серед клієнтів-жінок.

Пріоритет 7: привабливі очі

Великі очі вважаються привабливими майже в кожній країні. За допомогою макіяжу можна візуально збільшити очі та надати їм дитячого вигляду. Якщо очі виглядають більшими в пропорції до нижньої частини обличчя, вони викликають у чоловіків бажання захищати. Якщо якийсь чоловік подобається жінці, її зіниці розширюються, а туш для вій, тіні для повік та підводка для очей створюють вигляд постійної зацікавленості. Якщо жінка носить контактні лінзи, створюється враження, що її очі блищать, а зіниці розширені. Це пояснює, чому під час експерименту зі світлинами, про який ми писали в книзі «Мова рухів тіла»[*], чоловіки вважали «на диво привабливими» жінок, які носили контактні лінзи. Загалом чоловіки віддають трохи більшу перевагу жінкам зі світлими очима, а дитячі блакитні очі очолюють рейтинг серед європейських чоловіків.

Сучасні жінки почали використовувати косметику в 1920-х роках, коли велика їх кількість почала виходити на ринок праці. З того часу вартість індустрії жіночої косметики та туалетного приладдя зросла по всьому світу до 50 трильйонів доларів на рік — і все це з метою створити ілюзію сексуальних сигналів обличчя. На обкладинках жіночих журналів регулярно з'являються світлини

---

[*] Ця книга вийшла в українському перекладі у видавництві «КМ-Букс» у 2017 році. — *Прим. ред.*

відомих жінок без макіяжу, щоб підвищити впевненість інших жінок у собі. Однак, на жаль, ми настільки не звиклі бачити «голі» обличчя, що деякі жінки вважають себе страшенно непривабливими без макіяжу та використовують його як маску, за якою можна сховатися, а не як можливість зробити своє обличчя ще більш спокусливим та загадковим. Чоловіків більше приваблює жінка з натуральним макіяжем, ніж та, що виглядає так, наче вона накладала його на себе шпателем.

Пріоритет 9: маленький ніс

Маленький ніс — це також нагадування про дитинство. Він викликає у чоловіків батьківські почуття та бажання захищати. Мультиплікатори використовують цей ефект, створюючи мультиплікаційних персонажів з великими очима та крихітними носами-ґудзиками, щоб завоювати серця своєї аудиторії.

Бембі, Барбі та Мінні Маус — усі вони мають маленький ніс.

Ви ніколи не побачите жінку-модель з великим носом. Пластичні хірурги зазвичай змінюють ніс таким чином, щоб він утворював кут 35–40 градусів до обличчя, надаючи йому дитячого вигляду. Актори-чоловіки в наш час також витрачають гроші на операції зі зменшення носа, щоб набути схожості з новим андрогенним образом чоловіка XXI століття.

Пріоритет 8: довге волосся

Якби людина ніколи не підрізала своє волосся, воно виросло б до 110 см. Строк життя однієї волосини становить шість років, за день ми втрачаємо 80–100 волосин і, на відміну від інших тварин, ми не линяємо. У блондинок у середньому 140 000 волосин, у брюнеток — 110 000, а в рудих — 90 000. Блондинки мають перевагу з багатьох поглядів. Жінки з білявим волоссям мають вищий рівень естрогену, ніж брюнетки, і, здається, чоловіки на це реагують. Вони вважають таких жінок більш фертильними, що зазвичай привертає їхню увагу — *справжня* причина, з якої блондинкам більше пощастило? Біляве волосся також є потужним візуальним свідченням жіночої юності, оскільки після народження дитини воно темнішає, а справжні блондинки також мають біляве лобкове волосся.

> Справжні блондинки схожі на добру сорочку — комірець і манжети завжди повинні бути однаковими.

Упродовж тисяч років довге волосся було символом жіночності. Хоча між жіночим та чоловічим волоссям немає очевидних анатомічних відмінностей, ми носимо його по-різному з тих часів, коли Апостол Павло проголосив у своїй промові до коринфян, що чоловіки повинні носити коротке волосся, шануючи Бога, тоді як жінки повинні носити довге волосся, шануючи чоловіка. У наш час, більше 2000 років тому та в епоху, в цілому ознаменовану рівністю між статями, ця звичка все ще повсюдно зберігається. Мода може змінюватись, але, загалом, чоловіки все ще носять коротке волосся, а жінки — довге.

Ми провели опитування 5214 британських чоловіків, щоб з'ясувати, яке жіноче волосся вони вважають більш сексуально привабливим — коротке чи довге. Результати були передбачуваними: 74% вважали жінок з довгим волоссям більш сексуально привабливими, 12% проголосували за жінок з коротким волоссям, а решта не мали конкретних уподобань. У давні часи довге блискуче волосся було ознакою здорового, добре доглянутого тіла, розповідало історію здоров'я її власниці та свідчило про її потенційну придатність до народження потомства. Вважалось, що довге волосся надає жінці чуттєвої привабливості, тоді як коротке волосся свідчило про її більш серйозний підхід до життя. З цього висновується: жінка має носити довге волосся, якщо вона хоче привабити чоловіків, та носити коротке волосся або підбирати його догори на ділових зустрічах. У великому бізнесі чуттєвий зовнішній вигляд може стати завадою для жінки на керівній посаді, або в індустрії, де домінують чоловіки. Наприклад, Памела Андерсон та Анна Курнікова хоча і вважаються двома найбільш популярними жінками на планеті, ніколи не зможуть посісти найвищу державну посаду!

Зв'язок між привабливістю та порнографією

Перегляд порнографії — зазвичай винятково чоловіча прерогатива. В інтернеті 99% веб-сторінок із порнографією розраховані на чоловіків, а цільовою аудиторією більшості зображень оголених чоловіків є ґеї. Жінки повинні розуміти, що чоловіки нишпорять інтернетом у пошуках форм та вигинів, привабливих для чоловічого мозку. Коли чоловік дивиться на порнографічне зображення жінки, він ніколи не задумується, чи вміє вона готувати, чи грає вона на піаніно, чи прагне миру в усьому світі. Його приваблюють винятково вигини та форми і натяк на будь-яку уявну можливість, що ця жінка може передати його гени. Йому ніколи не спаде на думку, чи хороша вона як особистість.

Минулі покоління чоловіків також полюбляли милуватися еротичними зображеннями жінок на картинах. Митці, які малювали чи вирізьблювали оголених жінок, були майже виключно чоловіками.

> **Чоловіки люблять період Відродження у мистецтві — і це жодним чином не пов'язано з усіма тими статуями оголених жінок. Чесно.**

Багато жінок наполягають, що сучасні чоловіки, які з натхненням розповідають про художню цінність картин старих майстрів із зображеннями оголених жінок, просто розглядають їх як порно. Пригадайте, Джессіка Реббіт була всього лише малюнком олівцем — лініями на папері, — але ефект її форм змушував мільйони в інших ситуаціях поміркованих чоловіків пускати слину. Чоловікам важливі форми.

Хентай

Уся наведена інформація про сигнали жіночої привабливості використовується для створення японських мультфільмів під назвою хентай, які приносять їхнім творцям

Типовий мультфільм у стилі хентай рясніє усіма сигналами, які так приваблюють чоловічий мозок, включаючи дитячі риси обличчя, довгу шию, співвідношення стегон до талії 70%, підліткові груди та плаский живіт. Видовжені ноги героїнь хентаю становлять 63% від загальної довжини тіла

великі гроші. Це відверті порнографічні образи, представлені у вигляді мультфільмів чи коміксів, які містять усі сигнали жіночої мови тіла, про які ми вже говорили. Очі цих жінок зображені так, що вони завжди розширені і в два чи в три рази перевищують за розміром рот. Вони також мають крихітні носи, маленьку нижню частину обличчя і довге волосся, часто зібране в хвіст та обв'язане стрічками.

Ці мультфільми зображують зріле жіноче тіло з обличчям дівчинки десяти-дванадцяти років, та, за оцінками, охоплюють аудиторію, що налічує більш як 30 млн чоловіків.

Як жіночий одяг впливає на чоловіків

При обговоренні впливу жіночої зовнішності на чоловіків важливо розуміти, яку роль відігравало вбрання в історії. Упродовж століть метою вбрання жінки було привабленя уваги потенційного залицяльника шляхом підкреслення її жіночих атрибутів.

До початку руху за права жінок у 1960-х роках жінки вбиралися з єдиної причини — щоб привабити чоловіків та перевершити інших жінок. Фемінізм змусив жінок повірити, що вбиратися для того, щоб приваблювати чоловіків, більше непотрібно — внутрішня краса жінки тепер важила більше, ніж її зовнішність. Ця ідея дуже припала до душі мільйонам жінок по всьому світу. Вони вірили, що тепер вони можуть бути вільними від обтяжливої необхідності завжди мати привабливий вигляд для чоловіків.

Такі стилі, як панк та гранж, з'явились як форма заперечення привабливого для чоловічого ока вбрання і щоб продемонструвати світові, що чоловіки та жінки можуть бути рівними в тому, як вони виглядають. Цей антипривабливий дрес-код досяг такого розвитку, що в 1990-х роках манекенниці мали нежіночні виснажені тіла, фарбували губи чорною помадою і навіть малювали навколо очей чорні кола, тобто виглядали так, наче вони сидять на наркотиках. Такий вигляд не надто приваблював чоловіків. Гетеросексуальні чоловіки рідко дивляться модні покази, але коли проводять конкурс «Міс Всесвіт», близько 70% усіх глядачів — це чоловіки, які хочуть подивитись на жінок, що демонструють сигнали, які пробуджують у чоловічому мозку древні реакції.

> **Єдиний модний показ, який чоловіки з радістю дивитимуться, — це показ купальників.**

Сучасні жінки мають два базових типи дрес-коду: робоче вбрання та неробоче вбрання. Робоче вбрання дозволяє жінці на рівних конкурувати з чоловіками та іншими жінками в бізнесі, а також дає можливість жінці, яка його носить, перевершити інших жінок, демонструючи успіх, владу, значущість та бажаність.

Запорука успішного ділового одягу дуже проста. Якого вбрання очікує від вас людина, на яку ви хочете справити вплив? Як, на її думку, має виглядати ваша косметика, прикраси, зачіска та одяг, щоб вас гарантовано сприймали як надійну та авторитетну людину, що заслуговує на довіру? Якщо ви працюєте в індустрії, в якій ви повинні продавати свій технічний чи управлінський досвід чоловікам, більшість сигналів привабливості, які ми обговорювали раніше, будуть недоречними. Однак якщо ви працюєте в бізнесі, що продає образ жіночності, як-от перукарська справа, косметична індустрія чи галузь модного одягу, ви можете ефективно використовувати більшість з обговорених нами сигналів.

Пластична хірургія

У наш час усе більша кількість людей обирають пластичне вдосконалення (вдосконалення звучить краще, ніж хірургія), щоб покращити свій зовнішній вигляд. У самій лише Америці щороку під ніж йде більше мільйона людей. Головна причина, з якої люди обирають такі процедури, полягає в бажанні посилити свою самовпевненість та покращити свій власний імідж, адже завдяки таким покращенням вони отримують змогу видавати сигнали, про які ми вже тут говорили. Найчастіше такими пацієнтами є знаменитості.

Майкл Дуглас зробив підтяжку очей, Памела Андерсон збільшила груди. Майкл Джексон та Шер робили все — і обоє, як наслідок, були змушені уникати сонця та гарячих радіаторів! Цілком можливо, що найсексуальніша у світі жінка ховається під буркою десь в Афганістані, але ми цього ніколи не дізнаємось, тому що, згідно з тим, що ми бачимо й чуємо, сексуальність неможлива без дизайнерського одягу, дієтологів, візажистів, тренерів, хореографів, детально продуманих світлин та пластичної хірургії.

Майкл Джексон завжди стверджував, що не змінював свою зовнішність

Косметичні вдосконалення — це не новинка. За кілька століть до ліпосакції та грудних імплантів уже існували підбиті панчохи для чоловіків з дуже худими гомілками, 16-дюймовий металевий корсет для жінок, які були недостатньо худими, та турнюри, щоб створити враження більш пишних стегон і сідниць. Навіть король Генріх VIII носив гульфик — що буквально означає «мішечок для мошонки», — щоб візуально збільшити своє невелике, вражене сифілісом чоловіче достоїнство. Він носив його, щоб скласти конкуренцію французькій королівській сім'ї, чоловіки якої теж носили гульфики, але його гульфик був прикрашений дорогоцінними камінням та емблемами.

Типового тижня пересічна людина може побачити понад 500 зображень «досконалих» людей у журналах, газетах, на білбордах та по телевізору. Більшість із цих зображень є результатом таких технологій, як ретуш,

Як і Генріх VIII, спадкоємець іспанського престолу Дон Карлос носив такий великий гульфик, що спочатку в кімнату заходив гульфик, а потім уже його власник

покращений макіяж, комп'ютерна обробка та спеціальні освітлювальні ефекти, які рідко показують справжню людину.

Якщо у вас є шрами від прищів, родимка або особливості, які вам по-справжньому не подобаються, ви можете розглянути можливість косметичної корекції, і більшість людей, яким зробили такі операції, повідомляють, що вони задоволені результатом.

Не читайте жіночі журнали, вони лише змусять вас почуватись негарними.

Найпоширеніша пластична операція в Японії — це збільшення очей, щоб вони виглядали так, як у європейців. У японців три повіки на відміну від європейців, які мають лише дві. У процесі операції ця третя повіка видаляється, і око стає більшим.

Однак важливо, щоб кожен розумів, що пластична хірургія не зробить вас кращою людиною, не змусить інших полюбити вас і навіть не позбавить вас ваших життєвих проблем. Тому кожен, хто судить про вас за вашою зовнішністю, сам має проблеми зі самосприйняттям, а значить, це не та людина, з якою ви хотіли б асоціюватись.

Зворотна сторона привабливості

У книзі «Чому чоловіки не слухають, а жінки не вміють читати мапи» задокументовані результати опитування 15 000 чоловіків та жінок, яких запитали, що вони шукають у партнері. Ось цей перелік:

Що шукають чоловіки

А. При першій зустрічі	Б. Для довгострокових стосунків
1. Гарний вигляд	1. Особистість
2. Струнке тіло	2. Гарний вигляд
3. Груди	3. Мозок
4. Сідниці	4. Гумор

У списку А наведено те, що ми і так уже знаємо: чоловіки — візуальні істоти і люблять дивитися на привабливих жінок. Більшість жінок це розуміють, і наукові дослідження доводять це знову й знову, хоча, можливо, визнати це було б «політнекоректно». Більшість феміністок ненавидять саму думку про те, що про жінку судять за її фізичною зовнішністю, та описують чоловіків як поверхневих та обмежених. Однак це не змінює того факту, що під час першої зустрічі чоловіки реагують на жінок переважно візуально. Пункти в списку А, безперечно, візуальні, і якщо ви налаштовані на зустріч на одну ніч, то вони спрацюють. Але якщо взяти список Б, то ми побачимо, що «гарний вигляд» — це лише єдиний візуальний пункт, який чоловіки хочуть бачити в партнерці для довготривалих стосунків.

> **Сексуальна привабливість — це 50% того, на що ви здатні, та 50% того, на що ви здатні на думку інших.**
>
> *Жа Жа Габор*

Під час цього дослідження виявлено дві речі. По-перше, на першій зустрічі з жінкою чоловіки зосереджуються на візуальному зображенні, і саме загальне враження про неї відіграє більше значення, а не привабливість її фігури. Це означає, що те, як жінка одягнена, її макіяж, подача та доглянутість приносять їй більше балів, якщо тільки у неї не буде кількох зайвих кілограмів, прищів чи маленьких грудей. По-друге, якщо чоловік розглядає жінку як довготривалу партнерку, його більше цікавить її особистість, розум та почуття гумору, ніж її тіло, але «гарний вигляд» все одно посідає верхню позицію в його списку. Хорошою новиною є те, що ви можете контролювати свою зовнішність і можете змінювати її на свій смак.

> **Мати хороше почуття гумору для жінки не означає розповідати смішні історії. Це означає сміятися над його жартами.**

Оскільки візуальні сигнали настільки важливі для чоловіка, він підсвідомо використовує те, що жінка робить чи не робить зі своєю зовнішністю, як мірило її поваги та почуттів до нього. Він думає, що якщо вона витрачає час на свою зовнішність, це означає, що вона хоче бути для нього привабливою. Чоловіки в процесі розлучення найчастіше скаржаться на те, що після одруження їхня дружина себе запустила. Вони відчувають, що вона використовувала свою зовнішність, щоб привабити їх, а після одруження вирішила, що це більше непотрібно. Більшість чоловіків почуваються розчарованими, якщо жінка чепуриться тільки для своїх колег по роботі. Однак жінці важко зрозуміти такий образ мислення чоловіка, адже вона любитиме його незалежно від того, як він виглядає.

Рішення

Ваша зовнішність впливає на те, як інші будуть на вас реагувати і ставитись до вас. Вона також впливає на ваше власне самосприйняття та поведінку. Можливо, ваша бабуся казала вам: «Люди ніколи не повинні судити про книгу за її обкладинкою», але реальність полягає в тому, що саме так вони і роблять. Більшість елементів вашої зовнішності тією чи іншою мірою перебувають під вашим контролем. У багатьох коледжах діють курси хороших манер та догляду за собою. На них вас навчать ходити, сидіти, розмовляти, одягатися, застосовувати макіяж тощо. Книгарні рясніють публікаціями про те, як зробити те саме. Великі універмаги часто пропонують послугу безкоштовного макіяжу, щоб навчити клієнтів вибирати та застосовувати косметику, а магазини одягу із задоволенням покажуть вам, як вибирати та носити одяг. Хорошого перукаря можна попросити порекомендувати, як краще зачісувати волосся, ваш стоматолог може виправити ваші зуби, а реклама нижньої білизни покаже вам, як найкраще продемонструвати ваші фізичні принади.

Ваша вага також повністю під вашим контролем, тому зверніться до дієтолога, який прищепить вам корисні харчові звички, і запишіться у фітнес-центр, щоб здобути потрібну вам форму. Якщо ви вважаєте, що це абсолютно необхідно, подаруйте собі на день народження пластику носа або збільшення грудей. У XXI столітті вже немає законних причин виглядати не так, як вам хочеться.

> «Ти все ще кохатимеш мене, коли я буду старою та сивою?» — запитала вона.
> «Я не тільки тебе кохатиму, я навіть тобі писатиму», — відповів він.

Ми не стверджуємо, що жінка має бути одержима своєю зовнішністю, хоча це можна сказати про більшість жінок, але важливо докладати до свого зовнішнього вигляду певних зусиль і максимально використовувати те, що вона має. Як сказала Елена Рубінштейн, не буває негарних жінок, є лише ледачі.

> Не буває негарних жінок, є лише ледачі.
> *Елена Рубінштейн*

Значно важливіше те, що ви можете зробити себе привабливішими, опановуючи нові навички та дізнаючись більше про життя. Всі тягнуться до людини, яка може підтримати розмову на широкий спектр цікавих тем.

Якщо ви візьмете 40 найпопулярніших нині пісень із будь-якого світового списку, то побачите, що найпопулярніші і найпродаваніші записи зазвичай не були написані чи виконані найкращими музикантами світу. Це продукти людей, які визначили, чого хоче споживач, написали текст і музику за перевіреною формулою, а потім почали продавати їх як гарячі пиріжки. Найкращі музиканти світу — це нікому невідомі люди, що сидять вдома і чекають, коли про них дізнаються. Якщо ви хочете бути популярними і привабливими — дійте так само.

Чоловіки можуть бути у захваті від розкішних грудей, а жінки — від залізних біцепсів, але дослідження свідчать, що, зрештою, у тривалих стосунках значення має розум, а не зовнішність. Ключовим інгредієнтом є внутрішнє сяйво, якого надає впевненість — сексуальна, емоційна та професійна. Інакше кажучи, станьте по-справжньому цікавою людиною, і ваших фізичних недоліків не будуть помічати.

Висновок

Це факт, що зовнішність жінки може привабити або відштовхнути чоловіка на будь-якому етапі їхніх стосунків. Багатьох жінок це доводить до сказу. Вони вважають несправедливим, що коли у чоловіка є сиве волосся чи зморшки, його вважають презентабельним і мудрим, тоді як жінку вважають просто старою. Однак це факт життя. Так само, як і той факт, що іноді буває негода з грозою та дощем, але немає абсолютно ніякого сенсу засмучуватися через це й говорити, що це несправедливо, або виходити з цього приводу на мітинг. Погода — це погода, незалежно від того, що ви про неї думаєте. Коли ви змиритеся з цим, то зможете підготуватися, взявши парасольку, пальто, шапку, рукавички або лосьйон від сонця. Таким чином, ви зможете вийти надвір, насолодитися погодою та добре провести час. Немає сенсу залишатися в приміщенні і скаржитися на те, що ви не можете змінити. Тому ставтеся до способу мислення чоловіків як до погоди. Не боріться з ними, керуйте ними.

Якщо ви незадоволені будь-яким аспектом своєї зовнішності, змініть його.

РОЗДІЛ 10

ТЕСТ НА СЕКСУАЛЬНУ ПРИВАБЛИВІСТЬ ЧОЛОВІКІВ

Що відбувається з чоловіками,
які п'ють молоко замість пива

Як високо жінки оцінюють вашу привабливість? Як ви гадаєте, жінки вважають вас симпатичним чи відразливим? Захопливим чи огидним? Пройдіть цей тест просто зараз, щоб точно визначити, як вас оцінюють жінки. В наступному розділі ви дізнаєтесь, що жінки насправді шукають у чоловіках. У цьому тесті враховуються бали за фізичні та нефізичні характеристики, які нараховуються вам щоразу, коли ви зустрічаєтеся з жінкою. Він допоможе вам дізнатись, наскільки високо вас оцінюють. Пройшовши цей тест, попросіть одну або кількох своїх подруг відповісти за вас на ці запитання та порівняйте ваші відповіді.

Пройдіть тест

1. **Ви берете участь у телевізійній програмі «Одруження наосліп», і жінка-учасниця просить вас описати ваше тіло. Що ви відповісте?**
   А. V-подібне.
   Б. Прямокутне.
   В. Кругле.

2. **Я вважаю, що чоловік повинен бути:**
   А. 100% моногамним.
   Б. У серйозних стосунках, але випадкові інтрижки можуть покращити постійні стосунки.
   В. Без жодних зобов'язань; вільні стосунки — це дорога в майбутнє.

3. **Якщо ви попросите жінку описати ваші сідниці, що вона скаже?**

А. Негабаритний вантаж.

Б. Маленькі та міцні.

В. Худі чи пласкі.

4. Як багато у вас волосся?

А. Десь половина (наприклад, є залисини).

Б. Майже все на місці.

В. Лисий чи поголений.

5. Ви попросили кількох жінок описати ваш рот. Що вони відповіли?

А. Усміхнений.

Б. Нейтральний чи опущений.

В. М'який/Ніжний.

6. Яке у вас почуття гумору?

А. Я безнадійний у плані гумору.

Б. Я можу бути душею вечірки.

В. Мені слід над цим попрацювати.

7. Як жінки описують ваші очі?

А. Відчужені/Холодні.

Б. Веселі/Пустотливі.

В. Добрі/Ніжні.

8. Подивіться у дзеркало. Опишіть своє підборіддя та ніс:

А. Звичайні, пасують до обличчя.

Б. Великий ніс, масивна щелепа.

В. Маленький ніс і маленьке підборіддя.

9. Ваші стегна:

А. М'язисті/Кутасті.

Б. Довгі/Сухорляві.

В. Округлі.

10. Ваш дохід:

А. Нижче середнього, але я віддаю перевагу роботі з частковою зайнятістю.

Б. Середній для мого віку та досвіду.

В. Значно вище середнього.

11. Виміряйте об'єм своєї талії та розділіть його на об'єм своїх стегон, а потім помножте на 100. Наприклад: якщо ваша талія 91 см, а стегна 106 см, тоді їх співвідношення становить 85,8%. Отже, ваше співвідношення становить:

А. 100% чи більше.

Б. 85–95%.

В. Менше ніж 85%.

12. Якщо жінка проведе рукою по вашому животу, що вона відчує?

А. Барильце мішленівського чоловічка.

Б. Шість кубиків.

В. Пласку поверхню.

13. Чи має розмір значення? На мою думку, жінки вважають, що розмір пеніса:

А. Не має значення.

Б. Має значення.

В. Дуже важливий.

14. Вас запросили на вечірку, і ви чули, що там буде багато жінок, на яких вам хотілося б справити враження. Що ви вдягнете?

А. Обтислі штани та сорочку, начищені черевики.

Б. Спортивний костюм і кросівки.

В. Джинси та сорочку із повсякденним взуттям.

15. Якщо жінка почувається засмученою, роздратованою чи стурбованою:

А. Я навряд чи це помічу.

Б. Я відразу це помічу.

В. Якщо я поговорю з нею якийсь час, то, найімовірніше, це помічу.

16. Я виходжу в люди:

А. З бородою.

Б. Чисто поголеним.

В. Із триденною щетиною.

17. Наскільки широкий діапазон ваших тем для розмови?

А. Я багато чого знаю про людей, місця та речі.

Б. У мене достатній діапазон тем для розмов.

В. Я експерт лише у своїй галузі.

Підрахуйте бали

Питання 1	Питання 2	Питання 3
А = 7 балів	А = 9 балів	А = 3 бали
Б = 5 балів	Б = 1 бал	Б = 7 балів
В = 3 бали	В = 0 балів	В = 5 балів

Питання 4	Питання 5	Питання 6
А = 3 бали	А = 3 бали	А = 1 бал
Б = 5 балів	Б = 1 бал	Б = 9 балів
В = 4 бали	С = 5 балів	В = 4 бали

Питання 7	Питання 8	Питання 9
А = 1 бал	А = 3 бали	А = 5 балів
Б = 4 бали	Б = 5 балів	Б = 3 бали
В = 5 балів	В = 1 бал	В = 1 бал

Питання 10	Питання 11	Питання 12
А = 3 бали	А = 3 бали	А = 1 бал
Б = 5 балів	Б = 7 балів	Б = 5 балів
В = 9 балів	В = 5 балів	В = 4 бали

Питання 13	Питання 14	Питання 15
А = 5 балів	А = 5 балів	А = 1 бал
Б = 3 бали	Б = 1 бал	Б = 9 балів
В = 1 бал	В = 3 бали	В = 7 балів

Питання 16	Питання 17	
А = 3 бали	А = 9 балів	
Б = 4 бали	Б = 7 балів	
В = 5 балів	В = 3 бали	

Тепер підрахуйте загальну кількість своїх балів та дізнайтесь, якою є ваша сексуальність.

90 балів і більше
Крутий котяра

Ого! Та ви справжній магніт для ціпочок. Ви надсилаєте жінкам правильні сигнали і знаєте, як підкреслити свої принади, щоб привабити їх. Проте стережіться, щоб не зробити свою зовнішність занадто ідеальною, інакше жінки можуть вирішити, що вона неприродна, або що ви занадто зациклені на собі, а це відштовхує багатьох жінок. Вони не хочуть занадто егоїстичного чоловіка. Жодна жінка не хоче конкурувати за дзеркало зі своїм партнером.

Від 47 до 89 балів
Домашній котик

Більшість чоловіків потраплять у цю категорію. Ви з посереднім успіхом використовуєте те, що маєте, для привадення жінок. Якщо ви набрали близько 89 балів, вам треба докласти лише незначних зусиль, щоб покращити ситуацію. Якщо ви ближче до 47 балів, у вас є основа, над якою слід старанно попрацювати. В наступному розділі ви дізнаєтесь як.

До 46 балів
Бродячий кіт

Вам подобається блукати провулками і ви, мабуть, вважаєте геєм кожного чоловіка, який віддає перевагу жінкам перед пивом. Ваші друзяки важливіші для вас, ніж жінки. Але якщо ви хочете бути привабливими для жінок, вам потрібна допомога! Жінкам подобаються чоловіки, які мають сильний характер, які змушують їх сміятись, чутливі до їхніх потреб і мають амбіції та розум, щоб досягти чогось у житті. На щастя, ви можете опанувати більшість із цих речей. Просто подумайте про все те задоволення, яке отримаєте, коли всі жінки у вашому житті почнуть дивитися на вас іншими очима!

РОЗДІЛ 11

СЕКСУАЛЬНА ПРИВАБЛИВІСТЬ ЧОЛОВІКІВ

Що заводить жінок

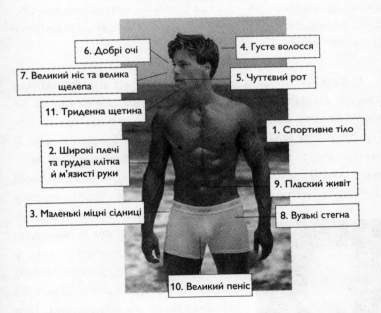

6. Добрі очі

4. Густе волосся

7. Великий ніс та велика щелепа

5. Чуттєвий рот

11. Триденна щетина

1. Спортивне тіло

2. Широкі плечі та грудна клітка й м'язисті руки

9. Плаский живіт

3. Маленькі міцні сідниці

8. Вузькі стегна

10. Великий пеніс

Частини чоловічого тіла, що приваблюють жінок, по черзі

Насамперед у цьому розділі розповідається про те, що сексуально приваблює жінок у чоловіках, але вам одразу кинеться в очі, що половина цього розділу присвячена тому, що збуджує чоловіків у жінках. Це пов'язано з тим, що, як ми вже згадували раніше, тіло жінки еволюціонувало як сексуальний сигнальний пристрій, який надсилає чоловікам повідомлення про її потенціал як здорового, успішного носія його генів. Жіноча сексуальна привабливість — це складний комплексний процес, але з фізичною сексуальною привабливістю чоловіків усе набагато простіше.

Із самого початку жінок насамперед приваблювали здорові сильні чоловіки, які могли роздобути їжу та захистити їх та їхніх дітей. З тих часів мало що змінилося. Проте жінка XXI століття хоче чогось більшого, ніж її попередниці: їй потрібен чоловік, який також буде задовольняти її емоційні потреби. Отже, в процесі еволюції її мозку в неї розвинулась потреба у двох протилежних

якостях — твердості та м'якості. Твердість означає, що її обранець демонструватиме чесноти, які забезпечать найкращий генетичний спадок для її нащадків і дадуть їм більший шанс на виживання. Для цього вона буде шукати Джона Вейна, Рассела Кроу або Брюса Вілліса — якогось жорсткого хлопця. Один зі способів ідентифікації цієї риси в чоловікові — це симетрія його тіла; те, як ліва частина його тіла віддзеркалює праву з кінцівками однакової довжини. Це зовсім не те, на що чоловіки звертають увагу в жінках. Швидше за все, вони шукають симетричні обличчя, а не тіла.

Однак обидві статі розглядають цю симетрію як ознаку молодості та здоров'я, подібно до того, як симетричні квіти виявляються значно привабливішими для бджіл, оскільки вони мають більше нектару, а симетричні тварини здебільшого живуть довше, ніж несиметричні.

> **Симетрія чоловічого тіла більш важлива для жінки, ніж симетрія його обличчя, саме тому боксери-чемпіони все ще часто приваблюють прекрасних жінок.**

Те саме спостерігається і в більшості тварин та комах. Так, самиця скорпіонової мухи хоче спаровуватися лише із самцями, які мають симетричні крила, оскільки ці самці мають більшу здатність долати життєві проблеми та невдачі. Ця стійкість є в генах самця і частково може передаватися потомству самиці. Отже, в скорпіонових мух симетрія вважається довідкою про стан здоров'я і, відповідно, логічною причиною для самиць обирати саме симетричних самців. Однак у людей сила потягу жінок до симетричних або жорстких чоловіків може змінюватися відповідно до їх менструального циклу.

> **Проведені в Шотландії дослідження виявили, що тип чоловічого обличчя, яке жінка вважає привабливим, може відрізнятися залежно від того, який у неї зараз день циклу. В період овуляції її приваблюють чоловіки з грубими, маскулінними рисами. А під час менструації її, найімовірніше, може привабити чоловік, у якого з голови стирчать ножиці.**

Коли ймовірність зачаття є найвищою (приблизно у другій половині менструального циклу жінки), жінка, швидше, вибере твердість більш симетричного чоловіка для короткочасних стосунків. Інакше кажучи, раз на місяць вона могла б бути кандидаткою на секс на одну ніч із Расселом Кроу.

Однак для ролі довгострокових партнерів жінки зазвичай обирають чоловіків, які будуть інвестувати в стосунки та у виховання дітей, незалежно від показників їхньої зовнішності. Але якщо судити про привабливість виключно за зовнішнім виглядом (чим ми тут і займаємось), то у загальному виборі жінки значну роль відіграє симетрія. У Британії результати експертизи ДНК показують, що 10% дітей, народжених у шлюбі, не є потомством чоловіка. Здається, дружина вибрала його за його здатність піклуватись, але шукала хороші гени в іншому місці.

Про що свідчать наукові дані

За даними проведених у США досліджень, привабливим чоловікам платять на 12–14% більше, ніж їх менш привабливим колегам (Хаммермеш та Біддл). Найбільше занепокоєння у всьому цьому викликає той факт, що привабливі особи отримують менш суворі вироки в суді, коротші строки ув'язнення та менші штрафи (Кастелло, Вуенш і Мур, 1991 та Даунс і Лайонс, 1990). У штаті Пенсільванія було проведено дослідження привабливості 74 підсудних чоловіків до початку кримінальних судових процесів, яке виявило, що привабливі обвинувачені не лише отримували більш легкі вироки, але й удвічі частіше уникали покарання у в'язниці, ніж непривабливі. Це пояснює, чому найкращі шахраї майже завжди мають привабливу зовнішність.

Дослідження відшкодувань збитків, присуджених за недбалість у ході судових розглядів, виявило, що коли відповідач був симпатичнішим за потерпілого, то потерпілий отримував, у середньому, компенсацію в розмірі 5623 долари США, але якщо потерпілий був більш привабливим, то його компенсація, в середньому, становила 10 051 долар (Кулька і Кесслер, 1978). Дані свідчать, що якби в залі суду всі сиділи із зав'язаними очима й не могли бачити підсудних, результати б істотно відрізнялися.

Це може здатися прикрим, але до позитивних факторів можна віднести те, що кожен має шанс покращити свій зовнішній вигляд і може прийняти свідоме рішення підвищити свою привабливість для інших людей. Стосовно ж чоловіків, то сексуальні реакції жінок запускаються візуально певними аспектами чоловічого організму. Ось вони, по черзі.

Рейтинг факторів збудження жінок:

1. Спортивне тіло.
2. Широкі плечі та груди і м'язисті руки.
3. Маленькі міцні сідниці.
4. Густе волосся.
5. Чуттєвий рот.
6. Добрі очі.
7. Великий ніс і велике підборіддя.
8. Вузькі стегна та м'язисті ноги.
9. Плаский живіт.
10. Великий пеніс.
11. Триденна щетина.

Пріоритет 1: спортивне тіло

Список факторів збудження жінок очолює чоловік зі спортивним, V-подібним тілом. Сильне, атлетичне тіло є ознакою міцного здоров'я та сигналізує про потенціал чоловіка для успішного здобування їжі та боротьби з ворогами. Навіть у наші часи ймовірної гендерної рівності, коли з випнутих біцепсів та широкої грудної клітки мало практичного толку, ці сигнали все ще стимулюють мозок жінки під час оцінювання підходящих партнерів. V-подібна форма також приваблює жінок, оскільки вона протилежна їхній формі тіла, що становить перевернуту V. Там, де у жінки вигини та м'якість, у чоловіків зазвичай — кути та твердість, і саме ця різниця може виявитись такою привабливою.

Пріоритет 2: широкі плечі та груди і м'язисті руки

Верхня частина тіла чоловіка-мисливця широка і поступово витончується до вузьких стегон, тоді як жіноче тіло вужче в плечах і розширюється в стегнах. Таке тіло розвинулось у чоловіків у процесі еволюції, щоб вони могли переносити важку зброю на великі відстані і нести додому свою здобич.

Широкі плечі — це чоловіча риса, яку часто копіюють жінки, які хочуть самоствердитись. Для цього вони кладуть руки на стегна, щоб виглядати ширшими в плечах і займати більше місця. Бізнес-леді, які носять підплічники, вважаються більш наполегливими — подібного результату чоловіки досягають за допомогою еполет. Грудна клітка чоловіка стала широкою, щоб вміщати великі легені, які мали забезпечувати ефективніший розподіл кисню і більш ефективне дихання під час бігу та погоні. Що більші його груди, то більше поваги він викликає і більша його влада. Коли сучасні чоловіки пишаються якимись своїми досягненнями, їхні груди досі «здимаються від гордості», а хлопчики-підлітки все ще асоціюють добре розвинену верхню частину тулуба з мужністю.

Чоловіки мають довше передпліччя, ніж жінки, щоб краще цілитись та кидати, а отже, краще здобувати їжу. Волохаті пахви чоловіків завжди були ознакою сильної маскулінності. Пахвове волосся призначене для того, щоб утримувати запах з потових залоз, що містить феромон із запахом мускусу, який сексуально стимулює жіночий мозок. Те саме стосується і волосся на грудях та в промежині.

Жінок, безумовно, приваблює яскраво виражена верхня частина тіла, але більшості з них не подобається, коли чоловік виглядає як силач чи культурист, тому що вони вважають, що такого чоловіка більше цікавить його власна краса, ніж жіноча. Спортивний здоровий вигляд приваблює жінок; типаж Арнольда Шварценеггера їх відштовхує.

Чоловічі груди так само, як і жіночі, мають соски та молочні залози. Це пов'язано з тим, що базовим шаблоном для людської істоти є жіночий, тож соски та молочні залози залишаються навіть тоді, коли дитина буде чоловічої статі. Соски у чоловіків мають низький рейтинг як збудливі фактори, але вони відіграють певну роль у сексуальних іграх. Крім того, відомі тисячі зафіксованих випадків, коли у чоловіків починало виділятись грудне молоко для годування в умовах крайньої депривації, наприклад під час голоду, який панував у концтаборах під час Другої світової війни. Оскільки чоловіки все ще мають це жіноче обладнання, кожна 50-та людина, в якої діагностували рак молочної залози, — це чоловік, і вони помирають набагато швидше, ніж жінки. Ви рідко коли про це чуєте, тому що чоловіки, у яких діагностовано рак молочної залози, зазвичай почуваються сильно збентеженими через таку традиційно жіночу хворобу й уникають розмов про неї.

Пріоритет 3: маленькі міцні сідниці

У самців мавп немає опуклих округлих сідниць — вони є лише в людей. Коли ми навчилися ходити на двох ногах, сідничні м'язи в нозі різко збільшились, завдяки чому ми змогли стояти вертикально. Сідниці завжди були об'єктом багатьох жартів і частиною тіла, яку сприймали як жартома, так і зневажливо. Так, 23% всіх несправностей фотокопіювальних апаратів у всьому світі спричинені людьми, що всілися на них, щоб зробити копію своїх сідниць. Отже, чому таку велику кількість жінок цікавлять чоловічі сідниці, чому їм так хочеться, аж свербить, їх погладити, коли повз проходить їх власник, і чому

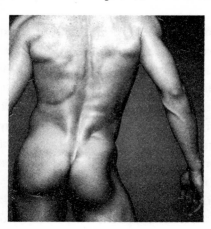

вони так люблять милуватися фотографіями чоловіків з акуратними задками? Маленькі компактні сідниці подобаються геть усім жінкам, але мало хто розуміє їх магнітне тяжіння.

Секрет полягає в тому, що міцні м'язисті сідниці необхідні для здійснення сильних поступально-зворотних рухів під час сексу. Чоловікові з пласким чи відвислим задом складно їх виконувати, і він зазвичай робить поштовх усією вагою тіла. Жінкам це не дуже подобається, тому що вони можуть почуватись некомфортно, утримуючи на собі вагу чоловіка, а ще їм може бути важко дихати. Натомість чоловік з маленькими міцними сідницями має набагато більші шанси на ефективну роботу.

> **Маленькі міцні сідниці обіцяють більшу ймовірність запліднення.**

Садисти й мазохісти з давніх часів полюбляють шмагання оголених сідниць, а багато чоловіків і жінок вважають це сексуально збудливим. Почервоніння сідниць нагадує стан сексуального збудження в жінки, а посилене подразнення багатьох нервових закінчень на сідницях приводить до стимулювання статевих органів. Інакше кажучи, коли жінка плескає чоловіка по сідницях, вона насправді спонукає його до ерекції.

Пріоритет 4: густе волосся

Упродовж усієї історії людства волосся на голові було індикатором чистої чоловічої сили. В епоху Середньовіччя вважалося, що волосся наділене магічними властивостями, тому пасмо волосся коханої людини відрізали та зберігали у медальйоні або використовували в релігійних обрядах. У ченців видалення волосся за допомогою гоління голови розцінювалось як знак смирення перед Богом. Коли в Самсона відрізали волосся, він втратив всю силу. Густа шевелюра завжди символізувала чоловічу силу і владу, і в цьому полягає її привабливість.

Близько 50% жінок приділяють першочергову увагу чоловікові з густим волоссям. Однак інші 50% зовсім не надають цьому значення, а багато з них також вважають лисі та поголені голови доволі привабливими.

Чоловіче облисіння є спадковим, воно викликане надмірним виробленням організмом чоловічих гормонів. Ці гормони наповнюють систему і вимикають певні волосяні сосочки, здебільшого на маківці голови. Через підвищений рівень гормонів лисі чоловіки зазвичай більш агресивні та хтиві, ніж їхні волохаті брати, тому облисіння сигналізує про супермужність. Цей маскулінний сигнал, який передає лиса голова, підкреслює статеві відмінності між чоловіками та жінками і збуджує багатьох жінок.

> **На думку одних, це всього лише лиса голова. На думку інших, це сонячна батарея секс-машини.**

Ми провели експеримент, використавши світлини чоловічих голів, яким за допомогою комп'ютера надали різного ступеня облисіння. А потім показали їх респондентам, яких попросили поділитися своїм першим враженням про кожного із зображених на них чоловіків в умовах робочого середовища. Було виявлено: що більшу лисину мав чоловік, то більш владним та успішним вважали його люди, і тим менше вони чинили опір, коли він просував свої владні повноваження. З іншого боку, волохатих чоловіків вважали менш владними, і вони менше заробляли. Отже, лиса голова є явною ознакою великої кількості тестостерону. Багатьох чоловіків непокоїть їхнє вже існуюче чи неминуче облисіння, і вони почуваються засмученими через те, що нічого не можуть із цим зробити; єдиний надійний спосіб уникнути облисіння — це кастрація до настання статевої зрілості, але ми не рекомендуємо цього робити. Проте чоловіки мають усвідомлювати, що лисина — це очевидна розплата за посилену ауру владності та сексуальності.

Під час досліджень, проведених для нашого бестселера «Грубі та політнекоректні жарти» (*HarperCollins*), ми виявили, що жарти про лисини розповідають тільки чоловіки; ви навряд чи почуєте, щоб жінка жартувала з цього приводу. Частково це пояснюється тим, що жінки, ймовірно, співчувають чоловікам, які почуваються дискомфортно через свою лисину, але також це може бути пов'язано з тим, що лиса голова — це ознака маскулінності. Тому багато жінок не вважають облисіння недоліком, над яким можна сміятись, а зовсім навпаки — лисина їх заводить, і вони часто цілують чи пестять безволосу маківку чоловіків.

Збудливі фактори 5 і 6: чуттєвий рот і добрі очі

Коли чоловіки описують жіночі губи або очі, вони використовують такі слова, як «вологі», «сексуальні», «смачні», «привабливі», «солодкі» та «еротичні». Проте коли жінки описують чоловіка, що має чуттєвий рот або добрі очі, вони використовують такі слова, як «турботливі», «чуйні», «проникливі» та «люблячі». Однак ці слова не описують фізичні особливості. Жінки використовують їх, щоб описати, як вони сприймають *ставлення* чоловіка. Це ще одне свідчення різниці між статями: чоловіки бачать, власне, фізичну особливість, а жінки дивляться далі, щоб побачити емоції.

Стосовно очей, то в жінок видно більше білка, ніж у чоловіків, тому що жіночий мозок створений як інструмент комунікації на близькій відстані. Білки очей — це допомога в спілкуванні віч-на-віч, оскільки вони дають можливість контролювати напрямок погляду іншої людини та зрозуміти, як вона до вас ставиться. У більшості інших тварин білків майже не видно, оскільки вони спостерігають за сигналами тіла інших тварин на більшій відстані. Також жінки віддають перевагу чоловікам з темнішими очима, оскільки світлі очі мають більш інфантильний вигляд.

Пріоритет 7: великий ніс і велике підборіддя

Великий ніс та велике підборіддя розвинулися в чоловіків у процесі еволюції, щоб забезпечити їм захист від ударів по обличчю під час бою чи полювання, а також є потужними ознаками мужності. Чоловіки з високим рівнем тестостерону мають сильніші щелепи, що виступають назовні, ніж чоловіки з низьким вмістом тестостерону, а рух, при якому щелепа висувається вперед, сприймається як демонстрація непокори. Козляча борідка візуально збільшує розмір підборіддя, тому чоловік виглядає так, наче він може витримувати жорсткі удари долі. На жаль, вважається, що козляча борідка походить від сатани, через що чоловікові з такою бородою може бути складно завоювати визнання та довіру в світі бізнесу. Втягування підборіддя асоціюється зі страхом, і цей жест використовують вискочки з вищого класу, тому він не популярний серед жінок.

Із часів Римської імперії розмір носа чоловіка асоціювався з розміром його пеніса, але, на розчарування Піноккіо, досліджень, що підтвердили б цей міф, не існує. Єдине, що є спільного у носа з пенісом, — це те, як він виступає спереду тіла. Однак було виявлено, що ніс чоловіка наповнюється кров'ю під час сексуального збудження, а його температура зростає мало не на шість градусів — як і в його пеніса.

Пріоритет 8: вузькі стегна та м'язисті ноги

Міцні спортивні ноги чоловіка найдовші серед усіх приматів, а його вузькі стегна дають змогу швидко бігати на великі відстані, щоб переслідувати і полювати. Через широкі стегна у багатьох жінок виникають труднощі з бігом, оскільки їхні гомілки і стопи часто відхиляються вбік, щоб збалансувати вагу тіла. Провідний американський професор нейропсихології доктор Девендра Сінгх виявив, що жінки вважають найбільш привабливими чоловіків зі співвідношенням стегон до талії 90% — такому самому співвідношенню жіночі лесбійки віддають перевагу у своїх «мужніх» партнерок. Ноги чоловіків приваблюють жінок лише тому, що вони є символами чоловічої сили та витривалості.

Пріоритет 9: пласки́й живіт

У стародавні часи, коли їжі було недостатньо, велике черево вказувало на високий статус його власника, який має достатньо ресурсів, щоб дозволити собі їсти досхочу. У сучасному суспільстві, де їжі вдосталь, великий живіт вважається ознакою зловживання та неповаги до особистого здоров'я. Чітко окреслені м'язи живота ніколи не були важливою особливістю чоловічої анатомії, що викликає захоплення в жінок. Такий вигляд — це породження виробників обладнання для спортивно-оздоровчих комплексів та тренажерних залів, які відчайдушно переконують нас, що ми не можемо жити без добре прокачаних «шести кубиків». Геракл і Хі-Мен — це єдині герої, які коли-небудь їх мали; навіть у Супермена та Бетмена їх не було. Звичайно, вони мали плаский живіт, але він ніколи не виглядав як пральна дошка. Насправді багато героїв минулого виглядали, ймовірніше, як реклама пончиків «Данкін Донатс».

Пріоритет 10: великий пеніс

Чоловіки мають найбільший пеніс серед усіх приматів. Упродовж тисяч років довжина пеніса чоловіка асоціювалася з його ймовірною силою і майстерністю як коханця, але ця сила більше в розумі, ніж у самому органі. Всупереч відредагованим у графічному редакторі геніталіям, які ви можете побачити в інтернеті, найбільша офіційно зареєстрована довжина пеніса становить 35 см, а між розміром тіла, довжиною носа, розміром взуття та довжиною члена чоловіка не існує жодного зв'язку. Довжина пеніса в стані ерекції у чоловіків становить в середньому 14 см, а довжина піхви у більшості жінок — 9 см, при цьому найчутливіша її ділянка — це перші 5 см, які закінчуються навколо точки G. Як показує практика, чоловік із пенісом довжиною 7,5 см у стані ерекції може «обслужити» жінку більш старанно, ніж чоловік із 17-сантиметровим, оскільки коротший пеніс може точно влучити в потрібні місця. Жінки, яких збуджує довгий пеніс, здається, більше реагують на ймовірну чоловічу силу органа, ніж на те, куди він фізично дістає. Жінки, що перебувають у щасливих стосунках, рідко коли замислюються про розмір пеніса, але після болісного розриву можуть говорити, що в їх колишнього — маленький, щоб помститися йому.

> Один юнак дуже боявся першого сексу зі своєю дівчиною, оскільки був упевнений, що його член занадто маленький. Врешті-решт він зрозумів, що не може постійно відкладати це на потім, і, збуджений, запросив її до себе в гості. Для початку він зняв одяг, потім вимкнув світло і обережно почав роздягати її та пестити. Знервований, він нарешті поклав свій ерегований пеніс в її руку, сподіваючись, що вона не помітить його розмірів.
> — Ні, дякую, — сказала вона, — я не курю.

Еволюційно жінок не збуджує вигляд чоловічих геніталій, що є зовсім протилежним тому, що відбувається з чоловіками. Чоловічі порно-журнали демонструють жінок із широко розставленими ногами, вид спереду і ззаду, які стоять або лежать, тоді як усі спроби продати порнографічні образи чоловіків жінкам зазнали поразки. Усе, чого вдалося досягти, — це поповнити ряди своїх читачів геями.

> **Коли чоловік бачить оголену жінку, він втрачає мову. Коли жінка бачить голого чоловіка, її зазвичай розбирає сміх.**

Здається, що розмір чоловічого пеніса зайняв у жіночому рейтингу 10-те місце через його історичну асоціацію з чоловічою владою — що більший орган, то більшою повагою його власник нібито користується серед інших чоловіків. У Новій Гвінеї чоловіки публічно демонструють

Аборигени Нової Гвінеї з церемоніальними піхвами на пенісі, а внизу — плавці в плавках *Speedo*. Підхід інший — повідомлення те саме

свої пеніси, прикриваючи їх піхвами завдовжки в один метр, які вони підв'язують до шиї для підтримки й ходять так на публіці. Найбільше, на що в цьому плані спромоглися західні самці, — це плавки *Speedo*.

> **Жодна модна помилка, якої може припуститися жінка, не йде ні в яке порівняння з чоловічими плавками *Speedo*.**

Пріоритет 11: триденна щетина

Чоловіки є єдиними приматами, які можуть відростити значно довше волосся на обличчі, ніж на інших частинах тіла. Мавпи мають однакову довжину шерсті по всьому тілу. Ви ніколи не побачите мавпу з бородою, а в шимпанзе Чіти ніколи не було гусарських вусиків. Чоловічі гормони викликають ріст довгого волосся на обличчі. Що вищий рівень тестостерону в організмі в чоловіка у певний день, то швидше воно росте. Отже, триденна щетина слугує потужною візуальною ознакою мужності, якою радо користуються чоловіки, яких жінки в противному разі можуть сприймати як занадто юних. Більшість

Що не так із цією світлиною?

Том Круз із мужньою триденною щетиною

жінок погоджуються, що, наприклад, Том Круз виглядає набагато сексуальнішим зі щетиною на підборідді, ніж чисто поголений. Стрес і хвороби пригнічують вироблення тестостерону, через що хворому чоловікові в стані стресу не потрібно голитися дуже часто. Чоловік, у якого до полудня вже виростає триденна щетина, створює враження, що він рветься до бою.

Кого шукають жінки для довгострокових стосунків

Ось результати опитувань, які показують, що жінки шукають у чоловіках.

Що жінки шукають у чоловіках

1. Особистість.
2. Гумор.
3. Чутливість.
4. Розум.
5. Гарне тіло.

Чоловіки мають два списки про жінок: список першого враження та список якостей, які вони шукають у партнерці для довгострокових стосунків. Але жінки мають тільки один список. Вони хочуть, щоб чоловік був турботливим, розумним, жартівливим, відданим та розуміючим, на противагу візуальним оцінкам чоловіків. Якщо у чоловіка гарне тіло, вона вважає це бонусом, але — за винятком одного-двох днів на місяць, коли її список очолює Рассел Кроу — воно займає нижню частину списку її пріоритетів. На відміну від чоловіків, жінки не оцінюють ставлення чоловіка до себе за його зовнішнім виглядом та доглянутістю. Натомість жінка вимірює його любов тим, як він ставиться до неї. Якщо у чоловіка погане почуття стилю або в нього починає рости черевце, жінкам може це не подобатись, але цей фактор не стане вирішальним. Така принципова різниця між чоловіками та жінками викликає сильне розчарування та непорозуміння з обох сторін. Звичайно, жінки мають розуміти, що їхня зовнішність важлива для чоловіка, і що це може серйозно вплинути на стосунки між ними. А чоловікам потрібно засвоїти, що жінка вимірює глибину їхніх стосунків тим, як він до неї ставиться.

> Жінка хоче м'якого і турботливого чоловіка, який би розумів її та спілкувався з нею, але він також має бути сильним, м'язистим та мужнім.
> Але в неї нічого не вийде. У нього вже є хлопець.

Опитування та дослідження постійно доводять, наскільки важливою є фізична привабливість жінки для чоловіків, особливо під час першого знайомства, коли він оцінює її рейтинг привабливості менше ніж за десять секунд. Однак, вибираючи постійну партнерку для довготривалих стосунків, чоловіки використовують інший набір цінностей. Жінки люблять, коли їх чоловіки мають привабливий вигляд, але фізична форма та зовнішній вигляд чоловіка не є критично важливими для його ділового чи соціального статусу, це лише додатковий бонус. Як ще можна пояснити успіх Жерара Депардьє? Вибираючи партнера, жінки починають і закінчують з тим самим списком цінностей. Якщо чоловік може змусити жінку сміятися, чутливий до її потреб, може поспілкуватися з нею на різні теми, має ціль постійно вдосконалювати своє життя і на додачу гетеросексуальний, у нього ніколи не буде нестачі в побаченнях.

Рішення

Щоб стати більш привабливим чоловіком, вам потрібно насамперед попрацювати над вашими навичками спілкування та налагодження стосунків. Навчитися бути хорошим співрозмовником, заводити друзів, впливати на людей та розвинути своє почуття гумору ви можете в будь-якому коледжі чи на будь-яких бізнес-курсах. Як видно зі списку, жінки люблять чоловіків, що можуть змусити їх сміятись. Купуйте книги, з яких ви дізнаєтесь, як думають та відчувають жінки. Ми рекомендуємо вам як чудові джерела нашу книгу «Чому чоловіки не слухають, а жінки не вміють читати мапи» та книгу Барбари де Анджеліс «Секрети про жінок, які повинен знати кожен чоловік». Потім вийдіть з вашої зони комфорту і влаштуйтесь на кращу роботу. Жінок приваблюють чоловіки, які демонструють, що вони рухаються вперед і прагнуть покращити своє становище в житті. Навіть самодостатніх та фінансово незалежних жінок приваблюють чоловіки, які проявили себе як хороші захисники та годувальники. Хоча така жінка може бути не надто зацікавленою в його ресурсах, її мозок все одно запрограмований на те, щоб захоплюватись чоловіком, який досяг успіху. Йому не обов'язково потрібно бути Дональдом Трампом, він просто повинен мати цілі та плани й діяти відповідно до них. Пройдіть курс у коледжі, щоб розширити свою загальну обізнаність. Так ви зможете розмовляти з жінками на різноманітні теми. Чоловіки постачали жінкам їжу упродовж тисяч років, тому навчіться готувати — це стимулює первісну частину жіночого мозку. Танець завжди був для жінок формою прелюдії, тож якомога швидше запишіться на уроки танців. Чоловік, який вміє готувати й танцювати (не обов'язково одночасно), буде найпопулярнішим хлопцем у місті.

> **Ви завжди можете визначити найкращі роки життя чоловіка — його зачіска з тих часів залишилась незмінною.**

І, нарешті, запишіться до спортклубу та приведіть себе у форму. Змінюйте свою зачіску принаймні кожні три роки. Чоловіча зачіска, вуса й борода здебільшого залишаються такими, якими вони були в найкращий рік його життя — найчастіше, коли йому було близько 20 років. У чоловіків більше немає причин не займатися в житті тим, чого вони хочуть. Залишились лише виправдання. Не скаржтесь, просто зробіть це!

Розділ 12

«У ЦІЙ СУКНІ Я ВИГЛЯДАЮ ГЛАДКОЮ?»

Чому чоловіки брешуть

Чоловік проходить найважливіше випробування
детектором брехні

Цей новий чоловік у вашому житті присягається, що з його колишньою покінчено, але ви знаєте, що на його робочому столі стоїть її світлина. Ваші жіночі інстинкти кажуть вам, що тут щось не так, але ви не можете з упевненістю сказати, що саме.

Ваша дівчина не прийшла до вас минулого вечора, як обіцяла. Вона сказала, що вона, чи її собака, чи її мати погано почувалась. Але ви знаєте, що вона ніколи не хворіє, її мати померла, і в неї немає собаки. Ви починаєте щось підозрювати. Невже вас обманюють?

Брехня: *іменник*, умисне введення в оману однією людиною іншої.

Хто бреше?

Усі брешуть. Найчастіше люди брешуть при першому знайомстві, коли кожен хоче презентувати себе в найкращому світлі. Більша частина нашої брехні — це брехня на благо. Завдяки цьому ми можемо співіснувати одне з одним без жорстокості та агресії, тому що ми часто бажаємо почути злегка викривлену правду, ніж жорсткі холодні факти. Якщо у вас занадто великий ніс, навряд чи вам хочеться чути про це правду — ви воліли б почути, що він чудово виглядає, і що ніхто не звертає на нього увагу, або що його розмір пасує до вашого обличчя.

> **Завжди кажіть правду — а потім тікайте.**
> *Прислів'я*

Якби ви говорили чисту правду кожній людині, з якою контактували протягом останнього тижня, де б ви були зараз? У лікарні? Можливо, у в'язниці. Якби ви промовляли точно ті слова, які спадають вам на думку, коли ви спілкуєтеся з іншими людьми, як би вони відреагували? Одне можна сказати з упевненістю: у вас не було б друзів і ви, ймовірно, залишилися б без роботи. Уявіть таку розмову:

«Привіт, Маріє. Ти жахливо виглядаєш. Чому б тобі не носити бюстгальтер для підтримки цих обвислих грудей?»

«Привіт, Адаме. Тобі давно пора навідатись до дерматолога, щоб позбутись цих відразливих прищів на обличчі. Ти жахливо вдягнений. І чому ти не стрижеш волосся в носі?»

«Ти купила прекрасний новий автомобіль, Мішель. Вашим двом гіперактивним дітлахам не знадобиться багато часу, щоб розтрощити його. Як мати ти абсолютно недолуга».

Ці приклади цілком правдиві. Брехнею було б сказати: «Привіт, Маріє, ти чудово виглядаєш», «Привіт, Адаме, ну ти й м'язистий красунчик», «Ти така хороша мати, Мішель».

Коли ви востаннє брехали? Добре, можливо, фактично ви не збрехали, а просто дозволили комусь зробити хибне припущення, базуючись на тому, що ви сказали чи не сказали, або просто трохи прибрехали, щоб не ранити чиїсь почуття. Можливо, це була всього лише маленька брехня на благо — ви сказали, що вам подобається чиясь зачіска, стиль оформлення будинку чи новий партнер, тоді як насправді це не так — або ви не хочете, щоб хтось почув погані новини саме від вас. Мабуть, ви злегка перебільшили кілька дрібниць, отримуючи кредит, чи при влаштуванні на роботу, щоб подати себе у кращому світлі.

Продаючи свою машину, можливо, ви забули згадати, що з двигуна постійно підтікає масло, коли розповідали, в якому вона хорошому стані. Коли ви рекламували свій будинок для продажу, то вирішили за краще не вказувати, що він стоїть якраз у зоні маршруту регулярних авіарейсів. Можливо, ви пофарбували своє волосся, щоб виглядати на сім років молодше, чи зачесали ті кілька пасом волосся, які у вас залишились, на лисину, вважаючи, що зможете обдурити інших, змусивши їх думати, що у вас все ще густа чуприна. І невже ви ніколи не носили високі підбори, щоб ваші ноги здавались довшими, ніж вони є, підплічники, щоб посилити свою авторитетність, накладні нігті чи макіяж, чи ніколи відверто не брехали про свою вагу чи вік? Ми всі постійно брешемо одне одному. Батьки брешуть своїм дітям про секс, а підлітки брешуть своїм батькам про те, що у них його не було. Називайте це як хочете, але вони всі брешуть.

> Лише вороги говорять правду. Друзі та кохані постійно брешуть, заплутавшись у павутині зобов'язань.
>
> *Стівен Кінг*

Ми брешемо з двох причин — щоб отримати вигоду або уникнути болю. На щастя, більшість людей відчувають провину, докори сумління чи тривогу, коли вони брешуть, і більшість не можуть це приховувати. Тому інша людина може з'ясувати, сказали їй правду чи збрехали. З часом ви навчитеся розпізнавати ці поведінкові сигнали та дешифрувати їх.

Розгляд конкретного випадку: історія Шили та Денніса

Денніс запросив Шилу до себе додому на вечерю, тож вона вдягнулася так, щоб справити на нього враження. Того дня вона пішла до перукаря, щоб зробити у волоссі білі пасма, старанно нанесла макіяж на обличчя, одягла сексуальну, злегка зухвалу сукню, взула черевики на високих підборах, прикрасила вуха парою довгих сережок і наприскалась дорогими французькими парфумами. Приїхавши, вона здивувалася, як Денніс підготувався до вечері. Він приглушив світло, увімкнув легку музику та розпалив вогонь у каміні. Коли Шила увійшла до вітальні, він подарував їй букет прекрасних квітів та бережно підвів її до освітленого свічками столу, де повільно налив їй склянку шампанського. Коли вона сіла, гріючись у променях такої уваги, то помітила, що від нього пахне лосьйоном після гоління «Опіум», про який вона колись сказала йому, що їй подобається його запах. Усі її чуття — зір, слух, нюх, смак та дотик — були збудженими і загостреними. Вони трохи поговорили про її роботу та про події її дня. Денніс уважно слухав, посміхався та дивився їй в очі, заохочуючи до розмови. Шила була ошелешена турботливістю та чутливістю цього чоловіка — він був абсолютно несхожим на інших чоловіків, з якими вона зустрічалась. І вона припускала, що він відчуває те саме стосовно неї.

У ввічливій формі такий сценарій називається романтичною вечерею при свічках. Однак реальність полягає в тому, що це абсолютна і повна брехня з обох сторін, спрямована на те, щоб досягти особистої вигоди. Денніс старався лише заради Шили. Шампанське, приглушене світло та спокійна музика не були звичайною частиною Деннісового життя, його ж улюбленою темою для розмов був спорт. Увесь цей антураж — тонка хитрість. Денніс хотів сексу. Дикого, розкутого сексу. Він був достатньо досвідченим, аби знати, що коли він підготує відповідну сцену, то шанси отримати від Шили те, чого він хоче, значно зростуть.

Шила, з іншого боку, була такою самою брехухою, як і Денніс. Вона причепурилась та прикрасилась виключно для того, щоб стимулювати ту частину його мозку, яка відповідає за секс, підвищивши рівень тестостерону в його організмі. Шила навмисно демонструвала більшість сексуальних сигналів, які ми обговорювали в розділі 9, щоб він приділив їй якомога більше уваги. Усе, про що вони говорили і що робили того вечора, спрямовувалося на особисту вигоду. Словом, увесь вечір базувався на брехні та обмані. Однак якби обох поставили перед цим фактом, вони, звісно, категорично б його заперечували.

Типи брехні

Існує чотири основних типи брехні — невинна брехня, корисна брехня, зловмисна брехня та брехня, що вводить в оману. Як ми вже говорили, невинна брехня — це частина нашого соціального життя, вона дозволяє нам не ображати одне одного холодною, жорстокою, болючою правдою. Корисна брехня використовується людиною, яка намагається допомогти іншим. Наприклад, фермер, який ховав євреїв від нацистів, діє героїчно, коли бреше у відповідь на запитання, чи немає в його будинку євреїв. Рятувальник, який витягає дитину із залишків палаючої машини і бреше їй, що з її батьками все гаразд, рятує цю дитину на короткострокову перспективу від ще більшої травми. Лікарі, які брешуть пацієнтові на смертному ложі, щоб підбадьорити його, або виписують йому фальшиві ліки плацебо, по суті, також брешуть.

> **За даними досліджень, 30–40% пацієнтів почуваються краще від плацебо.**

Небезпечною є лише брехня, що вводить в оману, тому що брехун намагається завдати жертві болю чи збитків заради власної користі. Наприклад, якось подруга нашої знайомої Джеррі застерегла її від одного чоловіка, який приділяв їй увагу. Джеррі була матір'ю-одиначкою, не надто соціально активною, тому коли на ігровому майданчику свого сина вона познайомилась з батьком-одинаком, який здавався милим, чутливим, розумним, смішним і, що найважливіше, зацікавленим у ній, вона почувалася щасливою. Однак Марджі швидко припинила зародження цього роману. Вона розповіла Джеррі, що цього чоловіка знають як великого бабія, який розбив не одне жіноче серце. Після того Джеррі, яка завжди ставилась до чоловіків з обережністю, оскільки боялася, що її дитина емоційно прив'яжеться до її бойфренда, почала уникати того чоловіка. Через місяць вона зіштовхнулася з ним у місцевому торговому центрі — він йшов під ручку з Марджі, що аж сяяла від щастя.

Існує два основних види брехні, що вводить в оману, — приховування та фальсифікація. При приховуванні брехун фактично не говорить брехні, він приховує інформацію. Припустімо, що пізніше Джеррі дізналась від іншої подруги, що цей чоловік у минулому обманом змусив свою колишню дівчину перевести на його рахунок всі її гроші, а потім втік, прихопивши із собою готівку та залишивши її на межі банкрутства. Навряд чи ви звинувачували б Джеррі за те, що вона не попередила Марджі. Марджі б усе одно їй не повірила. Але якщо Джеррі прийняла рішення не говорити Марджі, тоді вона буде винна у брехні, цього разу через акт приховування.

При фальсифікації фальшиву інформацію подають так, ніби це правда. Маржі надала Джеррі фальшиву інформацію про характер того холостяка, щоб відбити його в суперниці. Такий тип брехні є зумисним актом; він ніколи не буває випадковим.

До зловмисної брехні вдаються заради помсти чи наживи. Відомі люди, як-от актори, багатії та політики, є очевидними мішенями для зловмисної брехні з метою наживи. Журналісти, які потім друкують ці історії в низькопробних таблоїдах чи журналах, знаючи, що це неправда, також можуть отримати з цього вигоду, так само, як конкуренти цих людей в бізнесі, політиці та індустрії розваг.

Зловмисна брехня або поширення чуток часто використовуються як зброя при конкуренції. У таких ситуаціях брехуни мають намір знищити особистість та репутацію своїх жертв, зазвичай з руйнівними та тривалими результатами. Наприклад, компанія може поширити фальшиву інформацію про те, що її головний конкурент переживає період фінансових труднощів. Так само політичні партії не гребують поширенням чуток про неприйнятні статеві зв'язки свого опонента.

Уявіть, що було б, якби один із двох чоловіків, що боруться за прихильність однієї жінки, розповсюджував про іншого брехню, що той педофіл або хворіє на ЗПСШ. Зловмисна брехня працює за тим принципом, що якою б обурливою чи малоймовірною вона не була, але якщо ви кинете достатньо бруду, дещо таки прилипне.

Типи брехунів

«Природжений брехун» — це той, хто має совість, але впевнений у своїй здатності обманювати і займається цим з дитинства. Здебільшого такі люди навчилися брехати батькам, щоб уникнути страшних покарань, яким вони неминуче піддавалися б, якби сказали правду. Багато брехунів від природи користуються цією здатністю і в дорослому віці, стаючи адвокатами, продавцями, переможниками, акторами, політиками та шпигунами.

«Неприродний брехун» — це людина, яку батьки у дитинстві переконали, що вона не повинна брехати, а якщо вона збреше, то батьки та інші завжди про це дізнаються. Ці бідолахи живуть, говорячи всім правду про все, наполягаючи на тому, що «вони не можуть брехати», і доводячи до гніву та неприємностей усіх, кого вони зустрічають.

Один із самих небезпечних брехунів, з якими тільки доводилось зустрітися жінці — це «Романтичний брехун». Коли такий брехун береться до справи, більшість жінок мало усвідомлюють, що відбувається. Деякі «Романтичні брехуни» спеціалізуються на приховуванні того факту, що вони одружені, тоді як інші професійно видають себе за юристів, лікарів та успішних бізнесменів, щоб завоювати довіру й стати сексуально привабливими в очах жінки. Таких брехунів обмежує тільки їхня уява. В результаті вони можуть завдати жінкам неймовірної шкоди — як емоційної та психологічної, так і, дуже часто, фінансової. Зазвичай мета «Романтичного брехуна» полягає в тому, щоб розвести на гроші, проживання, секс та інші вигоди жінку, яка нічого не підозрює. Зі свого боку він прикидається, що захоплюється нею та кохає її.

Кабінети психотерапевтів заповнені інтелігентними заповзятливими жінками, які стали жертвами «Романтичного брехуна», а деякі в іншому розумні жінки виявляються серійними жертвами, які постійно приваблюють той самий тип чоловіків. Емоційна шкода та відсутність самоповаги, які є результатом такого знайомства, зазвичай набагато переважують втрату майна. Жінки починають боятися почуттів та більше ніколи не можуть знову довіритись чоловікам.

> **«Романтичний брехун» потай вважає себе Джеймсом Бондом.**

«Романтичні брехуни» можуть виникнути нізвідки, особливо їх багато в чатах в інтернеті, де більшість людей брешуть, і їм усе минає безкарно. Є люди, які вважають, що жінки, які потрапили під чари «Романтичного брехуна», легковірні чи навіть дурні, але це не так. Головний талант «Романтичного брехуна» — це його здатність правдоподібно брехати досить довго, щоб його жертва закохалась по самі вуха. Вона стає сліпою до його брехні або заперечує її, навіть якщо ця брехня очевидна для її друзів та родини. Жінкам буває корисно укласти угоду з близькою подругою, щоб якщо одна з них без тями закохається в якогось чоловіка, то інша має право таємно перевірити його фінансову та кримінальну ситуацію. Якби він претендував на відповідальну посаду в будь-якій країні світу, це була б стандартна перевірка, то чому б не застосувати її, коли на кону стоять ваші фінанси та почуття? Жінки, які відкидають цю ідею з коронною фразою «Кохання все переможе», здебільшого регулярно стають жертвами «Романтичного брехуна».

> **Люди кажуть, що вони люблять правду, але насправді їм хочеться вірити, що те, що вони люблять, є правдою.**
>
> Роберт Рінгер

Якщо хтось схуд, став непитущим, покинув наркотики чи влаштувався на роботу, щоб підвищити свою привабливість, ви можете поставити під сумнів його мотиви. Якщо у вас будуть серйозні стосунки з цією людиною, чи залишиться вона стрункою, працевлаштованою, тверезою та вільною від наркотиків? Неможливо змінити свою природу. Стосунки, які базуються на відвертості, — це єдині стосунки, які витримають перевірку часом.

> **Стійкі зміни, які ми вершимо самі, виявляються єдино постійними.**

Якби ви були керівником відділу кадрів у будь-якій з корпорацій і хтось претендував на відповідальну посаду, хіба ви не хотіли б дізнатися про цю людину та її минуле якомога більше? Подібні заходи мають застосовуватись і до ймовірного довгострокового партнера. Найкраще джерело інформації в такому разі — це колишній партнер людини. Якщо ви (чи ваші друзі) «випадково» з ним стикнетеся, зазвичай він з готовністю поділиться з вами корисною інформацією. Вам може здатись, що ви пхаєте носа в чужі справи, але в багатьох романтичних стосунках у Японії це звичайна справа. Одна сім'я надає біографію свого сина чи дочки потенційній сім'ї свого зятя чи невістки, і перше побачення призначається лише після проведення співбесіди та перемовин. Це дає можливість уникнути скелетів у шафі в майбутньому потенційної пари. Тож завжди перевіряйте передісторію, не ставайте жертвою романтичних кліше чи вируючих гормонів.

Хто бреше більше?

Більшість жінок з ентузіазмом стверджують, що, безсумнівно, чоловіки брешуть набагато частіше, ніж жінки. Однак наукові дослідження та експерименти свідчать, що чоловіки і жінки брешуть однаково. Відрізняється лише зміст їхньої брехні. Жінки здебільшого брешуть, щоб інші почувалися краще, а чоловіки брешуть, щоб подати себе з кращого боку. Жінки брешуть, щоб зберегти стосунки. Їм складно брехати про свої почуття. Чоловіки ж брешуть, щоб уникнути сварок, і люблять брехати про те, якими вони були шаленими в юності.

> **Жінки брешуть, щоб зробити вам приємно.
> Чоловіки брешуть, щоб подати себе з кращого боку.**

У цьому криється основна відмінність між брехнею жінок та чоловіків. Жінка збреше іншій людині, що та має дивовижний вигляд у новому вбранні, навіть якщо насправді вона думає, що та виглядає як мішок картоплі. За тих самих обставин чоловік просто триматиметься від цієї людини подалі, щоб уникнути брехні, і збреше, тільки якщо його змусять висловити свою думку. Приміром, він може сказати, що це вбрання «цікаве» чи «миле», це буде непряма брехня на кшталт «Що я можу сказати?» або «У мене не вистачає слів», або ж просто збреше, що воно йому подобається. Проте коли чоловік уже каже неправду, більшість жінок чудово її визначають. Чоловік скаже вам, що він друга за важливістю особа у великій міжнародній компанії з дистрибуції їжі, тоді як насправді працює кур'єром у «Піца Хат».

> **Питання номер один, яке ставлять чоловіки та яке змушує жінок брехати, — це «Тобі сподобалось?»**

У 2002 році Роберт Фельдман із Массачусетського університету в Амхерсті дослідив 121 пару. Їм запропонували поговорити з третьою особою, при цьому одній третині учасників наказали справити приємне враження, іншу третину проінструктували здаватися компетентними, а останню третину учасників попросили просто бути самими собою. Потім усіх учасників попросили подивитися відео із собою та відмітити кожну брехню, яку вони казали під час розмови, якою б великою чи маленькою вона не була. Певна частина брехні була невинною брехнею, наприклад, коли вони казали людині, що вона їм подобається, тоді як насправді це було не так. Інша брехня була більш радикальною, наприклад, коли піддослідні брехали, що вони знаменитості чи учасники рок-гурту.

Загалом 62% учасників у середньому брехали два-три рази кожні десять хвилин.

> **Правда робить вас вільними, але спочатку вона виведе вас із себе.**
>
> *Мел Панкоаст*

Найпоширенішою формою брехні є самообман, який дозволяє людині викурювати дві пачки цигарок на день і стверджувати, що у неї немає залежності, або переконувати себе, що висококалорійний десерт не стане на заваді дієті.

Цілком очевидно, що жінки брешуть так само часто, як і чоловіки, просто вони роблять це по-іншому. Оскільки жінки дуже добре зчитують знаки мови тіла та голосові сигнали, чоловіків частіше ловлять на брехні, через що здається, що ті брешуть частіше. Це не так. Просто вони частіше попадаються.

Типова брехня, яку чоловіки кажуть жінкам

«Я не п'яний». Це досить легко спростувати, особливо, якщо це звучить як «Йа не п'ний». Навіщо людині говорити, що вона не п'яна, якщо вона дійсно твереза?

«Я не займався сексом з тією жінкою». Чоловік, який зрадив, брехатиме про це до останнього, тому що, на його думку, сказавши правду, він нічого не виграє.

«Секс із моєю колишньою був нікудишнім». Для чоловіка секс — це одна з життєвих констант; він завжди хороший, незалежно від того, де чи коли він стався. Якщо чоловік каже, що секс з його колишньою був відстійним, він точно бреше. Коли він каже вам, що секс з його колишньою був кращий, ніж з вами, він знову бреше, можливо, щоб вас розізлити. Для нього секс завжди однаковий — хороший.

«Ми просто друзі». Він каже, що вони просто давні приятелі й вона абсолютно не цікавить його як жінка. Але при цьому він тримає її від вас подалі й не хоче вас із нею знайомити. Інші варіації цієї брехні такі: вона лесбійка; їй просто потрібен друг; їй просто немає з ким поговорити; у неї зараз важкі часи, і я просто хочу їй допомогти; вона захворіла і хоче, щоб я її провідав; у неї немає до мене жодних

почуттів — вона просто соромиться. Ось чому вона
не хоче з тобою перетинатися.

Чому брехню завжди викривають

Здебільшого брехню можна розпізнати, тому що коли ви
говорите неправду, задіяні емоції, які просочуються як ві-
зуальні та вербальні червоні вогні. Що більша брехня і що
більше задіяно емоцій, то більше таких сигналів видає
брехун. Силкування приховати ці сигнали вимагає від нас
неймовірної розумової напруги. Що ближча вам людина,
то важче вам їй збрехати через задіяні емоції. Наприклад,
чоловікові буде важко брехати своїй дружині, якщо він її
по-справжньому любить, але йому нічого не вартуватиме
збрехати ворогу, якщо він потрапить у полон. У цьому
й полягає секрет патологічних брехунів — у них немає ні
до кого емоційної прив'язаності, тому їм легко брехати.

Бачите ви ці сигнали чи ні, це вже інше питання.

Чому жінки так добре розпізнають брехню

Більшість чоловіків знають, як важко сказати жінці на-
віть найменшу брехню віч-на-віч, щоб не попастися.
Якщо чоловік змушений їй збрехати, йому краще зро-
бити це по телефону. Більшості жінок зовсім не складно
брехати чоловікам прямо в обличчя — зазвичай їм це ми-
нає безкарно.

МРТ-сканування мозку виявило, що під час спілкуван-
ня віч-на-віч в обох півкулях мозку пересічної жінки задія-
но від 14 до 16 ключових ділянок. Ці ділянки використо-
вуються для розшифровки слів, визначення зміни тону
голосу та вловлювання сигналів тіла і значною мірою
пояснюють те, що відоме як жіноча інтуїція. У чоловіка
зазвичай задіяно лише 4–7 таких ділянок, оскільки мозок

чоловіків розвинувся у процесі еволюції для вирішення просторових завдань, а не для спілкування.

«Суперобізнаність» жінки має мету — захистити свою територію від чужинців та комунікація її з дітьми. Така здатність необхідна жінці, щоб доглядати за своїми нащадками та швидко зчитувати різницю між болем, страхом, голодом, пораненням, сумом та щастям. Вона повинна бути в змозі швидко оцінювати ставлення людей, які до неї наближаються, — дружні вони, чи агресивні. Без цих навичок виживання вона була б вразливою та незахищеною під час небезпеки. Із тих самих причин жінка навіть може зчитувати емоції тварин. Вона може сказати, чи цей пес щасливий, сумний, злий чи розгублений. Більшість чоловіків не можуть навіть уявити, як виглядає розгублений собака. Метою чоловіка-мисливця завжди було точно поцілити в його жертву, а не розмовляти з нею, давати їй поради чи намагатись її зрозуміти.

> **Чоловікові потрібно точно влучити в ціль, а не вести з нею філософські розмови.**

Як уже йшлося раніше, жінки мають багатозадачний мозок, що дозволяє їм обробляти велику кількість джерел інформації за раз. Це дає жінкам додаткову перевагу — вони можуть читати сигнали тіла й слухати те, що їм говорять, одночасно розмовляючи. Чоловіки з їх однозадачним мозком фокусуються на одному джерелі інформації і, відповідно, впускають з виду багато сигналів тіла.

Агентів ФБР навчають аналізувати мікроміміку — дрібні, швидкоплинні, секундні вияви міміки, які з'являються у брехунів під час брехні. Це роблять за допомогою камер уповільненої зйомки. Наприклад, Білл Клінтон на частку секунди насупився, перед тим як відповісти на запитання про Моніку Левінські. Жіночий мозок налаштований на миттєве зчитування цих сигналів, і це пояснює не тільки чому жінок важче обдурити, але й чому часто жінки більш проникливі перемовники, ніж чоловіки.

Чому жінки завжди все пам'ятають

Ерік Еверхарт, доцент кафедри психології з Університету Східної Кароліни, та його колеги з Державного університету Нью-Йорка в Буффало виявили, що хлопчики та дівчатка у віці від 8 до 11 років використовують різні частини свого мозку для розпізнавання облич та їх виразів. Хлопчики більше застосовували праву півкулю мозку, тоді як дівчатка більше покладалися на ліву. Дослідження показало, що ці відмінності допомагають дівчатам виявляти тонкі зміни у виразі, а отже, краще розпізнавати настрій людей. Зчитування виразу чийогось рота чи очей вимагає більш тонкого вміння, ніж зчитування емоцій з цілого обличчя.

Жінки дуже добре пам'ятають, яку брехню і кому вони сказали, тоді як чоловіки зазвичай забувають, що вони брехали. Гіпокамп — частина мозку, яка використовується для зберігання та відтворення спогадів і мови, — всіяна естрогеновими рецепторами і розвивається швидше у дівчат, ніж у хлопчиків. Завдяки цьому жінки мають кращу здатність викликати з пам'яті спогади про емоційно значущі ситуації.

Порада чоловікам

Не говоріть жінкам неправду в обличчя, так ви лише змарнуєте свій час. Це дуже важко. Зателефонуйте їй або надішліть їй електронного листа. Жінки мають чудову здатність не тільки викривати брехню, а й запам'ятовувати її та використовувати як зброю під час майбутніх суперечок.

Молоді люди більше схильні брехати, шахраювати, красти

Чим молодша людина, тим більше шансів, що вона буде обманювати. У 2002 році в США провели опитування, в якому взяли участь майже 9000 підлітків і дорослих по всій країні і яке показало, що значна кількість людей від 15 до 30 років готові брехати, шахраювати і красти.

У межах цього дослідження було опитано 2343 учнів середньої школи, 3630 студентів коледжу та 2092 дорослих.

У ході опитування 33% старшокласників і 16% студентів коледжу зізнались, що крали товар у магазині упродовж минулого року.

Близько третини студентів у кожній групі сказали, що готові збрехати в резюме, при влаштуванні на роботу або під час співбесіди, щоб отримати бажану роботу, а 16% старшокласників заявили, що вже робили це щонайменше один раз.

Так, 61% старшокласників і 32% студентів коледжу визнали, що у минулому році хоча б раз списували на іспиті.

> — Чи можуть у мене бути неприємності через те, чого я не робив? — запитав студент.
> — Ні, — відповів викладач.
> — Добре, бо я не зробив домашнє завдання.

Під час опитування 83% старшокласників та 61% студентів коледжу зазначили, що брехали своїм батькам за останній рік.

Дослідники з'ясували, що нечесність та інші вияви неетичної поведінки менш поширені серед осіб старше 30 років і що обидві статі брехали приблизно однаково.

Не може не тривожити те, що 73% опитаних людей від 15 до 30 років стверджували, що, на їхню думку, «більшість людей будуть шахраювати чи брехати, коли це потрібно для того, щоб отримати бажане».

Із цього дослідження було б легко дійти висновку, що американці — це нація брехунів і шахраїв, але такі дослідження в усьому західному світі демонструють ту саму тенденцію — і це країни, які постійно отримують у процесі оцінювання вищий бал, коли йдеться про чесність.

На жаль, усе це симптоми більш масштабної моральної кризи, яка пронизує суспільство і відображає реальну зміну суспільних цінностей. Батьки вчать своїх дітей, що чесність — це найкраща політика, але при цьому наголошують, що буде ввічливо зробити вигляд, що їм подобається отриманий на день народження подарунок. Вони також вчать дітей брехати фразами на кшталт «Не дивись на мене так!», «Зроби вигляд, що ти задоволений, коли бабуся тебе цілує», «Не виглядай так жалюгідно», «Зроби радісне обличчя».

Діти отримують суперечливі повідомлення щодо брехні, що впливає на їхню поведінку в дорослому віці. Здебільшого, коли дитина каже правду, її піддають за це жорсткій критиці. Наприклад, коли гладка людина проходить повз дитину на вулиці, дитина може голосно запитати в матері: «Чому цей чоловік такий гладкий?»

Батьки переважно не усвідомлюють, що суворість їхніх покарань є однією з головних причин, з якої багато дітей виростають такими вправними брехунами. Більшість із цих брехливих поведінкових моделей насаджуються в юності, а потім знову активуються у дорослому віці авторитетними фігурами.

Коли всі, кого ви знаєте, вам брешуть

Деякі люди вважають, що нікому не слід довіряти, адже світ повен брехунів. Зазвичай вони думають так з двох причин: по-перше, самі є хронічними брехунами, тому й вважають усіх інших такими самими; по-друге, і більш імовірно, причина полягає в тому, що їхня поведінка змушує людей їм брехати. Інакше кажучи, людям важко говорити їм правду через агресивну чи емоційну реакцію на їхні слова. Якщо інші побачать, з яким болем, злістю чи мстивістю ви сприймаєте правду, вони всіма силами уникатимуть вам її казати. Якщо всі знають, що ви легко ображаєтесь, ви ніколи не дізнаєтеся, що насправді думають чи відчувають інші, оскільки, йдучи на поступки вашій негативній реакції, вони спотворюватимуть істину. Якщо ви вимагаєте від дітей, щоб вони говорили вам правду, а потім їх за це караєте, оскільки правда виявляється для вас не дуже приємною, ви вчите їх брехати вам, щоб захистити самих себе.

Якщо ви відчуваєте, що всі навколо вас брешуть, вам потрібно спочатку проаналізувати власну поведінку, тому що інша людина — це лише половина рівняння.

Чому брехня друзів та родичів завдає найбільше болю

Що ближчі стосунки, то більше болю завдає чиясь брехня, бо вам буде дуже важко прибрати цю людину зі свого життя. Наприклад, брехня, сказана кимось із батьків або братом чи сестрою ранить сильніше, адже, що ближчою є для нас людина, то більше ми їй довіряємо та відкриваємось перед нею. Брехня, сказана братом, сестрою чи дитиною, завдає більше болю, ніж брехня знайомого, але, найімовірніше, ця брехня буде прощена, тому що вони завжди залишаються нашим братом, сестрою чи дитиною. Брехня близького друга також завдає болю, але ми можемо викинути його зі свого життя принаймні на деякий час, не контактуючи з ним. З іншого боку, ми очікуємо, що продавець не дуже нової автівки брехатиме нам, тому не дивуємось, коли так і стається, і ми можемо вирішити більше ніколи з ним не бачитись.

Як викрити брехуна

Оскільки більшість людей почуваються некомфортно, коли брешуть, вони інстинктивно намагаються дистанціюватись від своєї брехні. У Сполучених Штатах ФБР недавно виявило цю цінну підказку під час аналізу слів підозрюваних, які збрехали про своє алібі. Ці брехуни намагаються не згадувати про себе у своїй брехні та уникають використання слів «я» або «мені». Розглянемо приклад, коли хтось домовився зустрітися з вами, але не з'явився. Якщо ця людина зателефонує вам пізніше і скаже: «Автомобіль зламався, а зателефонувати не було змоги, бо мобільний розрядився», ви інстинктивно станете більш підозрілими, ніж якби вам сказали: «Мій автомобіль зламався, і я не міг зателефонувати вам, тому що мій мобільний розрядився». Брехуни також намагатимуться не називати імені людини, про яку вони брешуть. Вони вважають за краще сказати: «Я не мав сексуальних стосунків з цією жінкою», а не: «Я не мав сексуальних стосунків з Монікою».

Брехуни та слони

Як і слон, хронічний брехун завжди пам'ятає. Він заздалегідь кілька разів репетирує свою брехню у себе в голові та зазвичай виступає з нею бездоганно. Попросіть когось розповісти вам, що він робив на минулих вихідних, і ця людина, найімовірніше, скаже вам щось на зразок: «Ну... Після сніданку я пішов до брата, а потім... я... ні, я зустрівся з ним після обіду, тому що мені довелося спочатку відвезти в ремонт машину...»

> **Остерігайтесь бездоганного виконання.**
>
> *Китайське прислів'я*

Коли люди пригадують події дня, вони часто затинаються і змінюють хід розмови, намагаючись правильно відтворити послідовність дій. Усе зовсім по-іншому з брехунами. У брехуна є ідеально відрепетирований сценарій, якого він чітко дотримується.

Один, два, продано!

Якщо вам здається, що людина вам бреше, поводьтеся так, ніби ви вірите кожному її слову, і, врешті-решт, вона викаже себе, коли втратить пильність. Потім попросіть брехуна повторити його брехню вдруге. Хороші брехуни практикували свої відповіді і дадуть вам ідентичну відповідь. Далі зробіть паузу, щоб підозрюваний подумав, що йому все минулося, а потім попросіть повторити його слова втретє. Оскільки він не очікує третього повтору і вже розслабився, то, звичайно, не зможе дати ідентичної відповіді, і його історія звучатиме трохи інакше.

Через стрес, викликаний необхідністю брехати, голос брехуна стає дещо вищим. Якщо він отримає на свій телефон текстове повідомлення від Шарлотти і почне пояснювати, що це хтось помилився номером, або що він ніколи про неї не чув, ви помітите, що він щебече, як канарка. Поставте галочку у своїй таблиці підозр.

Як зрозуміти справжній зміст сказаного

Чи доводилося вам брати участь у розмові, в якій співрозмовник звучав переконливо, але що більше він говорив, то менш правдивим вам здавався?

Давайте проаналізуємо деякі найвживаніші слова та фрази, які можуть свідчити, що людина намагається приховати правду або ввести вас в оману, вдаючи, що вона переживає якісь емоції. Слова «щиро», «відверто» та «чесно» доводять, що людина збирається бути не такою вже й щирою, відвертою та чесною, як вона стверджує. Проникливі люди підсвідомо розшифровують ці слова і «нутром чують», що співбесідник намагається їх обдурити. Наприклад, «Чесно, це найкраща пропозиція, яку я можу вам зробити», означає «Це не найкраща пропозиція, але, можливо, ви на це поведетесь». Фраза «Я тебе кохаю» викликає більше довіри, ніж фраза «Я щиро тебе кохаю». «Безсумнівно» дає підстави поставити під сумнів, а «без жодних сумнівів» — це безперечний попереджувальний сигнал.

«Вір тому, що я кажу» часто означає «Якщо я змушу тебе мені повірити, ти зробиш те, що мені потрібно». Ступінь упевненості, з яким людина намагається переконати іншу особу, коли промовляє «Повір мені», пропорційний ступеню брехні. Співрозмовник відчуває, що ви йому не вірите, або що те, про що він говорить, звучить сумнівно, тому його зауваженню передують слова «Повір мені». Інші варіанти — «Я не жартую», «Хіба я тобі брехав би?»

Якщо ви збираєтесь бути чесними, щирими, відвертими чи правдивими, вам не потрібно нікого в цьому переконувати.

> **У чому різниця між брехнею податківцю та брехнею вашій дружині? Коли вас спіймають, податківець все одно захоче вас вжучити.**

У деяких людей розвивається звичка постійно використовувати подібні слова. Вони підсвідомо застосовують їх перед тим, як намагаються щиро висловитися, через що останні звучать як брехня. Запитайте своїх друзів, родичів або колег, чи не помічали вони якісь із цих слів у вашому мовленні, і якщо це так (а це, найвірогідніше, так), ви почнете розуміти, чому дехто ніяк не може встановити з вами довірливі стосунки.

Висловлювання «Ок» та «Правда!» змушують слухача погоджуватись з точкою зору співрозмовника. «Ви з цим згодні, правда?» Слухач змушений відповісти своїм власним «Правда», навіть якщо він не обов'язково погоджується із думкою співрозмовника. «Правда» також свідчить про сумніви стосовно здатності слухача сприйняти та зрозуміти предмет обговорення.

«Лише» і «тільки»

Слова «тільки» й «лише» використовуються для того, щоб применшити значення наступних слів, позбавити людину почуття провини або перекласти відповідальність за неприємні обставини на когось іншого. Фраза «Я заберу лише п'ять хвилин вашого часу» використовується людьми, які не знають ціну часу, або тими, хто хоче забрати не менше години вашого часу, тоді як «Я заберу п'ять хвилин вашого часу» звучить більш конкретно та достовірно. Вираз «десять хвилин» зазвичай означає невизначену кількість часу між двадцятьма та шістдесятьма хвилинами. Фрази «лише 9,95 фунтів» та «задаток тільки 40 фунтів» використовуються, щоб переконати, що заявлена ціна досить низька. «Я всього лише людина» — це улюблений вислів тих, хто не хоче брати на себе відповідальність за свої помилки. Вислів сором'язливого коханця «Я тільки хотів сказати, що я тебе кохаю» приховує його бажання сказати «Я тебе кохаю», і жодна жінка не повірить чоловікові, який говорить, що «Ми з нею лише друзі».

Коли ви чуєте, як хтось використовує слова *«лише»* й *«тільки»*, вам слід задуматись, чому ця людина намагається мінімізувати значення того, що вона говорить. Можливо, їй не вистачає упевненості сказати те, що вона направді відчуває? Можливо, вона зумисне намагається вас обманути? Чи вона прагне уникнути відповідальності? Отримати відповідь допоможе ретельний аналіз слів *«лише»* й *«тільки»* у контексті.

Коли вам кажуть «Я спробую»

Фразу «Я спробую» часто використовують невдахи та люди, які не реалізують свій повний потенціал, аби заздалегідь попередити, що вони, найімовірніше, не досягнуть успіху у виконанні завдання або навіть повністю його провалять. Коли людину просять бути вірною у стосунках, вона може сказати: «Я спробую», або щось із таким самим значенням. У перекладі ці слова означають «Я сумніваюсь у своїй здатності це зробити».

Коли людина, зрештою, зазнає невдачі, вона говорить: «Ну, я спробувала», ще раз підтверджуючи цим, що у неї було мало бажання чи впевненості у своїй здатності зберігати вірність. Почувши такі слова, попросіть людину просто відповісти вам «так» чи «ні». Набагато краще, коли людина не зробить те, чого ви від неї хочете, ніж «спробує» і зазнає невдачі. «Я спробую» — це щось заспокійливе, на кшталт «безумовно можливо».

«З усією моєю повагою» означає, що співрозмовник мало поважає слухача або взагалі не поважає і навіть зневажає його. «Я вдячний вам за ваші коментарі, але, з усією моєю повагою, мушу заявити, що я не згоден». Це вигадливий спосіб сказати «Що за маячня!», який має на меті нанести слухачеві нищівного удару, пом'якшивши його падіння.

Наведемо перелік деяких найпоширеніших виразів, які використовуються для того, щоб переконати вас, що ваш співрозмовник говорить правду, тоді як насправді він може лише вдавати свою щирість. Однак не забувайте, що кожен вислів не обов'язково означає нещирість, тому завжди слід враховувати контекст.

«Повір мені».
«У мене немає причин брехати».
«Щиро кажучи».
«Я кажу тобі правду».
«Навіщо мені брехати?»
«Буду з тобою абсолютно щирим/відвертим».
«Хіба я на таке здатен?»

Ще один поширений прийом, який дозволяє не бути спійманим, — це використання виразів, які відносять брехуна до класу людей із бездоганною репутацією, тому що вони звітують перед вищими інстанціями. Ось кілька прикладів:

«Богом присягаюсь!»
«Присягаюсь могилою моєї матері».
«Бог мені свідок!»
«Нехай Бог мене покарає».

Ми не говоримо зараз про істинно віруючих людей чи про релігійні переконання. Такі люди не відчувають потреби послуговуватися своєю вірою, щоб упевнити вас у тому, що вони щирі, бо живуть своїми переконаннями. Ви ніколи не почуєте від Папи таких слів: «Присягаюсь могилою свого батька, і нехай Бог мене покарає, якщо я брешу».

Так само люди можуть посилатись на організацію, до якої вони належать, на винагороду, яку вони отримали, чи на своє сімейне виховання, щоб переконати вас у своїй чесності. Ось кілька висловів, які ви, мабуть, впізнаєте:

«Мої батьки не цього мене навчали».
«Я відданий працівник».
«Я член (групи/клубу)».
«Я не така людина».
«Я б ніколи до такого не опустився».
«Я отримав (винагороду)».

Суть у цьому випадку полягає в тому, що людям з певними моральними якостями не потрібно постійно намагатись їх доводити, вони живуть своїми цінностями, і ви можете це бачити. Наведені приклади використовуються, щоб уникнути прямої відповіді на запитання.

Як підловити брехуна за допомогою комп'ютера

Прогрес у комп'ютерних науках створив три цікаві способи виявлення брехунів за допомогою технологій. Поліграф — найвідоміший детектор брехні, який вимірює показники дихання, відносного об'єму крові та пульсу людини. Брехня виявляється за фізіологічними змінами, які відбуваються, коли хтось обманює. До таких змін належать прискорення чи вповільнення серцебиття, підвищення чи пониження тиску, зміни в диханні та пітливість. Якщо людина чесна, ці показники залишаться без змін. Питання стосовно того, наскільки точним є поліграф, досі залишається відкритим і гаряче обговорюється. За даними Американської асоціації детекторів брехні, за останні 25 років було проведено більш як 250 перевірок поліграфічного тестування, які доводять його точність.

За даними останніх досліджень, точність нової комп'ютеризованої поліграфічної системи наближається до 100%. Ці машини зараз можна побачити на американських телевізійних ток-шоу, на яких гості намагаються довести провину, невинність чи вірність своїх партнерів.

Отриману за допомогою поліграфа інформацію все ще не приймають за доказ у суді, якщо тільки суддя не ухвалить інше рішення. Досвідчені брехуни виявляють менше ознак тривоги, ніж новачки, і часом можуть пройти тест на поліграфі, тоді як правдиві люди з переляку можуть почати хвилюватись, і їх визнають брехунами. Також через певні фізіологічні відмінності між людьми перевірка на поліграфі може виявитись ненадійною.

Що нам кажуть голосові зв'язки

Електронні засоби дають змогу проаналізувати стресові зміни голосу і використовуються для визначення правдивості та рівня стресу, який свідчить про брехню. Ці засоби реагують на такі фізіологічні ознаки, як автоматична реакція «бийся або тікай». Доведено, що така технологія може ефективно застосовуватись для розмов по телефону або аудіозаписів, і виробники запевняють, що вона може зафіксувати вісім із десяти випадків брехні. Ця технологія, вартість якої близько 50 доларів США за портативну машину, математично обчислює рівень стресу в голосі людини, який змінюється через зменшення припливу крові до голосових зв'язок, коли вона бреше. Під час президентських дебатів одна з цих машин використовувалась журналістами журналу *Time* для аналізу Альберта Гора та Джорджа Буша. Вона зареєструвала 57 випадків брехні з боку Буша та 23 — з боку Гора під час їхніх трьох дебатів.

Світлини брехливого мозку

Професори психіатрії Рубен Ґур та Даніель Ленглебен з Медичної школи Університету Пенсільванії, провівши дослідження з використанням МРТ (функціональний апарат магнітно-резонансної терапії), встановили, що мозок функціонує по-різному, коли людина говорить правду і коли бреше. Вони дали 18 добровольцям гральну карту — наприклад, червового туза, — та 20 доларів. Кожного з них помістили в апарат МРТ, щоб виміряти їхню мозкову активність. Коли скани було зроблено, комп'ютер демонстрував волонтерам різні гральні карти. Коли комп'ютер показував потрібну карту — в даному разі червовий туз — волонтерам наказали брехати, що це неправильна карта.

Учасникам повідомили, що їм заплатять більше, якщо вони зможуть обдурити комп'ютер. Однак комп'ютер заздалегідь міг визначити, яка в них карта і коли вони будуть брехати.

Сканування мозку учасників, коли вони брехали, виявили значне підвищення активності в передній поясній корі, розташованій позаду середини чола приблизно на відстані три сантиметри, та в лівій передмоторній ділянці кори головного мозку, що розташована біля лівого вуха на кілька сантиметрів вглиб черепа.

Ґур та Ленглебен вважають, що це може знаменувати кінець тестам на поліграфі, оскільки МРТ може розрізняти різні типи думок. Наприклад, сигнали мозку на поліграфі можуть виглядати однаковими, коли людина бреше, і коли вона із захопленням думає про наближення відпустки, але ж ці дві думки кардинально відрізняються. МРТ-сканування пропонують просторові рішення, що дає можливість уникнути цієї проблеми.

Доктор Цзя-Хонг Гао, доцент Центру досліджень знімків МРТ у Сан-Антоніо, провів подібні експерименти, і його результати показали, що ліва та права півкулі головного мозку активізувались, коли хтось робив вигляд, що втратив пам'ять. За даними досліджень з візуалізації було виявлено чотири основні області активації мозку: передня та лобова, тім'яна, скронева та субкортикальна ділянки. Тім'яна ділянка — це мозковий обчислювальний центр.

Прислухайтесь до голосових підказок

Існує три характеристики голосу, які можуть видати бреху́на — темп, швидкість і гучність. Коли людина відчуває стрес, пов'язане з цим напруження викликає напруження голосових зв'язок, що робить голос більш пискливим, а також може збільшувати його швидкість і гучність.

Дослідження свідчать, що у близько 70% людей прискорюється темп мови, коли вони брешуть. І навпаки, якщо брехун ретельно обдумує брехню, щоб забезпечити її ефективність, він може почати говорити повільніше і зменшувати гучність голосу. Коли когось несподівано зловлять на викривленні правди, його мовлення, імовірно, стане приправлене еканням, меканням, затинанням і паузами, оскільки в нього не було достатньо часу, щоб повторити свою брехню. Це значно помітніше у чоловіків, ніж у жінок, оскільки чоловічий мозок має обмежені можливості для контролю мовлення. Чоловік, який ковтає слова, найімовірніше, бреше, і це означає, що його мозок намагається вирішити одночасно кілька питань, а його однозадачному мозку важко з цим справитись.

> **Коли у відповідь на ваше пряме запитання хтось починає мимрити, будьте насторожі.**

Майте на увазі, що сигнали, які ми тут обговорюємо, свідчать про те, що людина переживає певний стрес, і не обов'язково означають, що вона бреше. Існує невеликий відсоток людей, які люблять брехати і не демонструють багатьох сигналів, пов'язаних зі стресом, а деякі, наприклад політичні чи релігійні фанатики, можуть по-справжньому повірити у власну брехню і тому не виявляють жодних ознак обману. Однак у більшості випадків брехуни демонструють більшість цих ознак.

Читайте мову тіла

У нашій книзі «Мова рухів тіла» ми пояснюємо, що сигнали тіла передають понад 60% повідомлень, якими обмінюються люди, тож радимо вам прочитати цю книгу, тому що ми не говоритимемо тут про це в подробицях. Однак ми обговоримо деякі із сигналів, які ви можете побачити, коли хтось бреше. Так, ми звернули увагу, що і чоловіки, і жінки починають значно інтенсивніше жестикулювати, коли вони сумніваються, почуваються невпевненими, перебільшують або брешуть. Жести чоловіків легше вловити, тому що вони більш розмашисті, ніж жіночі, і чоловіки використовують їх частіше. До них належать потирання очей та носа, відтягування вуха та комірця. Наприклад, відповідаючи на запитання про Моніку Левінські перед присяжними, Білл Клінтон торкнувся свого носа та обличчя 26 разів.

Завжди зчитуйте сигнали в сукупності

Ніколи не інтерпретуйте поодинокі жести ізольовано від інших жестів або обставин. Якщо хтось потирає око, це може означати, що воно по-справжньому свербить чи болить, або що людина втомилась. Ми виявили, що сигнали, які супроводжують брехню, надходять групами, що називаються кластерами, тож вам потрібно виокремити щонайменше три сигнали, перш ніж можна буде припустити, що вам говорять неправду. Якщо людина торкається свого рота або носа, потирає око, тягне себе за вухо, чухає шию, прикладає пальці до рота або потирає ніс, це не дає жодних підстав стверджувати, що вона бреше, але ви повинні знати, що в її мозку щось відбувається, про що вона вам не розповідає. Вона не обов'язково вам бреше, але, мабуть, щось приховує. Якщо людина постійно торкається обличчя, говорячи: «Повір мені, довіряй мені, я говорю щиро і з усією повагою», можна припустити, що вам щойно збрехали.

Посмішка

Чоловіки і жінки посміхаються, коли вони брешуть, так само часто, як і коли вони говорять правду. Однак справжня посмішка виникає на обличчі швидше і є симетричною — ліва сторона обличчя віддзеркалює праву. Фальшива посмішка з'являється повільно і зазвичай буває несиметричною. Коли люди намагаються показати емоцію, якої вони насправді не відчувають, їхнє обличчя при цьому стає несиметричним. Інакше кажучи, їхня посмішка виглядає викривленою.

Читайте по очах

Традиційно вважається, що брехун ніколи не дивиться вам в очі. Це правда, коли йдеться про дітей, котрі зростали у західній та європейській культурах і матері яких казали їм: «Я знаю, що ти брешеш, тому що ти не дивишся мені в очі». У багатьох азіатських, японських та південноамериканських країнах тривалий зоровий контакт вважається неввічливим або агресивним, тому це правило до них не застосовується. Крім того, досвідчені брехуни здатні зберігати зоровий контакт, коли у їхньому випадку його зменшена тривалість стає супутнім фактором, що викриває обман. Посилене моргання є важливим сигналом, на який слід звернути увагу, оскільки це ознака підвищеної напруги, а очні яблука брехуна пересихають від занадто тривалого вимушеного зорового контакту. Напрямок, в якому рухаються очі вашого співрозмовника, коли ви ставите йому запитання, також може допомогти вам викрити брехуна, оскільки він вказує, яка частина його мозку зараз задіяна, і є сигналом, який майже неможливо підробити. Коли більшість праворуких людей згадують подію, яка відбулася насправді, задіяна ліва півкуля мозку і вони дивляться праворуч. Коли ж вони вигадують історію, то задіяна права півкуля мозку і вони дивляться ліворуч. Простіше кажучи, праворукі брехуни дивляться ліворуч, а брехуни-шульги — праворуч. Звичайно, це спостереження не дає стовідсоткової гарантії, але є серйозною ознакою обману.

Ефект Піноккіо

За допомогою спеціальних теплових відеокамер, які показують приплив крові у тілі, було виявлено, що коли людина бреше, її ніс росте. Через підвищений артеріальний тиск ніс збільшується в розмірі, що спричиняє збудження нервових закінчень у носі, в результаті чого людина відчуває поколювання і мимовільно потирає ніс рукою, щоб послабити «свербіж». Те саме спостерігається, коли людина засмучена або розлючена. Вчені чиказького Фонду лікування та дослідження запахів і смаків виявили, що коли ви брешете, в організмі виділяються хімічні речовини під назвою катехоламіни, внаслідок чого тканини всередині носа набрякають. Ви не можете побачити це набрякання неозброєним оком, але цікаво зазначити, що пеніс чоловіка під час брехні також набрякає. Тож якщо ви не впевнені, бреше чоловік чи ні, стягніть із нього штани.

Розглянемо короткий перелік інших ознак, які свідчать про те, що чоловік може приховувати правду:

1. **Посмикування м'язів обличчя.** Мозок намагається не дозволити обличчю виявити будь-яку зворотну реакцію.

2. **Відсутність зорового контакту.** Він відводить погляд. Якщо в кімнаті є двері, він буде дивитися на них.

3. Схрещені руки та/або ноги. Це оборонний інстинкт.

4. Силувана посмішка. Це вимушена посмішка, яка використовується обома статями, коли вони імітують щирість.

5. Звужені зіниці.

6. Пришвидшена розмова. Брехун хоче швидше з цим покінчити.

7. Голова заперечно хитається, тоді як вголос звучить відповідь «так», або навпаки.

8. Сховані руки. Чоловікам легше брехати, коли вони тримають руки в кишенях.

9. Неправильне вимовляння слів або бурмотіння. Брехун думає, що коли він так робить, він не бреше.

10. Надмірна доброзичливість/сміх. Він хоче сподобатись вам, щоб ви йому повірили.

Як уникнути брехні

1. Сядьте на вищій стілець. Це прихована форма залякування.

2. Розставте ноги, розкрийте руки і відкиньтеся назад. Зробіть себе «відкритими» для правди.

3. Ніколи не кажіть те, що ви НАСПРАВДІ знаєте — не зізнавайтесь, що ви знаєте, що те, що вам говорять, — брехня.

4. Увійдіть в особистий простір брехуна. Коли ви наблизитесь, йому стане незручно.

5. Віддзеркалюйте поставу та рухи брехуна. Так ви встановлюєте між вами зв'язок, і йому буде важче вам брехати.

6. Спілкуйтеся у його стилі, звертаючи увагу на те, як він сприймає інформацію. Якщо людина говорить щось на кшталт «Я тебе ЧУЮ!» або «ЗВУЧИТЬ добре», ви знатимете, що вона більше сприймає інформацію на слух. Якщо вона каже: «Я мав би ПЕРЕДБАЧИТИ, що це станеться», або «Я БАЧУ, що ви маєте на увазі», ви зрозумієте, що людина більше орієнтована на зорову інформацію. Якщо ж вона каже такі речі, як «Це ЗВАЛИЛОСЬ на мене як тонна цегли» або «Я просто ЗАСТИГ від потрясіння», ви знатимете, що ця людина керується кінестетичними чуттями. Говоріть із нею так само. Хороший тест — попросити когось промовити всі літери алфавіту. Деякі люди кудись витріщатимуться, так, ніби вони дивляться на алфавіт, написаний над класною дошкою (візуали), хтось проспіває алфавіт (аудіали), а дехто вистукуватиме літери (кінестетики). Якщо ви скористаєтеся їхнім методом сприйняття інформації, між вами одразу встановиться зв'язок.

7. Забезпечте брехуну «шлях для відступу». Вам потрібно полегшити йому можливість сказати правду. Прикиньтеся, що ви його не розчули, або скажіть, що не зрозуміли, що він сказав. Завжди залишайте шлях для відступу, щоб він міг змінити свої слова і сказати правду.

8. Будьте спокійними. Ніколи не показуйте своє здивування або збентеження. Надавайте усьому, про що вам розповідають, однакового значення. Достатньо лише раз негативно відреагувати, щоб втратити будь-який шанс на те, що вам скажуть правду.

9. Не звинувачуйте. Такі агресивні запитання, як «Чому ти мені не подзвонив?» чи «Ти ще з кимось

зустрічаєшся?», можуть змусити брехуна посилити свої позиції. Використовуйте м'якші запитання, як-от «Де, ти сказав, ти знову був?» та «О котрій годині, ти кажеш, ти приїхав у ресторан?»

10. Дайте йому останній шанс. Проігноруйте брехню і скажіть: «Що ми можемо зробити, щоб цього більше не сталось?» Якщо брехун подумає, що ви даєте йому зірватися з гачка, то, швидше за все, скаже правду, або, в найгіршому випадку, запропонує своє власне рішення, щоб не використовувати знову ту саму брехню.

І нарешті, ми попросили наших читачок відправити нам вислови, якими чоловіки маскують те, що вони насправді мають на увазі:

Словник чоловічих шаблонних висловів

Що він говорить — брехня	Що він має на увазі — правда
1. «Я не можу це знайти».	*«Я це не бачу, воно не падає мені в руки, значить, його не існує».*
2. «Це чоловічі справи».	*«Це не має раціонального пояснення. Це також пояснює мою нічим не виправдану поведінку».*
3. «Допомогти тобі з вечерею?»	*«Чому вечеря ще не на столі?»*
4. «Я ще пізніше потренуюсь».	*«У пульті дистанційного керування сіли батарейки».*
5. «Ми запізнюємось».	*«Я маю законну причину гнати, як несамовитий».*
6. «Перепочинь, люба, ти так важко працюєш».	*«Через шум пилососа я не чую телевізор».*

7. «Так цікаво, люба».

«Ти досі говориш?»

8. «Нам не потрібні матеріальні речі, щоб довести наше кохання».

«Я знову забув про нашу річницю».

9. «Це по-справжньому хороший фільм».

«Там є зброя, ножі, швидкі машини та оголені жінки».

10. «Ти ж знаєш, яка в мене погана пам'ять».

«Я пам'ятаю слова пісні з серіалу «Острів Гіллігана», адресу дівчини, з якою в мене був перший поцілунок, та реєстраційний номер кожної машини, яка в мене була, але я забув про твій день народження».

11. «Я думав про тебе і купив тобі ці троянди».

«Дівчина, яка продавала їх на розі, була класною фігуристою ціпочкою; я хотів роздивитись її поближче».

12. «Викликай «швидку»! Здається, я помираю!»

«Я порізав палець».

13. «Я тебе почув».

«Я й гадки не маю, про що ти щойно говорила, але ти вже можеш замовкнути».

14. «Ти виглядаєш неймовірною у цій сукні».

«Будь ласка, тільки не приміряй ще одну сукню, я вмираю з голоду».

15. «Я скучив за тобою».

«Я не можу знайти свої шкарпетки, діти голодні, і у нас закінчився туалетний папір».

16. «Я не заблукав, я точно знаю, де ми».

«Ніхто нас більше ніколи не побачить живими».

17. «Гарна сукня».

«Гарні цицьки».

18. «Я тебе кохаю».

«Давай кохатися».

19. «Можу я запросити тебе на танець?/Можу я тобі якось подзвонити?/Не хочеш сходити в кіно/повечеряти?»

«Я хотів би зайнятися з тобою сексом».

20. «Ти вийдеш за мене?»

«Я хочу, щоб ти не могла займатися сексом з іншими хлопцями, і мені потрібна заміна моїй мамі».

21. «Ти виглядаєш напруженою, хочеш, я зроблю тобі масаж?»

«Я хочу зайнятися з тобою сексом у наступні десять хвилин».

22. «Давай поговоримо».

«Я намагаюсь вразити тебе, демонструючи, що я глибокий, щирий чоловік, тож, можливо, потім у нас буде гарний секс».

23. «Я справді допомагаю у господарстві».

«Одного разу я кинув брудний рушник біля кошика з брудною білизною».

24. «Вона одна з тих войовничих лесбійок-феміністок».

«Вона відмовилась зайнятись зі мною сексом».

Чоловіки ніколи не зрозуміють жінок, а жінки ніколи не зрозуміють чоловіків.
І це єдина річ, якої чоловіки та жінки ніколи не зрозуміють.

РОЗДІЛ 13

КОЛИ МИСЛИВЕЦЬ ВІШАЄ СВІЙ ЛУК. ПЕНСІЯ

У розвинених країнах кількість людей, які наближаються до пенсійного віку, зростає з неймовірною швидкістю. Завдяки досягненням медичних наук більша їх кількість тепер не тільки доживає до пенсії, але й живе після виходу на неї набагато довше. За останні 60 років кількість людей, які проживають після пенсії ще щонайменше 10 років, збільшилася удвічі.

До 1940 року тільки малий відсоток населення досягав 65-річного віку. Ті, кому не вдалося здобути фінансову незалежність, животіли в злиднях, працювали аж до самої смерті чи жили на утриманні дітей.

Із 1940-х до 2020-х років середня тривалість людського життя на всій земній кулі зросла більше ніж на 50% — із 46 до 72 років. У 2020 році кількість людей, старших за 60 років, становила більше 1 мільярду.

Проблема післявоєнного покоління

Коли в 1945 році закінчилась Друга світова війна, рівень народжуваності у світі стрімко зріс, давши життя новому поколінню, відомому як «покоління бебі-буму». Це люди, що народились у період з 1946 по 1964 роки, і зараз 76 млн цих людей починають виходити на пенсію.

> **Всередині кожної людини похилого віку живе юна персона, дивуючись, що, чорт забирай, відбувається.**

Зараз розвинені країни змушені виділяти значну, дедалі більшу частину свого бюджету, щоб підтримувати це населення, що старіє, та піклуватись про нього. У багатьох країнах впровадили примусові внески до національної схеми пенсійного забезпечення, але проблема полягає в кількості працюючих людей, що роблять внески у ці фонди, порівняно з кількістю пенсіонерів. Наприклад, у США це співвідношення із 1952 року впало з 9:1 до 4:1. В 2010 році в Японії було менше двох працюючих людей на кожного пенсіонера, і ситуація тільки ускладнюється тим фактом, що на сьогодні японці живуть довше, ніж усі інші народи. Очікується, що японські жінки, народжені в 1993 році, доживуть до 82,51 років, а чоловіки — до 76,25 років.

Уряди всіх країн постійно працюють над розв'язанням цієї проблеми. Фінансові організації активно пропонують персональні пенсійні фонди. Книжкові полиці вигинаються від книжок про фінансову незалежність та пенсійне планування. Послуги з пенсійного консультування стали прибутковою справою. Проте існує ще дві проблеми, яким приділяється не так багато уваги: перша — це як психологічно вихід на пенсію впливає на чоловіків, а друга — це те, як жінки справляються зі своїми партнерами та вплив виходу на пенсію на їхні стосунки.

Історія Грема

Грем думав, що пенсія на узбережжі буде подібною до довгої відпустки. Він проводитиме свої дні в ідилічному блаженстві — буде засмагати, купатися, їсти в ресторанах, пізно лягати спати й відпочивати. Тож перші кілька місяців саме це він і робив. Але потім пенсійна хандра навалилась на нього з подвоєною силою.

Він і його дружина Рут купили прекрасний будиночок біля пляжу з великою ділянкою, садом та басейном і переїхали за два тижні після того, як він відпрацював, скільки належало. Вони з нетерпінням чекали на ті веселощі, які завжди так любили у святкові дні, але Грем ще не усвідомив різниці між насолодою випадкової відпустки, втиснутої в напружений робочий графік, та перспективою прожити так усю решту свого життя.

Як і для більшості чоловіків пенсійного віку, робота була центром життя Грема. Понад 40 років він щодня прокидався, точно знаючи, що йому робити. Тепер, уперше у своєму житті, йому нічим було зайнятись. Він почав хвилюватись через те, як йому вдасться заповнити весь вільний час, що у нього з'явився. Його добре знали в бізнесі і поважали. Він обіймав важливу посаду, ходив на зустрічі, навчав нових людей і розв'язував проблеми кожного. А на пляжі його ніхто не знав, і нікому не була потрібна його думка з будь-якого приводу. Він втратив свій статус. Йому не вистачало взаємодії з людьми на роботі та щоденної розумової стимуляції, яку вона йому давала. Дні, коли він розв'язував проблеми, закінчились.

Несподівано Грем усвідомив, що він пересів із експрес-поїзда на роботі на запряжений віслючком візок на пляжі. Замість робити дві-три речі одночасно для заощадження часу, він розтягував їх виконання в намаганні чимось цей час заповнити. Дзвінок від підприємств, які прагнули прибрати його до рук, і на який він так очікував, так і не пролунав. Якийсь час він підтримував зв'язок з друзями по роботі, але їхніх дзвінків ставало дедалі менше. Вчора він був містером Важливим — сьогодні він став Невидимцем.

Гостро страждаючи від різкої втрати своєї ідентичності, Грем незабаром почав шукати все більшої уваги від Рут, плутаючись в неї під ногами та заважаючи їй. Його найчастішим та регулярним рефреном стало: «Що на обід?» До того, як він вийшов на пенсію, вона вільно робила все, що їй заманеться. Тепер їй доводилось мати з ним справу кожну хвилину дня. Незабаром у їхніх стосунках з'явилась напруга.

З часом ситуація нарешті залагодилась, і у Грема, і в Рут з'явилися нові друзі. Насправді обідів та вечер стало так багато, що невдовзі Грем став кандидатом на участь у «Зважених та щасливих». Сонячні ванни йому набридли, він мало плавав і рідко робив щось у садку. На жаль, він став тією людиною, на яких у нього ніколи не було часу в попередньому житті. Він щодня думав про роботу, а вночі вона часто йому снилась. Він підозрював, що його здоров'я погіршилось, але ніколи ні з ким про це не розмовляв, навіть зі своїм лікарем.

Несподівано через 18 місяців після виходу на таку довгоочікувану пенсію у Грема стався серйозний серцевий напад.

> Один дуже відомий бізнесмен був на неофіційному прийомі — перша вечірка, яку він відвідав після виходу на пенсію. Він озирнувся навколо, помітив дуже привабливу жінку і попрямував до неї. «Привіт, — сказав він, простягаючи їй руку. — Ви, звичайно, знаєте, хто я». Вона байдуже подивилась на нього і відповіла: «Ні, не знаю». «Але якщо ви підете і запитаєте в господаря, він вам нагадає».

Чоловіки та жінки на пенсії

Те, як чоловіки та жінки сприймають наближення похилого віку та пенсію, підкреслює відмінності в організації їхнього мозку.

Оскільки жінки становлять 40–50% сучасної робочої сили, можна було б очікувати, що психологічні проблеми, пов'язані з виходом на пенсію, будуть однаковими як у жінок, так і в чоловіків. Однак через різну структуру мозку та різні пріоритети чоловіки і жінки сприймають цей досвід по-різному. Для більшості чоловіків це справжня катастрофа, яка навіть може призвести до передчасної смерті. Те саме стосується чоловіків, які виграли в лотерею чи успадкували велику кількість грошей, і що молодшими вони були, коли це трапилось, то гіршим був їхній досвід.

Більшість чоловіків, які успадковують великі суми чи виграють велику кількість грошей, банкрутують, страждають через погіршення стану здоров'я і раніше помирають. Проблемам, з якими стикаються чоловіки на пенсії, було присвячено безліч книжок і досліджень, але мало хто досліджував проблеми жінок на пенсії, тому що їхня основна проблема — це необхідність мати справу зі своїм чоловіком, який недавно вийшов на пенсію.

Коли мисливець припиняє полювати

Упродовж принаймні тисячі років чоловіки прокидалися вранці й вирушали на пошуки їжі для своєї сім'ї. Внесок чоловіка в людське виживання був очевидним і простим — знайти їстівну здобич та вполювати її. Відповідно, у процесі еволюції в чоловічому мозку розвинулись специфічні ділянки, які дозволяли йому успішно цим займатись. Ця частина мозку називається зорово-просторовою. Вона використовується для визначення швидкості, кутів, відстаней та просторових координат, а ще сучасні чоловіки використовують цю ділянку для таких завдань, як паралельна паркова задом, читання карт, виїзд на автомагістраль, програмування відеоплеєра, гра в м'яч та влучання в ціль, що рухається. Простими словами, це мисливська частина мозку. Наведена ілюстрація створена на основі сканувань мозку 50 чоловіків і 50 жінок. Чорним кольором на ній позначені активні ділянки мозку, що відповідають за просторове орієнтування.

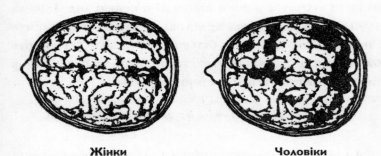

Жінки   **Чоловіки**

Зони мозку, що використовуються при полюванні
(Лондонський інститут психіатрії, 2000)

Десятки тисяч років чоловічим обов'язком було полювання, тому цілком можливо, що мозок сучасних чоловіків організований саме так, як показують ці скани. Жінки еволюціонували як захисниці родинного гнізда — їхня роль полягала у забезпеченні виживання наступного покоління. У процесі еволюції в їхньому мозку розвивались інші ділянки, які допомагали впоратися з цією задачею, а влучання в зебру, що мчить на відстані 30 метрів, ніколи не входило в коло їхніх обов'язків. Це допомагає пояснити, чому сканування жіночого мозку демонструє мінімальну активність у просторових зонах.

Як давній мисливець став непотрібним

Наприкінці XVIII століття завдяки розвитку методів ведення сільського господарства полювання заради їжі перестало бути пріоритетною задачею. Щоб впоратися з розчаруванням через відсутність необхідності полювати та влучати в ціль, чоловіки зосередились на двох замінниках — робота і спорт. І те, й інше мало елементи полювання — переслідування, вистежування, прицілювання та влучання в ціль. Відповідно, усі сучасні види спорту з м'ячем виникли в період між 1800 та 1900 роками від Різдва Христова як заміна полюванню. Знову ж таки, саме тому більшість чоловіків відчувають одержимість своєю роботою та спортом, тоді як у жінок такої одержимості не спостерігається.

> **Сучасні види спорту — це форма заміни полювання.**

А потім і ХХ століття принесло із собою ще більший удар для чоловіків — пенсію. Від них не тільки більше не вимагали влучати в рухому ціль — від них уже взагалі нічого не хотіли. В цьому і криється проблема сучасного чоловіка на пенсії. Він усе ще має запрограмований на полювання мозок, який, у буквальному сенсі, залишається без роботи. Він при повному параді, але йому немає куди йти. Більше того, він сидить на віддаленому пляжі, де ніхто його не знає, і всім на нього начхати.

> **Ви розумієте, що ви на пенсії, коли ви знаєте всі відповіді, але ніхто не ставить вам запитання.**

Як жінки дають собі раду на пенсії

Порівняно з чоловіками вихід більшості жінок на пенсію відбувається спокійно, без проблем. Вони просто «продовжують жити своїм життям». Чоловіки завжди самоідентифікувалися через свою роботу та свої досягнення; самооцінка жінок здебільшого залежала від якості їхніх стосунків. Дослідження чоловічих та жіночих цінностей стабільно свідчать, що 70–80% чоловіків у всьому світі зазначають, що найважливіша частина їхнього життя — це робота, тоді як 70–80% жінок стверджують, що їхній найбільш важливий пріоритет — це їхня сім'я. У результаті жінки на пенсії зберігають вибудувані ними соціальні мережі, або легко приєднуються до інших. Вони витрачають зайвий вільний час, який у них з'явився, займаючись тим, чим завжди займалися, або розв'язують нові задачі, на яких у них ніколи не було часу, коли вони ходили на роботу.

> **Чоловіки цінують досягнення,
> жінки цінують стосунки.**

Вийшовши на пенсію, багато жінок об'єднуються в групи, щоб приділити увагу власним інтересам та хобі. Вони можуть знову піти до школи, витрачати більше часу на догляд за іншими чи вступити до спортивного клубу. Види діяльності, які вони вибирають, майже завжди включають взаємодію з іншими людьми. Особистість жінки багатогранна: вона може бути годувальницею, доглядальницею, матір'ю, бабусею, домогосподаркою, компаньйоном, дружиною та коханкою в будь-який період часу, а часто й у всіх іпостасях одночасно. Коли життя жінки як годувальниці закінчується, вона реалізовує себе в усіх інших аспектах свого життя. Інакше кажучи, жінка зберігає свою особистість. Вона не сприймає це як трагедію, а просто продовжує жити далі. Вона ніколи не відходить від справ.

Історія Пітера та Дженніфер

Дженніфер не могла дочекатись, коли вже вийде на пенсію разом зі своїм чоловіком Пітером. Для них це стане можливістю зробити усі ті речі, про які вони завжди мріяли, але на які ніколи не вистачало часу. Їхні діти виросли й одружились, тому їй більше не потрібно було за них хвилюватись. Нарешті життя Дженніфер та Пітера належало тільки їм, і хоча вони й одружились цілих 20 років тому, Дженніфер часто відчувала, що вона не знає свого чоловіка. Він завжди працював і часто проводив вечори та вихідні на нарадах чи за налагодженням соціальних зв'язків з бізнес-партнерами. Часом він здавався їй незнайомцем. Але тепер вона відчувала, що у них обох буде час, щоб краще пізнати одне одного. Це буде майже як другий медовий місяць.

Дженніфер зустріла пенсію зі справжнім збудженням. Більшу частину свого життя вона працювала медичною сестрою і вважала, що її робота стресова, погано оплачувана та пропонує мало можливостей для просування по службі. Крім того, їй довелося поєднувати роботу з вихованням дітей, що залишало їй мало часу для себе. Нарешті, з виходом на пенсію, вона почувалась вільною.

Коли Пітер нарешті пішов у відставку, здавалося, що він постійно перебуває в поганому настрої з тієї миті, як він прокидався, до тієї, коли лягав у ліжко. Він ніколи не хотів нічого робити, просто сидів удома і скиглив про те, що в його компанії майже не помітили його відставки, і як рідко його старі колеги телефонують, щоб отримати його пораду чи скористатись його досвідом. Дженніфер знала, що чоловік почувається пригніченим, але просто не могла переконати його поговорити про свої почуття. Вона відчувала, що Пітер остаточно і повністю закрив від неї своє життя.

Спочатку вона сиділа з ним вдома, сподіваючись, що, можливо, одного разу він звернеться до неї по допомогу. Але вже за кілька місяців вона почала відчувати обурення через те, що він робив її життя на пенсії таким же жалюгідним, як і своє власне. Дженніфер почала частіше зустрічатися зі своїми подругами. Тричі на тиждень вона ходила на групове плавання, два дні на тиждень грала у теніс та брала уроки малювання. А пізніше ще й почала вивчати італійську мову у своєму місцевому коледжі. Дедалі менше часу вона проводила вдома.

«Знаєш, — сказала вона близькій подрузі, — мені подобається бути на пенсії. Свобода... я її обожнюю. Єдине, що я ненавиджу, — це повертатися додому наприкінці дня. Я постійно ставлю собі питання, що я взагалі знайшла в Пітері. Уперше в нашому житті ми почали проводити час разом, і я усвідомила, що в нас немає нічого спільного, і мені цікаво, чи взагалі колись було. Я вже навіть не знаю, чи я все ще його кохаю, чи досі хочу бути з ним».

Необхідність мати справу з чоловіком-пенсіонером у своєму житті — це часто одна з найбільших проблем, з якою стикається жінка. Це може спровокувати сварки, сльози і навіть розлуку. Він начебто завжди «плутається в неї під ногами» і навіть може почати намагатись опікуватись її життям, ставлячись до неї так, як колись він ставився до своїх співробітників, пропонуючи їй рішення та поради, коли вони їй не потрібні. І часто він звинувачує її у власній жалюгідності.

Одне подружжя, що прожило 70 років, завжди мало хороше здоров'я через те, що жінка наполягала на здоровій їжі та фізичних навантаженнях. Одного дня вони обоє загинули в автокатастрофі. Біля райських воріт святий Петро знайомить їх з їхнім новим життям у Раю.

Він приводить їх у казковий маєток.

– Але скільки це буде коштувати? – запитує чоловік.

– Ніскільки, – відповідає святий Петро. – Це безкоштовно. Це ж Рай.

Потім він показує їм чудове поле для гольфу в задній частині маєтку.

– А скільки коштує вступити до гольф-клубу? – запитує чоловік.

– Ніскільки, – відповідає святий Петро. – Це безкоштовно. Це ж Рай.

Нарешті він відводить їх до ресторану і показує їм меню, в якому перелічені найвишуканіші, найсмачніші страви, усі з калорійними вершковими соусами.

– Але ми їмо лише їжу з низьким вмістом жиру, малосолену, без молока, з низьким вмістом холестерину, – каже чоловік.

– Не хвилюйтесь, – говорить святий Петро. – Це ж Рай. У Раю немає калорій. Ви можете їсти скільки завгодно і все одно залишатись здоровими і стрункими.

Тут чоловік скрикує і звертається до дружини:

– Та ти просто стерво! – кричить він до неї. – Якби ти не наполягала, щоб ми їли всю цю здорову їжу і займалися фізичними вправами, ми могли б бути тут десятьма роками раніше!

Чому чоловікам важко зарадити собі на пенсії

Вихід на пенсію — дуже важлива подія для більшості чоловіків, яка може виявитися одним із найстресовіших періодів у їхньому житті. Такий стрес викликає не втрата його роботи, а втрата чогось набагато більшого — втрата своєї ідентичності. З наближенням пенсії чоловік часто не може змиритися з тим, що його трудове життя несподівано закінчиться. Він відчував, що має так багато знань і досвіду, набутих за все життя, що його роботодавці та колеги не зможуть пережити втрату всіх його талантів без наслідків. А коли виявляється, що вони можуть і, очевидно, переживуть цей факт, для нього це стає сильним ударом під дих.

Ті чоловіки, які не в змозі з цим упоратися, заспокоюють себе тим, що натомість вони стануть консультантами. Це здається їм розумним кроком. З одного боку, відпаде потреба у тривалих годинах роботи. З іншого — вони все ще будуть важливими гвинтиками в колесі. Вони будуть «на зв'язку», щоб повернутися до роботи над розв'язанням проблем, з якими тільки вони можуть упоратись завдяки своїм знанням та досвіду. Навіть якщо вони ніколи не любили свою роботу, вони все ще хочуть, щоб «мисливська зграя» відчувала в них потребу для продовження погоні.

> **Чоловік завжди хоче думати, що він все ще потрібен мисливській зграї.**

Однак у більшості чоловіків це рідко спрацьовує. Нове покоління має власні ідеї та рішення, тому може сміливо впроваджувати їх та випробовувати нові способи розв'язання проблем, не потребуючи консультацій.

В останній день роботи чоловіки часто жартують про те, як вони думали, що кінець близько, коли помітили, як їхні колеги вимірювали їхній офіс, коли їхній старий комп'ютер замінили на абсолютно нову модель, а їхній помічник почав відповідати на накази «Ага, як скажете».

Проте мало хто із них насправді усвідомлює, що на прощальній вечірці «прощавай» насправді означає прощання.

Чому багато чоловіків так швидко підупадають

Деякі чоловіки ставляться до виходу на пенсію безтурботно, думаючи, що це буде легко. Вони не поспішають, займаючись тим, чим захочуть і коли захочуть. Але якщо тільки вони ретельно не підготувалися до виходу на пенсію, цей період медового місяця швидко закінчується. Раптова втрата друзів та однодумців, статусу та відчуття важливості незабаром призведуть до депресії.

Втрата ідентичності чоловіка багато в чому схожа на смерть коханої людини. Вона починається із *заперечення*, з подальшими *депресією*, *гнівом* і, сподіваємось, зрештою, *прийняттям*.

Початок депресії може відбуватися безсимптомно. Насамперед пенсіонер розчаровується своїм новим життям. Може стати відлюдькуватим, втратити життєву силу й активність. Може почуватися відторгнутим та нікчемним, втратити лібідо. Може почати зловживати їжею, алкоголем або наркотиками. Через зниження імунітету регулярно хворітиме на застуду і грип. Може з ностальгією та неймовірним розчаруванням згадувати про речі, яких він не досяг. Украй важливо визнати цей етап, оскільки, якщо чоловік не пройде через нього або не звернеться за професійною допомогою, депресія може стати постійною, зробивши його життя нещасливим, позбавленим сенсу.

> **Чоловіки на пенсії, плани яких зазнали невдачі, постійно хворіють.**

Вияви гніву зазвичай є першим свідченням того, що стадія депресії минає. Він починає звинувачувати у своїй безвихідній ситуації інших; часто мішенями стають його партнерка або сім'я, бо «...вони не розуміють, як я почуваюсь». Колишнього роботодавця звинувачує в тому, що не підготував його до виходу на пенсію. Також він не може зрозуміти, чому його роботодавець не хоче знову взяти його на роботу на неповний робочий день або як консультанта, і сприймає це як абсолютно нелояльне ставлення до нього. Цей гнів часто трансформується в бажання взяти на себе управління домогосподарством, зокрема фінансами, та планування соціальних і сімейних заходів. Тепер він хоче бути генеральним директором сім'ї.

Однак такі втручання можуть стати дуже неприємними для його партнерки і призвести до регулярних сварок.

Історія Івон

Баррі отримав освіту сантехніка у віці 20 років, а в 25 років уже працював на себе. Він завжди був одержимий науковими дослідженнями; йому подобались факти й цифри і він дуже успішно організував свій робочий день. На той час, коли у віці 50 років Баррі вирішив піти на пенсію, він створив неймовірно успішний сантехнічний бізнес, став начальником і відчув, що був найкращим у своїй галузі.

Його завжди мотивувала думка про той день, коли він вийде на пенсію і вони з Івон зможуть постійно бути разом, подорожуючи та проводячи час зі своїми дітьми та онуками. Одного дня пенсія настала, а вже за чотири тижні життя Івіон перетворилось на найгірше жахіття.

Тепер Баррі намагався бути генеральним директором їхнього будинку. Ба більше, він хотів контролювати Івон в усьому, що вона робила! Він зголосився взяти на себе відповідальність за сімейні витрати і виділяв їй бюджет на їжу; він хотів знати, чому вона витрачає так багато грошей на те, що здавалось йому непотрібним. У них не було проблем із грошима, але він хотів знати, куди йде кожен цент і чому. Це зводило Івон з розуму.

Вона любила ходити за покупками, але тепер Баррі вирішив, що вони робитимуть це разом, і він склав графік, намалював карту місць, в які вони навідаються, і склав список того, що їм потрібно купити. Якщо Івон заходила в магазин, якого не було в плані, Баррі хотів знати, навіщо вона це зробила — невже у неї недостатньо взуття чи одягу? Під час однієї поїздки Івон мала придбати собі новий бюстгальтер. І Баррі сидів біля примірочної кабінки в «кріслі знудьгованого чоловіка». Вона швидко перемірила стільки бюстгальтерів, скільки встигла — вона не хотіла, щоб він почав дратуватись через довге очікування.

Тим часом за примірочною кабінкою Баррі збирав у працівників магазину та інших покупців дані про бюстгальтери — скільки у них є штук, чому жінки вважають, що їм потрібно їх так багато, чому вони так дорого коштують, наскільки вистачає одного бюстгальтера та ставив інші статистичні запитання. Потім він поділився з присутніми своєю думкою про цю ситуацію. Шляхом розмірковувань та аналізу Баррі дійшов висновку, що Івон потрібно лише два бюстгальтери, а більше — це вже марнування грошей. Для Івон це було вже занадто. Того дня вона не купила собі бюстгальтер, бо вирішила повернутися іншого разу, сама.

Баррі думав, що дні Івон були б більш насиченими, якби вона ефективно організувала свій час, тому попросив її вести щоденник і робити в ньому записи на початку кожної години, починаючи з восьмої ранку. Івон почувалась в'язнем концентраційного табору.

— Що ти робитимеш завтра? — питав він.

— Завтра я йду до лікаря, — відповідала вона.

— Консультація лікаря не займе весь день — то що ти робитимеш найперше, коли прокинешся вранці?

— Можливо, приберу пилососом сміття, виперу одяг та зроблю ще щось, що треба зробити.

Дисциплінованому, організованому мозку Баррі було занадто важко це зрозуміти. Як вона могла функціонувати без плану?

Одного дня, щоб догодити його примсі, Івон сказала:

— Насамперед я хочу помити душ.

Коли ж до десятої ранку це все ще не було зроблено, тому що натомість вона вирішила швиденько зайнятися пранням, він розсердився. Якщо вона не робила те, що було записано в щоденнику Баррі, він не міг це витримати. Усе життя він жив за погодинним розкладом, тож коли Івон робила щось, що їй заманеться, це його не влаштовувало. Однак він помітив, що до кінця дня Івон справлялась з усіма своїми обов'язками і навіть більше без усіляких там погодинних планів. Дружина почала намагатись вислизнути з дому, щоб уникнути Баррі та його системи.

— Йому потрібно зайнятися своїм життям, — казала вона своїм подругам, — а я хочу отримати назад моє!

Пара пенсіонерів, сидячи за обіднім столом, розмовляли про похилий вік.

— Найгірше, — сказала дружина, — це забудькуватість.

— Що ти маєш на увазі? — запитав її чоловік.

— Поки я дійду до середини справи, то забуваю, що я робила, — відповіла вона. — Одного дня минулого тижня

я стояла вгорі на сходах і не могла згадати, це я щойно піднялась чи збираюсь спуститись.

– Ну, – відповів чоловік, – у мене з цим ніколи не було проблем.

Його дружина співчутливо посміхнулась.

– Потім учора я сиділа в машині і не могла згадати – я вже приїхала додому чи тільки збираюсь кудись їхати.

Чоловік форкнув:

– Ні, я таким не страждаю, – наполягав він. – Тъху-тъху, моя пам'ять ідеальна.

Він двічі стукнув по дереву, а потім здивовано озирнувся і крикнув:

– Хто там?

Негативні моменти виходу на пенсію

Коли в парі починаються сварки через відмінності у можливостях та ролях, які вони виконують, це може бути небезпечним, оскільки пара починає почуватись несумісною. Жінок може обурювати те, що вони сприймають як втручання в їхнє щасливе впорядковане життя. Можливо, уперше за весь час їхнього сумісного життя вони починають бачити свого чоловіка за сніданком, обідом та вечерею. Вони можуть бачити, що він має так багато вільного часу, але все ще ніколи не пропонує допомогти їм із хатніми справами. Неухильно обурення та злість зростають. Коли це випливає на поверхню, чоловік починає відчувати себе непотрібним, неправильно зрозумілим та жалюгідним. Коли ситуація погіршується, це може призвести до розставання, розлучення і навіть самогубства.

Чоловіки, які пережили перші три етапи виходу на пенсію, зазвичай приймають нову фазу свого життя і беруться за розв'язання задачі з планування щасливого та корисного нового життя. Визнання цих етапів має дуже велике значення, і чоловік, який заздалегідь старанно не спланував свій вихід на пенсію, може витратити багато років, щоб їх пройти. Якщо він не пройде їх достатньо швидко, то йому треба звернутися за професійною консультацією, щоб його негативне ставлення не стало постійним і не переросло в самотність та відсутність задоволення життям.

> **Чоловіки, професії яких пов'язані з високим рівнем стресу і які після виходу на пенсію нічим не займаються, рано вмирають.**

У західних та європейських суспільствах тривалість життя чоловіка, який виходить на пенсію, щоб нічого не робити, становить п'ять років. Наприклад, у представників професій з високим рівнем стресу — високопоставлених керівників та лікарів, це всього лише два роки та п'ять місяців. Ці чоловіки переходять із високодисциплінованого та організованого оточення в нікуди.

Чоловік проводить від 30 до 40 років свого трудового життя у високоструктурованому, орієнтованому на досягнення цілі оточенні, тому після виходу на пенсію він має опинитися в такому самому оточенні. Зі зростанням тенденції до дострокового виходу на пенсію, збільшенням тривалості життя та покращанням здоров'я період перебування на пенсії, імовірно, також буде довшим, а це додатковий стимул приділити йому ще більше уваги. Критична різниця між двома життєвими етапами полягає в тому, що зараз усе перебуває під контролем чоловіка. Він може приймати всі рішення, які вплинуть на решту його життя.

План дій

Планування треба починати за кілька років до виходу на пенсію. Це не завжди можливо, тому що вас можуть несподівано скоротити. А може, ви вже пенсіонер та проживаєте всі етапи, які слідують після виходу на пенсію. Та, загалом, що раніше ви почнете планувати, то краще.

> **За даними досліджень, що раніше ви почнете планувати свій вихід на пенсію, то кращим буде ваше здоров'я і довше ви проживете.**

Ви маєте поставитися до своєї пенсії, як до будь-якого важливого проекту. Почніть зі складання бізнес-плану; краще написати його рукою. Для початку опишіть, як, на вашу думку, ви житимете після виходу на пенсію, потім візьміть і розбийте кожен пункт на підпункти. Обговоріть свій план зі своєю партнеркою, тому що ця людина, найімовірніше, розділить його з вами. Плануйте заздалегідь, це допоможе вам підготуватись до того, що на вас чекає попереду — і до всього, що може піти не так.

Жінка похилого віку врятувала життя феї. На знак подяки фея пообіцяла, що виконає три її бажання.

Насамперед жінка захотіла стати молодою та гарною — і, несподівано, стала. Другим її бажанням було розбагатіти — і вона розбагатіла. А потім вона вказала на свого улюбленого кота і побажала, щоб він перетворився на прекрасного принца — так і сталось.

Фея зникла у повітрі, а прекрасний принц підійшов до жінки і посміхнувся.

— Тепер, — сказав він, беручи її руку в свою, — ти шкодуєш, що колись мене каструвала?

Громадська діяльність

Під громадською діяльністю розуміють діяльність, якою чоловік та жінка займаються разом, окремо одне від одного, а також зі своїми друзями. Наприклад, чоловік може сам записатись на курси з інвестування у місцевому коледжі та вступити до гольф-клубу з групою своїх друзів-чоловіків. Жінка може захотіти відвідувати уроки малювання та щотижня ходити в кіно зі своїми подругами. Дуже важливо, щоб кожний із них мав свої окремі види діяльності та своїх друзів, щоб коли вони знову опинялися разом, то завжди мали про що поговорити. Тоді кожний із них зможе зберегти свою ідентичність і не допустити їх злиття в одну.

Додатковий бонус полягає в тому, що вони можуть кожен окремо завести хороших друзів, яких потім можна запросити й познайомити з партнером.

Як сумісна діяльність пара може записатись разом на уроки танців або вступити до туристичного клубу, учасники якого кожні вихідні вирушають у кількагодинний похід околицями.

Здоров'я

Почніть зі всебічного медичного обстеження, а потім розробіть для себе хорошу дієту, прочитавши книжки про найкращі харчові звички для пенсіонерів. Якщо у вас є зайва вага, отримайте консультацію стосовно того, як її позбутись. Нині існує велика кількість спортивних програм, доступних для кожного. Чудовим варіантом будуть піші прогулянки, але ви також можете розглянути танці, плавання чи їзду на велосипеді. Заняття спортом потребують часу, але саме вільного часу у вас зараз більше ніж достатньо! Що частіше ви займатиметеся спортом, то довше проживете і то якісніше буде ваше життя.

Заняття спортом

Після виходу на пенсію в багатьох чоловіків з'являється можливість зайнятися полюванням, вистежуванням та іншими видами діяльності, в яких задіяно їхні просторові навички і на які в них до цієї пори не було часу. До таких видів діяльності належать гольф, рибалка чи боулінг. Для менш активних — стрільба з лука чи по мішенях тощо.

> **У коханні та в гольфі всі засоби годяться.**

Громадська діяльність чи доброчинність

Більшості пенсіонерів такі види діяльності приносять неймовірне задоволення і надають упевненості в собі. Дуже важливо, щоб чоловік зберіг свою самоповагу, оскільки найбільша потреба чоловіків полягає в тому, щоб почуватись важливими. Коли чоловік завершує своє робоче життя, він позбувається частини своєї індивідуальності та своєї ролі у загальній картині й більше не почувається важливим. Тому необхідно швидко відновити його індивідуальність.

Хоч якою була кар'єра чоловіка, безсумнівно, він застосовував у ній навички, які інші хотіли б використати чи опанувати. Це можуть бути знання певних торгових механізмів, комп'ютерні навички чи досвід у фінансовій галузі. Будь-чим, у чому він обізнаний чи досвідчений — садівництво, ведення домашнього господарства, малювання, колекціонування, — можна поділитися з іншими. До того ж існує багато релігійних благодійних організацій, які благають про допомогу, і безліч соціальних організацій, присвячених збиранню коштів та допомозі нужденним.

Духовне життя

Духовна діяльність може передбачати наявність якоїсь системи вірувань. Якщо ні, дослідіть різні системи віросповідань, які відповідають вашій філософії життя, або займіться якимось хобі на кшталт йоги чи медитації.

Секс

Щасливе здорове життя також включає в себе повноцінне статеве життя. Ті чоловіки та жінки, в яких є партнер, повинні виділити час на секс, особливо, якщо існують певні обставини, що вимагають додаткових заходів. Завдяки лікарським препаратам, таким як віагра, набагато більше чоловіків — і жінок — можуть насолоджуватись сексом у досить похилому віці. Якщо ж у чоловіка або жінки немає партнера, тоді їм тим більше потрібно шукати друзів протилежної статі та не уникати можливості зав'язати близькі стосунки.

Одного вечора у будинку для людей похилого віку 75-річний Альберт став посеред їдальні та крикнув:

— Агов, леді! Хто вгадає, що у мене в руці, зможе провести зі мною ніч!

Усі ошелешено мовчали. Зрештою, одна старенька жінка сказала:

— Будинок!

Він подивився на неї та проревів у відповідь:

— Так! Близько!

Фінансове планування

Тут є два варіанти — прийняти обмеження вашого пенсійного доходу й ретельно планувати життя на нього або запланувати отримання додаткового прибутку. Після виходу на пенсію багато чоловіків засновують успішний бізнес, тоді як інші беруть одноразові підробітки, в яких можуть бути застосовані їхні знання, досвід чи навички.

Організуйтесь

Після планового виходу на пенсію у ваше життя мають увійти старанно організовані звички. До того, як ви виходите на пенсію, близько 90% вашого дня складається з повторюваної організованої діяльності. Коли ви працюєте, вам непотрібно свідомо приймати рішення вставати з ліжка о 6:30, їхати на роботу та починати працювати о 8 ранку — ви просто робите це щодня. Ваша робота може супроводжуватись різними проблемами, але зазвичай ваш підхід до них буде таким, як завжди. Загалом, ваше життя — це рутина, і ви почуваєтесь упевненими і тримаєте ситуацію під контролем.

На пенсії старі звички вже не працюють. Якщо ви не запланували інакше, ви повинні щоранку вирішувати, вставати з ліжка чи ні, коли ви прокинулись. Коли ви встаєте, ви маєте вирішити, що робити далі, навіть якщо це щось зовсім просте, наприклад сходити в магазин і купити газету, повернутися додому, зварити каву, сісти і почитати. Потім незчуєшся, як настає час обідати. Після обіду вам, можливо, доведеться вирішити, чим зайнятись — почитати книгу чи подрімати, — якщо на порядку денному немає нічого іншого.

Робіть так протягом перших 30 днів після виходу на пенсію, і це переросте у ваші нові звички, які вам буде дуже важко порушити. Це той етап, на якому виникає гнітюче почуття нікчемності.

Однак якщо ви плануєте прокидатись у певний час, гуляти упродовж 30 хвилин, а потім будете щодня цілий день займайтеся організованою діяльністю і робитимете це протягом 30 днів, це стане вашою новою звичкою. Вам не потрібно буде більше вирішувати, що робити далі. Ваше життя буде структурованим, і якщо ваші види діяльності будуть правильно підібрані, ви віднайдете нову ідентичність і цілі та відчуєте, що ваше життя варте того, щоб його прожити. Ніколи не пізно починати вчитись новому. Ви можете написати книгу, стати вчителем або зайнятися новим видом спорту. Ви можете стати лідером або учасником улюбленої благодійної організації, або створити нову організацію чи клуб й отримати визнання як його засновник. Можливо, ви навіть захочете пуститися берега і вирішите стати оголеним натурником. Усе можливо, коли це заплановано.

Мрія про те, як ви сидите під пальмою, нічого не роблячи до кінця свого пенсійного життя, — це міф, який поширюють пенсійні фонди та лотереї. Ви тільки станете товстими, нудними й тупими. І засмаглими. Більшість чоловіків можуть робити це лише упродовж кількох тижнів, а потім у них їде дах — або їхні дружини їх вбивають.

Історія Пола та Дани

Пол був менеджером по роботі з клієнтами, робоче життя якого завжди було сповнене цілей, строків і завдань. Він думав, що, ймовірно, піде на пенсію в 65 років. Однак, коли йому стукнуло 57, його компанію поглинув конкурент, і після стількох років відданої служби він за одну ніч став непотрібним. Коли він почув, що нові власники його компанії передають відділ по роботі з клієнтами на аутсорсинг, а їхні ідеї кардинально відрізняються від його ідей, то зрозумів, що це точно кінець епохи.

Його партнерка Дана вийшла на пенсію трьома роками раніше і з нетерпінням очікувала пенсії Пола. Вона неймовірно насолоджувалася своєю пенсією. Тепер у неї був час на все, чим вона завжди хотіла зайнятись, і вона так хотіла поділитися своїм новим щастям із Полом.

Дана насторожилася, що Пол почувався пригніченим через свою відставку. Він сидів удома, занадто багато випивав та занурювався в депресію. Пияцтво і депресія підживлювали одне одного, Пол швидко згасав.

Дана вирішила, що потрібна професійна допомога. Вона переконала Пола зустрітися з консультантом з виходу на пенсію, який, за її словами, мав добру репутацію у розв'язанні проблем свіжоспечених пенсіонерів-чоловіків. Консультант допоміг Полу зрозуміти, чому він так почувається, і навчив його, як справитися з наступною фазою його життя. Пол вирішив прийняти виклики, які поставив перед ним консультант.

Першим кроком було ретельне медичне обстеження, а потім звернення до спеціаліста з фінансового планування. Потім їм було рекомендовано поїхати у відпустку, щоб відпочити та спланувати решту життя.

Результати медичних досліджень показали, що у Пола непогане здоров'я, якщо не брати до уваги дев'ять кілограмів зайвої ваги та трохи підвищений артеріальний тиск і рівень холестерину. Він відвідав натуропата, який розповів йому про здорові харчові звички та підготував для нього програму вправ.

> **Ви усвідомлюєте, що старієте, коли боїтеся вранці потягнутись, щоб щось собі не защемити, а коли ви вгризаєтесь зубами у біфштекс, то вони там і залишаються.**

Консультант із фінансових питань насправді заспокоїв Пола. По-перше, він допоміг їм скласти детальний бюджет. Далі він пояснив, що Половоі вихідної допомоги в поєднанні з деякими заощадженнями та інвестиціями і його з Даною пенсіями буде достатньо для покриття їхніх передбачених бюджетом потреб. Через 10–15 років надходжень від продажу їхнього будинку буде більше ніж достатньо, щоб профінансувати їхнє подальше проживання в будинку для людей похилого віку в сільській місцевості, якщо вони захочуть обрати такий варіант.

Після всіх цих порад Пол відчув, що з його плечей спав величезний тягар. Вони вирушили у відпустку в позитивному настрої. А також почали планувати свою подорож — ту, яка триватиме 25 років або й більше.

Наступна їхня задача була дуже важливою — вони мали вирішити, що робитимуть до кінця свого життя. Їм потрібен був план, який враховував би їхні індивідуальні та спільні цілі.

Пол і Дана вирішили змінити свої харчові звички, викинути старі кулінарні книги та замінити їх на здорові рецепти, які відповідатимуть їхнім дієтичним потребам. Далі вони зійшлися в тому, що будуть щодня енергійно ходити пішки не менш як 45 хвилин і вступлять до клубу пішої ходи, щоб вирушати на тривалі прогулянки кілька разів на місяць. Це мало додаткову перевагу — можливість познайомитися з новими людьми. Вони записались на уроки тай-цзи, тому що їхні друзі, які займались цим бойовим мистецтвом, завжди здавалися розслабленими і спокійними, а фізичні вправи будуть для них корисними. Дана вже раз на тиждень грала в теніс і була членом комітету клубу. Вона також займалась печворком у гуртку та пробувала себе у написанні книг. Пол раніше кілька разів грав у гольф, але, хоча гра йому сподобалась, у нього ніколи не було часу займатися цим регулярно. У нього був набір ключок, тож він вирішив спробувати.

У них вистачало фінансів на покриття їхніх життєвих витрат, але зайві витрати вже вдаряли по кишені. Тому Пол вирішив розглянути можливість вивчити бухгалтерський облік на курсах для дорослих і вивів їхні щомісячні витрати на стабільний рівень, який вони могли собі дозволити.

Залишилось спланувати ще одну галузь — громадську чи благодійну діяльність. «Що ми зробили у своєму житті, чим ми могли б поділитися з іншими, кому пощастило менше? — запитали вони себе. — Через кого ми найбільше хвилюємось?»

Вони дійшли висновку, що їхнім найбільшим досягненням є виховання чотирьох щасливих, успішних та влаштованих дітей. Пол завжди переймався добробутом підлітків, і вони розуміли, з якими проблемами стикаються підлітки без підтримки сім'ї. Тому вирішив довідатися про курс молодіжного консультування і стати консультантами для підлітків.

Пара записала свій план і встановила для нього часові рамки. Коли вони сіли та подивилися на нього, то відчули збудження і вже не могли дочекатись, коли візьмуться за його впровадження.

На сьогодні Пол і Дана здорові та щасливі, насолоджуються життям і допомагають іншим. Вони настільки зайняті, що їм доводиться вести детальний щоденник. Вихід на пенсію виявився найдивовижнішим періодом їхнього життя. У той час, коли чоловік і жінка проводять разом більше часу, ніж у будь-який інший період їхнього життя, дуже важливо, щоб вони засвоїли всі уроки, про які дізналися у цій книзі. Бо лише тоді вони житимуть щасливо, мирно і в коханні, розуміючи сильні й слабкі сторони одне одного, та зможуть отримувати від своїх стосунків стільки, скільки вони в них вкладають.

Ми твердо переконані, що використання інструментів, запропонованих у книзі «Чому чоловіки такі нетямущі, а жінкам завжди замало взуття», може допомогти всім чоловікам та жінкам вести більш насичене та сповнене сексу життя. Використовуйте їх мудро і правильно. Нехай щастить!

РОЗДІЛ 14

ЧОМУ ЖІНКАМ ЗАВЖДИ ПОТРІБНО БІЛЬШЕ ВЗУТТЯ

Попелюшка знала, як важливо підібрати ідеальну пару взуття.
Коли вона сковзнула своїми витонченими пальцями ніг
у кришталеві черевички французького дизайнера, її особисте
життя розквітло, соціальний статус поліпшився, а економічні
перспективи злетіли до небес. Їй заздрили інші жінки — і вона
зовсім не почувалась товстою...

Назад у часі

Взуття було важливою частиною модного фольклору та жіночої краси задовго до того, як прекрасний принц надягнув кришталевий черевичок на ногу Попелюшки. Насправді жіноча любов до взуття — це явище, яке датується ще 700 роком до Різдва Христова в Афінах і 1500 роком до Різдва Христова у Єгипті. Поки гладіатори досягали вершин бойової слави, а античні філософи розмірковували про Всесвіт, еллінські жінки міцно стояли взутими в сандалі ногами на землі та займались пошуком своєї половинки.

Сандалі, які досі залишаються актуальним видом взуття, уперше з'явились на вулицях Афін, коли афінянки, яким набридло наражати на небезпеку свої босі ноги, прикрасили їх цим простимі і практичним взуттям. Незабаром скромні сандалі стали більш витонченими та вишуканими, доступними не тільки в різноманітних кольорах, але й прикрашені багатим орнаментом в екстравагантному стилі. Старовинні афінські шафи почали переповнюватися жіночим взуттям, і заможніші жінки того часу нерідко мали до двадцяти пар черевичків, а про жінок, які носили найдорожчі босоніжки, казали, що вони твердо стоять на ногах.

> **Якщо у вас багато якісного взуття, це означає, що ви твердо стоїте на ногах.**

Загальновідомо, що в стародавні часи повії надавали взуттю статусу сексуальної символіки. Вони виявили, що якщо носити босоніжки на вищій підошві, їхні стегна хитаються під час ходи, а ноги виглядають довшими, і це привертає увагу чоловіків. Століттями пізніше це взуття трансформувалось у взуття на шпильці з таким самим сильним впливом на чоловічий мозок.

У той час як грецькі боги Зевс, Меркурій та Аполлон згадуються у наші дні лише на сторінках міфології, велика богиня взуття, якій поклонялись жінки Давньої Греції, продовжує активно впливати на життя сучасних жінок усього світу. Сьогодні храми та святині взуттєвої релігії, загальновідомі як взуттєві магазини, можна знайти скрізь у торгових центрах.

У Китаї ноги дівчаток туго перев'язували тканиною, щоб зупинити їх ріст; вважалося, що жінка з меншою стопою більш приваблива, тому що маленькі, ошатні ноги обмежують рухливість жінки і тому сприймаються як ознака покори. Ця практика виникла у X столітті й тривала понад тисячу років, ставши причиною невимовної агонії та каліцтва багатьох поколінь китаянок.

Модники епохи Середньовіччя також зазнавали страждань у своїх пошуках ідеального взуття. Багато людей вважають, що туфлі на платформі — це продукт епохи диско 1970-х, але таке саме взуття, відоме як котурни, носили жінки 1600-х років; часто його платформа досягала небезпечних розмірів і висоти. Ці неймовірно незручні туфлі робили жіночу ходу хиткою та незграбною і сильно стискали стопи; однак заради моди та соціального статусу жінки були готові впасти догори дриґом. Сучасні жінки досі витримують біль 10-сантиметрових підборів, які додають не тільки зросту, а й відчуття упевненості в собі, оскільки, незважаючи на політкоректні ідеали, зріст підсвідомо асоціюється з владою і статусом.

Якщо взуття підходить

Спочатку взуття було створене для захисту ніг, але більшість жінок все ще люблять і, в кінцевому підсумку, вибирають взуття, яке не обов'язково відповідає цій основній умові. Дизайн взуття варіюється від смішного до привабливого і від зручного до прямо-таки небезпечного. В процесі еволюції взуття почало відображати цінності, перспективи та дух кожного нового покоління жінок.

Взуття задовольняє жіночі чуття: дотик, смак, запах, зір та слух. Жінки пестять м'яку замшу новеньких сліпонів, вдихають аромат нових шкіряних чобітків, слухають сексуальний стук шпильок по тротуару, пускають слину перед перспективою нової пари туфель-човників і мріють про тренування в тренажерній залі в останній моделі кросівок. Для багатьох жінок навіть шоколад чи секс стоять на другому місці після взуття.

За даними досліджень, жінки всього світу одержимі взуттям, нехай то будуть мокасини чи босоніжки. У середньому, в інуїтів (ескімосів) на кожну пару снігоступів у чоловіка припадає чотири пари снігоступів у жінки. За даними досліджень, проведених на Філіппінах, на кожну пару взуття у чоловіка приходиться 12 пар взуття у жінки.

«Вони шукали у моїй шафі скелети, але, дякувати Богові, все, що вони знайшли, — це взуття, красиве взуття».

Імельда Маркос

Як пара черевиків

Взуття багато чого може розповісти про жінку: хто вона, що робить, де буває і, що важливо, куди йде.

Під час статевого збудження самиця бабуїна ходить навшпиньки, щоб показати свою готовність до парування. Так само висота підборів жінки залежить від її бажання паруватись. Це несвідоме дійство, яке більшість жінок пояснюють звичайним прагненням віддати данину моді. Жінка, яка не почувається сексуальною, буде носити взуття на пласкій підошві, тоді як дослідження доводять, що жінка у період овуляції буде носити високі підбори та короткі спідниці й викликати заохочення. Ось чому чоловіки вважають жіноче взуття на високих підборах сексуальним — тому що у чоловічому мозку спрацьовує прошивка, яка залишилась з їх еволюційного минулого.

За даними досліджень, коли жінка носить високі підбори, її сідниці випинаються в середньому на 25% більше. Що вищий підбор, то виразнішим стає литковий м'яз і стрункішою виглядає жінка, підвищуючи свою загальну сексуальну привабливість.

В Англії XVII століття усіх жінок, які носили високі підбори, щоб спокусити чоловіків та змусити їх одружитись, вважали відьмами і карали. До 1950-х років високі підбори були модним аксесуаром для ідеальної дружини-домогосподині, яка, по суті, мала виглядати сексуально звабливою, коли її чоловік повертався додому з роботи.

> **Багато моїх колег-фізиків не мають проблем із розумінням квантової механіки, але не в змозі зрозуміти, як жінки можуть носити високі підбори.**
>
> *Лора Грант*

Починаючи з 1980-х років жінки почали вимагати альтернативи високим підборам. Зрештою, досить важко підніматися сходами успіху, одягнувши 10-сантиметрові підбори та демонструючи те місце, де починаються пальчики на нозі. Готові перейняти на себе владу жінки у спортивному взутті, що б'ють у «скляну стелю», — це характерний образ 1980-х.

Зараз уже загальновизнано, що, йдучи нога в ногу з чоловіками в бізнесі, жінка повинна носити взуття, яке підвищує її зріст; інакше кажучи, вона має бути на одній висоті зі своїми від природи вищими колегами-чоловіками. Височенні підбори забезпечують силу, статус та авторитет і дуже розширюють можливості. Однак довгі та тонкі «шпильки» відволікають увагу від сприйманого статусу жінки, тому що наводять на думку, що її з них можна легко скинути. Тому краще віддати перевагу товщим широким підборам. По суті, високі підбори буквально зводять жінок на п'єдестал.

Ці черевики створені для ходи

Черевики — це взуття, яке найтісніше пов'язане з війною і, отже, сигналізує про силу. Як і високі підбори, черевики також транслюють певне повідомлення, але в цьому разі це «Не зв'язуйся зі мною!»

Ледачим працівникам, які не пробиваються по кар'єрній драбині власними силами, можуть дати під зад черевиком. Про людей, які добре підходять одне одному, кажуть, що вони два черевики — пара, а автомобілі та механізми, які не запускаються, отримують копняка черевиком.

У 1960-х роках Ненсі Сінатра у своїх черевиках витирала ноги об чоловіків, а слова її пісень символізували мінливе соціальне середовище того часу. Жінки виходили з кухні й скидали високі підбори, підкорюючись духу соціальної свободи та самовираження. У міру того, як нижній край сукні, спідниці чи пальта ставав усе коротшим, черевики почали досягати висоти стегна і шилися з блискучих та фактурних матеріалів кислотних кольорів і прикрашалися коштовностями.

Наступне за популярністю взуття після черевиків на підборах — це кросівки або спортивне взуття / кеди. З тих пір, як жінки почали шнурувати своє спортивне взуття, звичайні кросівки перейшли зі спортивної арени на подіум.

Жінки, які народилися у період бебі-буму між 1949 та 1961 роками, хочуть бути стрункішими та здоровішими в міру дорослішання, тому вони зробили вагомий внесок у стимуляцію всесвітніх споживчих продажів кросівок. Новий імідж спортивного одягу та взуття був уперше сформований у Голлівуді ще на початку 1980-х, коли Джейн Фонда поклала початок тренуванням та революції моди. Нудне спортивне вбрання та взуття швидко стало вважатись ознакою несмаку в світі моди; їм на зміну прийшов спортивний одяг, призначений для того, щоб привертати увагу в спортзалі та на вулиці.

Найкраще в жіночому спортивному взутті — це те, що воно фактично розроблене з урахуванням форми жіночої стопи. Більшість жіночого модельного взуття, здається, призначене для жінок зі стопами трикутної форми. Цікаво відзначити, що у наші дні так багато жінок займаються спортом у спортклубах, що їхні накачані литки вже не можуть влізти у високі, тісні чобітки!

Два чоботи — пара

Вчені ще не знайшли той жіночий ген, який відповідає за взуття і змушує жінок думати, що у них його недостатньо. Реальність полягає в тому, що взуття — це безмедикаментозне рішення усіх проблем повсякденного життя. Завдяки своєму взуттю більшість жінок могли б розповісти історію свого життя та кохання. Взуття, яке жінки носять на різних етапах, розповідає про події у їхньому житті. Тож життя жінки можна визначити за допомогою «взуттєвих митей» — взуття для перших побачень, випускне взуття, взуття розставання, весільне взуття, святкове взуття, робоче взуття та взуття для вагітних.

Воно може дати більше уявлення про життя жінки, ніж будь-який інший предмет одягу, а також є вираженням кохання, бажання, прагнення. Будь-яка жінка скаже вам, що красиве взуття осяє ваш день, покращить вашу кар'єру та привабить партнера.

Коли жінка надягає нову пару взуття — це насправді початок міцних стосунків. Взуття залишатиметься з жінкою в горі та в радості, у збільшенні ваги та в схудненні, доки зношені підошви не розлучать їх!

> «Дайте дівчині правильне взуття, і вона зможе підкорити світ».
>
> *Бетт Мідлер*

Взуття — це фактор чудового настрою та характеру. Коли жінка почувається сексуальною, грайливою, енергійною, серйозною, професійною або розслабленою, вона носитиме взуття, яке відповідає її настрою, — ось чому їй необхідно мати стільки пар взуття. Взуття дає можливість побути найрізноманітнішими особистостями, які тільки й чекають, щоб їм дали волю. Щоб миттєво стати сексуально привабливою, миттєво відчути комфорт або миттєво стати гламурною, жінки просто всовують свої ноги у відповідну пару взуття. Правильне взуття може змінити життєвий напрям жінки — Попелюшка знайшла свого принца, а Дороті з «Чарівника країни Оз» знайшла дорогу додому, клацнувши підборами своїх срібних черевичків.

Взуттєва заздрість

На відміну від інших форм заздрості, взуттєва заздрість — доволі поширене явище. Хоча потворні сестри Попелюшки уособлювали підлу сторону цієї жіночої примхи, заздрість до взуття є частиною жіночих дружніх стосунків. Жінки не соромлячись вказують на чудову пару взуття, роздивляються її та коментують. Це здорова і нормальна частина жіночої психіки.

А тепер справжня причина, з якої жінки люблять взуття...

Покупка одягу часто стає для жінок негативним або невтішним досвідом, оскільки більшість речей не підходять, погано виглядають, занадто дорого коштують або вказують на жіночі недоліки. Покупка взуття позбавлена усіх цих негативних факторів, тому що жінкам не потрібно дотримуватися дієти, щоб влізти у взуття — вам просто потрібно знати свій розмір. Ось чому покупка взуття — завжди позитивний досвід для жінки. До того ж взуття ніколи візуально не збільшує ваш зад...

Гарне взуття відволікає від проблемних місць на решті жіночого тіла. На відміну від одягу, взуттю байдуже, якщо жінка пропустила останні шість тренувань у тренажерному залі, переїла різдвяного пудингу або має випнутий живіт. Взуття ніколи не змушує жінку відчувати, що вона недостатньо струнка, і, фактично, правильні туфлі на високих підборах візуально зменшують її вагу та додають зросту!

Жінки можуть відсортовувати взуття за кольорами або стилем, але їм ніколи не потрібно ділити його на взуття для товстої, худої або звичайної фігури. За винятком тих випадків, коли жінка вагітна, діє наступне правило: один розмір взуття назавжди. Стопа не виросте із 36 до 39 розміру через одну плитку шоколаду чи пиріг зі свининою.

Стопи ніколи не зраджують жінку, оскільки зазвичай вони є тією частиною тіла, яка не набирає вагу, тому коли жінки почуваються трохи товстими в талії, взуття — це ідеальне рішення! Примірка взуття ніколи не викличе у вас відчуття провини, і жінкам можна ніколи не перейматись розміром взуття.

Поради чоловікам

Жінки настільки ж одержимі взуттям, як і чоловіки іграшками, що пов'язані зі спортом та просторовими навичками, тому не боріться з цією одержимістю та не критикуйте її; натомість використовуйте ці знання на свою користь. Якщо ви хочете завоювати велику популярність серед жінок, підіть з нею у взуттєву крамницю, непомітно запишіть марки, розміри та кольори взуття, яке вона любить, а потім таємно поверніться до магазину, придбайте його і подаруйте їй, щоб зробити її день особливим. Для додаткового ефекту подаруйте жінці це взуття, коли її подруги поруч, і це не тільки зробить вас предметом обговорення серед усіх жінок у місті, але й значно покращить ваше інтимне життя.

> **Жінки знають, що вовка ноги годують, тому вони беруть ноги в руки, клацають підборами дизайнерської пари взуття... і змушують чоловіка впасти до їхніх ніг — та сплатити рахунок!**

ЗМІСТ

АЛЛАН ПІЗ
СПІКЕР

**Чому б не запросити Аллана Піза як доповідача
на вашу наступну конференцію чи семінар?**

Email: info@peaseinternational.com
Web: www.peaseinternational.com
Тел: +61 7 5445 5600

Аллан та Барбара Пізи — відомі й дуже успішні автори, які пишуть про проблеми міжстатевих стосунків. У їхньому доробку п'ятнадцять книжок, дев'ять із яких стали світовими бестселерами. Подружжя щороку проводить семінари у тридцяти країнах світу. Їхні книжки перекладені на п'ятдесят одну мову і випущені загальним накладом понад 25 млн примірників у більш як ста країнах. Аллан і Барбара Пізи регулярно дають інтерв'ю і друкуються у засобах масової інформації усього світу, їхні методичні «наробки» стали основою для створення дев'яти телевізійних передач, театральної вистави, а також повнометражного кінофільму, який вже переглянули понад 100 млн глядачів.

Їхня компанія, *Pease International Ltd.*, випускає навчальні фільми, розробляє підготовчі курси та семінари для представників бізнесу і політики усього світу. А їхню щорічну колонку, присвячену проблемам стосунків, прочитали більш як 20 млн людей із 25 країн світу. У Барбари та Аллана шестеро дітей і п'ятеро внуків, вони мешкають в Австралії.

DVD-програми

Серія «Мова тіла»
«Стати магнітом для людей —
простіше простого»
«Найкраще з мови тіла»
«Як розвинути ефективні
комунікативні навички»

Аудіопрограми

«Мова рухів тіла»
«Чому чоловіки не слухають, а жінки
не вміють читати мапи»
«Чому чоловіки такі нетямущі,
а жінкам завжди замало взуття»
«Запитання — це відповіді»
«Відповідь»

Книжки

«Мова рухів тіла. Розширене
видання»

«Чому чоловіки не слухають, а жінки
не вміють читати мапи»
«Чому чоловіки такі нетямущі,
а жінкам завжди замало взуття»
«Чому чоловіки хочуть сексу, а жінки
потребують любові»
«Простіше простого — навички для
життя»
«Запитання — це відповіді»
«Чому він усе робить в останній
момент, а вона така помішана на
всьому»
«Чому чоловіки можуть робити за раз
лише одну справу, а жінки постійно
говорять»
«Наскільки ви сумісні? — Ваш
опитувальник у стосунках»
«Мова письма»
«Мова кохання»
«Відповідь»

Бестселери від Аллана та Барбари Пізів

ISBN 978-617-7489-14-5
Яку роль відіграють інтимні стосунки в житті людини? Що змушує деяких чоловіків постійно міняти партнерок по сексу? А що змушує жінок вимагати зобов'язань від чоловіків? Автори цієї книжки дають докладні відповіді на питання щодо того, як виникають любов і романтика, чого насправді хочуть чоловіки і жінки, чим найчастіше зумовлений випадковий секс, чому стаються подружні зради. Їхні висновки і поради ґрунтуються на результатах численних досліджень і наукових експериментів.

ISBN 978-966-948-212-9
Ця книга Аллана та Барбари Пізів присвячується усім чоловікам і жінкам, які хоча б раз у відчаї звертались до свого партнера зі словами: «Чому ти мене не розумієш?» Стосунки нерідко руйнуються через те, що представники сильної статі не можуть усвідомити, що їхні кохані є іншими, не схожими на них, а представниці прекрасної половини людства очікують, що герої їхніх романів за складних життєвих обставин поводитимуться так само, як вони самі.

Науково-популярне видання

Піз Аллан, **Піз** Барбара

ЧОМУ ЧОЛОВІКИ ТАКІ НЕТЯМУЩІ,
А ЖІНКАМ ЗАВЖДИ ЗАМАЛО ВЗУТТЯ

Головний редактор В. Александров
Відповідальний редактор З. Александрова

ТОВ «Видавнича група КМ-БУКС»
04060, Київ, вул. Олега Ольжича, 27/22, офіс 3
Свідоцтво про внесення суб'єкта видавничої справи
до Державного реєстру видавців, виготівників
і розповсюджувачів видавничої продукції
ДК № 5006 від 06.11.2015
info@kmbooks.com.ua
www.kmbooks.com.ua

Замовляйте наші книжки в інтернет-магазинах:
www.kmbooks.com.ua +380 (44) 228 78 24
www.bukva.ua +380 (44) 359 0 369

З питань гуртових закупівель звертайтеся:
у Києві: +380 (44) 237 70 25
у Львові: +380 (32) 245 01 71, +380 (67) 370 77 90

Повний асортимент наших книжок представлений
у книгарнях української національної мережі «Буква»
www.bukva.ua +380 (44) 237 70 24

Центральний магазин «Буква»:
м. Київ, вул. Богдана Хмельницького, 3-Б
+380 (44) 279-64-38

Формат 84х108/32.
Умов. друк. арк. 20,16. Обл.-вид. арк. 16,3.
Наклад 1500. Замовлення 21-71.

Віддруковано на ПрАТ «Білоцерківська книжкова фабрика»
Свідоцтво серія ДК № 5454 від 14.08.2017 р.
09117, м. Біла Церква, вул. Леся Курбаса, 4.
Тел./Факс (0456) 39-17-40
E-mail: bc-book@ukr.net; сайт: http://www.bc-book.com.ua